세계사를
바꾼
37가지
물고기
이야기

출판은 사람과 나무 사이에서 이루어지는 가치 있는 일입니다.
도서출판 사람과나무사이는 의미 있고 울림 있는 책으로 독자의 삶을
좀 더 풍요롭게 만들기 위해 최선을 다하겠습니다.

SAKANA DE HAJIMARU SEKAISHI-NISHIN TO TARA TO YŌROPPA
by OCHI Toshiyuki

Originally published in Japan by HEIBONSHA LIMITED, PUBLISHERS, Tokyo
Korean translation rights arranged with
HEIBONSHA LIMITED, PUBLISHERS, Japan through Imprima Korea Agency

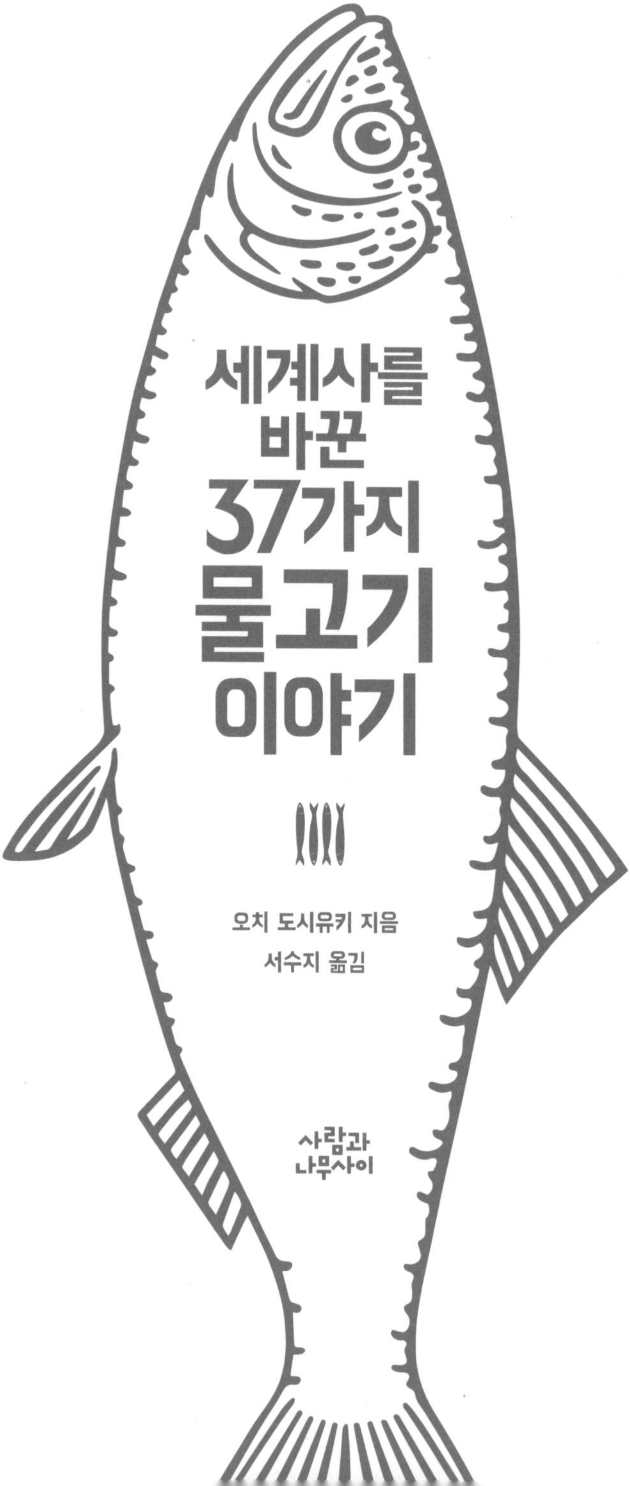

세계사를 바꾼 37가지 물고기 이야기

오치 도시유키 지음
서수지 옮김

사람과 나무사이

세계사를 바꾼 37가지 물고기 이야기

1판 1쇄 발행 2020년 5월 7일
1판 5쇄 발행 2023년 5월 22일

지은이 오치 도시유키
옮긴이 서수지
펴낸이 이재두
펴낸곳 사람과나무사이
등록번호 2014년 9월 23일(제2014-000177호)
주소 경기도 고양시 일산서구 강선로 142, 1701동 302호
전화 (031)815-7176 **팩스** (031)601-6181
이메일 saram_namu@naver.com
디자인 박대성

ISBN 979-11-88635-27-6 03900

잘못된 책은 구입하신 곳에서 바꾸어 드립니다.

이 도서의 국립중앙도서관 출판예정도서목록(CIP)은 서지정보유통지원시스템 홈페이지(http://seoji.nl.go.kr)와 국가자료공동목록시스템(http://www.nl.go.kr/kolisnet)에서 이용하실 수 있습니다.(CIP제어번호 : CIP2020013715)

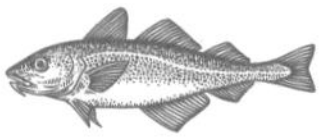

“모든 알이 성체로 자란다면
우리는 발을 적시지 않고도 대구의 등을 밟으며
대서양을 건널 수 있을 것이다.”

— 알렉상드르 뒤마

얀 브뤼헐, 〈거대한 어시장〉, 1603, 뮌헨 알테피나코테크

청어의 회유 경로 변화가 국가의 운명을 바꾸고 유럽사와 세계사의 물줄기를 돌려놓았다고?

"너를 절여 말린 대구로 만들어버리겠다."

"I'll turn my mercy out o'doors and make a stockfish of thee."

윌리엄 셰익스피어(William Shakespeare, 1564~1616)의 작품 『템페스트(The Tempest)』에 나오는 내용이다.

영어 원문의 '스톡피시'란 뭘까? 북유럽 말린 대구의 일종이다. 스톡피시는 수분이 없고 딱딱하다. 한랭한 기후에서 소금을 사용하지 않고 오랫동안 건조하는 방식으로 만들기 때문이다. 나무막대기로 수십 번 두드려 하룻밤 내내 물에 불려야 겨우 요리할 수 있는 상태가 된다. 그러므로 '말린 대구로 만들어버리겠다'라는 표현은 흠씬 두들겨 패서 바닥에 패대기치겠다고 으름장 놓는 말이다.

서양의 음식문화라는 말을 들으면 사람들은 자연스럽게 '고기'를 떠올린다. 그런데 어린 시절부터 나는 '말린 생선'이라고 하면 반건조 전갱이처럼 야들야들하고 포슬포슬한 생선밖에 생각나지 않았다. 마구 두드린 다음 물에 불리고 나서야 겨우 먹을 수 있는 질기디질긴 생선이 유럽에 있었단 말인가.

서양 음식문화의 중심에 '고기'가 자리매김하기 시작한 것은 18세기 농업혁명 이후다. 그 무렵부터 일 년 내내 육류를 상시 공급하는 시스템이 확립되었기 때문이다. 그전에는 우리의 예상과 달리 육류 소비량보다 생선 소비량이 훨씬 많았다. 실제로 중세 유럽 기독교 사회에서는 일 년의 절반 정도 기간에 생선을 먹고 살았다. 왜 그랬을까? 당시 가톨릭교회가 한 해의 반 가까이 되는 기간을 단식일로 지정해두었기 때문이다. 그런데 흥미롭게도 식사를 하지 않는 날인 단식일 기간조차 생선 먹는 일을 예외적으로 허용하기 시작했다. 아니, 좀 더 정확히 말하자면 생선 먹기를 허용하는 정도를 넘어서서 생선 소비를 적극적으로 권장했다. 이렇게 단식일이 '피시 데이(Fish Day)'로 재탄생했다.

거의 모든 기독교 신자가 삼시세끼를 생선으로 해결하는 상황을 상상해보자. 그것도 일 년의 절반이나 되는 날들에 말이다. 종교적 관습에서 비롯된 생선 위주 음식문화는 당대 유럽사회를 어떻게 바꾸어놓았을까?

중세 기독교가 만든 '피시 데이' 관습은 막대한 생선 수요를 창출했고 확대된 시장 형성으로 이어졌다. 거대한 수요를 뒷받침하기 위해 어업이 발달했으며 어업 장려 운동도 일어났다. 또 복합적 경제 시스템이 구축되었고 그 시스템을 장악한 상인연합세력(한자동맹, Hanseatic League)과 헤게모니 국가(네덜란드)가 등장했다. 이 모든 흐름의 중심에 '청어'와 '대구'가 있었다. 13~17세기에 청어와 대구는 유럽 국가들의 부의 원천이자 중요한 전략 자원이었으며 흥망성쇠를 좌우하는 핵심 요소였다.

회유어(回游魚)인 청어는 오늘날에도 밝혀지지 않은 어떤 이유로 이동 경로를 바꿀 때가 있다. 흥미롭게도 그 경로가 바뀔 때마다 국가의 운명이 달라졌다. 학자들은 바이킹이 고향을 버리고 브리튼섬을 침략하게 된 결정적 요인으로 '청어의 회유 경로 변화'를 꼽는다.

예기치 않은 청어의 이동 경로 변화는 13~17세기 유럽의 세력 판도를 뒤흔들어놓았다. 13세기 초 발트해 연안의 도시 뤼베크(Lübeck) 근해에서 어부들이 거대한 청어 떼를 발견했다. 곧이어 인근 도시 어부들이 팔을 걷어붙이고 청어잡이에 나섰고 청어 무역이 활발히 이루어졌다. 청어 시장 규모가 급속히 커짐에 따라 발트해 연안 도시의 상인들은 더 큰 이익을 얻기 위해 동맹을 결성했다. 1241년의 뤼베크와 함부르크 간 동맹 결성이 시초였는데 이는 유명한 한자동맹의 원류가 되었다. 한자동맹은 설원의 비탈을 구르는 눈덩이처럼 점점 커지더니 얼마 후 수십 개의 도시가 참여하는 거대 조직으로 발전했다. 바야흐로 한자동맹은 유럽의 경제적 패권을 장악했으며 그 패권은 200년 가까이 이어졌다.

세상에 영원한 것은 없는 법. 한자동맹의 경제적 패권에도 변화가 일어났다. 결정적 원인은 청어 떼가 갑작스럽게 산란 장소와 회유 경로를 발트해에서 북해로 바꾼 데에 있었다. 이 작지만 큰 변화 하나로 한자동맹은 급격히 쇠퇴했다. 그리고 그 바통을 북해 연안의 작은 나라 네덜란드가 이어받았다. 이로써 그전까지 강대국 스페인의 지배를 받으며 존재감 없던 나라 네덜란드가 족쇄를 벗어던지고 신흥 강국으로 떠올랐다. 네덜란드는 이제 유럽은 물론이고 전 세계 해양을 지배하는 헤게모니 국가로 거듭났다. 이 모든 거대한 흐름의 중심에 몸길이 30센티미터의 흔하디흔한 생선 '청어'가 있었던 셈이다.

한편 대구는 신항로 개척이라는 거대한 시대 변화와 맞물리며 신대륙까지 영향력을 확장했다. 대구는 미지의 땅 아메리카대륙을 구세계 시스템으로 편입시키는 첨병 역할을 했다. 대구는 청어와 마찬가지로 종교적 요청에 부응해 주요 식량 공급원이자 핵심 상품으로 탄생했다. 그에 따라 유럽 전체를 아우르는 대구 공급 시스템도 갖춰졌다. 만일 대구가 없었다면 신항로 개척 열풍이 불지 않았을 것이라고 주장하는 학자들이 있다. 아니, 어쩌면 대구 없이는 신대륙 발견을 위한 항해 자체가 지지부진했거나 그토록 폭발적인 반향을 일으키지 못했을 수도 있다.

대구를 소금에 절여 햇볕에 바짝 말리면 5년은 거뜬히 보관할 수 있다. 이른바 염장 대구는 적도를 지나도 상하지 않는 몇 안 되는 귀중한 식량 중 하나였다. 염장 대구가 신대륙을, 혹은 미지의 세계를 찾아 떠나는 먼 거리 항해를 위한 가장 중요한 필수품 중 하나로 자리매김한 것은 그래서였다. 15세기 후반 황금의 땅 지팡구(Zipangu, 일본)에 가기 위해 아시아 항로를 찾아 브리스틀에서 서쪽으로 탐험을 떠난 존 캐벗(John Cabot, 1450~1499. 이탈리아 이름은 조반니 카보토(Giovanni Caboto)다. — 옮긴이)도 출발하기 전 염장 대구를 넉넉히 챙겼을 것이다. 아무튼 그가 실수로 도달한 북미 대륙의 섬에서 황금 대신 발견한 보물은 바닷물이 불룩 솟아오른 것처럼 보이는 거대한 규모의 대구 떼였다. 이때 캐벗이 발견한 대구 떼가 신항로 개척시대의 역사를 바꿔놓았다.

이후 캐나다 동부 지역에서 뉴펀들랜드섬(Newfoundland Island, Newfoundland는 '새롭게 발견된 땅'이라는 의미로 붙여진 이름 — 옮긴이)에 이르는 광대한 해역은 구세계를 향한 중요한 대구 공급지로 자리매김했다. 대구는 유럽인이 그 지역에 식민지를 세울 수 있도록 경제적으로 뒷받침해준 든든한 버팀목이었던 셈이다. 대구의 역할은 여기서 끝나지 않았다. 대구는 미국이 대영제국의 지배에서 벗어나 독립을 쟁취하는 데 큰 도움을 주었으며 자유정신의 상징이 되었다.

이 책은 청어와 대구의 어업사를 중심으로 다룬다. 나는 역사 전공자도 물고기 전문가도 아니다. 그저 문학에서 출발해 역사서의 바닷속을 헤엄쳐 다니는 마니아라고 해야 할까. 아무튼 언제나처럼 역사의 바다를 유유히 헤엄치던 중 신선한 충격을 받았다. 우리가 아는 중요한 세계사의 페이지에 물고기가 약방의 감초처럼 빠지지 않고 등장하는 장면을 발견하고서였다. 그 신선한 충격이 청어와 대구 등 물고기에 관한 세계사 이야기를 모아 이 책을 집필하는 동기가 되었다. 역사를 전공하지 않았기에 자칫 오해와 실수가 생길 수 있어 나름대로 진지하게 연구하고 심혈을 기울이며 이 책을 썼다. 혹시라도 실수나 오류를 발견한 독자가 있다면 따끔하게 지적해주길 바란다.

차례

02 청어, 잉글랜드와 네덜란드의 운명을 바꾸다

03 신항로 개척시대를 열어준 주인공, '스톡피시'와 '소금에 절인 대구'

01

HERRING

유럽의 세력 판도를 바꾼
작지만 위대한 물고기,
청어 이야기

'소금에 절인 청어'가 주요한 경제적 기반이 되자
청어의 회유 경로 변화가
당대 유럽의 세력 판도에 커다란 변화를 몰고 왔다.

1. 청어의 회유 경로 변화가 유럽의 세력 판도를 바꾸고 여러 국가의 흥망성쇠를 결정지었다고?

청어는 잡은 뒤 볕에 말리기만 해서는 곤란하다. 워낙 기름기가 많은 생선이라 금세 상하기 십상인 까닭이다. '소금에 절인 청어'라는 식품은 이런 이유로 등장했다. 당시 네덜란드는 청어를 가공하는 기술에 관한 한 독보적인 나라였으나 그 비법이 잉글랜드에 전해지지는 않고 있었다. 17세기에 들어선 뒤에도 잉글랜드산 '소금에 절인 청어'는 네덜란드산과 비교하면 품질이 크게 떨어졌다. 당연히 값이 저렴했으며 불량품도 많았다. 윌리엄 셰익스피어와 동시대에 활동한 극작가 로버트 그린(Robert Greene)이 1592년 청어를 먹고 식중독으로 사망한 데는 나름대로 합당한 이유가 있었다. 아무튼 품질 문제도 청어가 당대의 대중에게 별로 인기를 얻지 못하는 주요한 원인이었다.

그러고 보면 셰익스피어의 작품에 등장하는 인물들이 청어라면 질색하는 모습도 딱히 이상하지는 않다. 헨리 8세(Henry Ⅷ, 재위 1509~1547) 시대에 이르러 잉글랜드는 단식일에 행해졌던 종교적 강제 조치를 모두 폐지하고 개인의 판단과 선택에 맡겼다. 그로 인해 잉글랜드에서 점차 어업이 쇠퇴했고 국방에도 문제가 생겼다. 당시 잉글랜드가 경제적·정치적 이유를 들어 강제로 '피시 데이'를 만들어 생선 먹는 날로 정한 것도 이와 같은 맥락에서 생겨난 조치였다. 이런 상황이라면 딱히 투덜이 존 폴스타프(John Falstaff, 잉글랜드의 극작가 윌리엄 셰익스피어의 희곡 『헨리 4세(Henry Ⅳ)』 제1부·제2부와 『윈저의 즐거운 아낙네들』에 등장하는 인물 — 옮긴이)가 아니더라도 누구나 짜증 날 수밖에 없다. 종교적 신념과 신앙도 없는데 남의 밥상에 감 놔라 배 놔라 하는 식의 간섭을 좋아할 사람이 어디 있겠는가. 더구나 피시 데이에 사람들이 선택할 수 있는 생선 종류는 한정적이었다. 그야말로 열에 아홉은 청어나 대구를 울며 겨자 먹기 식으로 먹어야 했다.

청어가 사람들의 식생활만 좌우한 것은 아니었다. 청어는 종교적 필요에서 탄생한 피시 데이에 거대한 수요를 창출했다. 또 그 수요를 충족시키기 위해 상품으로 개발되어 국제시장으로 팔려나갔다. 그러고 보면 청어는 번듯한 상품으로 만들어져 국제시장에 진출한 최초의 상품인 셈이었다.

헨리 8세 시대에 이르러 잉글랜드는
단식일에 행해졌던 종교적 강제 조치를 모두 폐지하고
개인의 판단과 선택에 맡겼다. 그로 인해 잉글랜드에서
점차 어업이 쇠퇴했고 국방에도 문제가 생겼다.

헨리 8세

회유어인 청어는 명확히 밝혀지지 않은 어떤 이유로 갑작스럽게 이동 경로를 바꾸곤 하는데 이런 일은 오늘날에도 종종 일어난다. 아무튼 '소금에 절인 청어'가 주요한 경제적 기반이 되자 청어의 회유 경로 변화가 당대 유럽의 세력 판도에 커다란 변화를 몰고 왔다. 또 그로 인해 여러 국가와 막강한 영향력을 지닌 주요 집단의 흥망성쇠를 좌우하게 되었다. 청어라는 평범하고 흔한 생선이 유럽사를 바꾸고 한발 더 나아가 세계사를 뒤바꾸어놓았다고 해도 지나치지 않은 것은 이런 맥락에서다.

유럽의 청어는 북대서양에 주로 서식한다. 지중해 부근에 사는 사람들에게 오랫동안 청어가 잘 알려지지 않은 데는 그런 연유가 있다. 역사를 거슬러 올라가 살펴보면 대다수 서유럽인은 봉건제도가 탄생하기까지 청어의 존재를 몰랐던 것으로 보인다. 그 무렵까지 청어에 관한 기록이 눈에 잘 띄지 않기 때문이다. 다음은 몇 안 되는 청어에 관한 오래된 기록이다.

잉글랜드에서는 후세에 '청어잡이'로 유명해지는 야머스(Yarmouth)교회가 어부의 수호성인인 성 니콜라스(Saint Nicolas)에게 바쳐진 일이 기록으로 남아 있다. 647년의 일이다. 우스터셔(Worcestershire)의 이브샴(Evesham) 수도원 회계부에 기록된 청어에 관한 내용도 빼놓을 수 없다. 또 10세기 말 노르웨이의 사가(Saga, 북유럽국가, 그중에서도 특히 노르웨이와 아이슬란드에 전해 내려오는 영웅 전설 — 옮긴이)에도 청어에 관해 기술한 내용이 있다.

중세 유럽의 청어잡이는 역사에 한 획을 그었다. 어마어마한 어획량 덕분이었다. "물 반 고기 반"이라는 표현대로 그물만 내리면 청어가 대량으로 잡혀 올라왔다.

산란기를 맞은 청어는 대규모 무리를 형성해 알을 낳기 시작한다. 이때 해수면에서 자글자글 소리를 내며 연안을 향해 밀물처럼 밀려온다. 말이나 글로 묘사하기 어려운 놀라운 광경이 눈앞에 펼쳐진다. 그 시대에는 수가 얼마나 많았던지 청어 떼 안에 장대를 꽂아 세울 수 있다는 소문이 돌 정도였다. 이쯤 되면 그 일대의 광대한 면적의 바다가 온통 부옇게 흐려진다. 산란기를 맞은 수컷 청어가 정액을 방출해 일어나는 현상이다.

> 모든 알이 성체로 자란다면 우리는 발을 적시지 않고도 대구의 등을 밟으며 대서양을 건널 수 있을 것이다.

『몬테크리스토 백작』과 『삼총사』 등으로 유명한 19세기 프랑스 작가 알렉상드르 뒤마가 『요리대사전』이라는 책에서 한 말이다. 그가 만일 시대를 좀 더 거슬러 올라가 청어 산란 장면을 보았다면 아마 위 인용문의 '대구' 자리에 '청어'를, '대서양' 자리에 '발트해'나 '북해'를 넣지 않았을까.

청어 떼는 봄가을에 북해와 발트해에서 산란한다. 이 무렵의 북유럽인에게 청어는 하늘이 내려준 선물과 다름없었다. 『구약성서』의 「출애굽기」에서 이집트를 탈출한 이스라엘인들에게 여호와가 날마다 내려주던 만나와 메추라기 같은 것이었다고나 할까. 실제로 혹독한 기후환경에서 농사와 목축으로 목숨을 부지해야 하는 당대의 북유럽인에게 그들의 땅은 출애굽 한 이스라엘인 앞에 펼쳐진 광야와 크게 다르지 않았을지 모른다.

바이킹의 해외 진출이 본격적으로 시작된 이유를 놓고 여러 설이 있다. 애초 바이킹이 자연스럽게 발생하여 뻗어나가다 보니 구체적인 동기와 배경에 관해서는 다양한 분야의 자료를 바탕으로 합리적으로 추측하는 수밖에 없다. 한데 바이킹의 기원에 관한 추측 중에서도 상당히 특이한 주장이 있다. 바로 바이킹이 잉글랜드를 습격한 배경에 '청어 회유 경로 변화'가 은밀히 자리하고 있다는 주장이다.

1952년 영국 왕립역사협회 회원 S. M. 토인(S. M. Toyne)은 〈청어와 역사(The Herring and History)〉라는 제목의 글에서 이색적인 주장을 펼쳤다. 잡지 《오늘의 역사(History Today)》에 실린 이 글을 간략히 요약하면 다음과 같다.

바이킹은 해안이 후미져 들어간 만에 주로 살았다. 그들이 터를 잡고 산 땅은 환경이 열악하고 토지가 척박해 농업과 목축에 적합하지 않았다. 사정이 이렇다 보니 그들의 주요 식량은 농작물이나 육류가 아닌 어류와 해산물이었다. 그중에서도 청어와 대구가 특히 중요한 식량자원이었다. 토인에 따르면 10세기 무렵 바이킹의 잉글랜드 습격이 소강상태에 접어들었다. 스칸디나비아반도에서 갑자기 농업생산량이 향상된 것도 아닌데 왜 그런 일이 일어났을까? '청어'에서 답을 찾을 수 있다. 실제로 이 시기 스칸디나비아반도에서 '청어 풍어'가 있었다는 사실이 기록으로 남아 있다. 그리고 그 상태가 10세기 말까지 이어지다가 어느 시점부터 바이킹이 기지개를 켜고 다시 정복 활동에 나섰다. 바이킹의 활동 재개 역시 청어 때문이었다. 좀 더 구체적으로 녀석의 회유 경로가 서쪽으로 이동한 까닭이었다.

〈청어와 역사〉는 바이킹이 잉글랜드에 정착한 지역에도 주목한다. S. M. 토인에 따르면, 바이킹은 청어잡이가 활발한 지역 위주로 식민지를 개척했다고 한다. 그중에서도 잉글랜드 야머스를 비롯해 이스트 앵글리아(East Anglia)가 바이킹의 주요 공략 대상이었다. 바로 바이킹 침략 시대에 데인로(Danelaw, 데인인이 잉글랜드에 이주해 자신들의 법률과 문화, 관습 등을 그대로 유지하며 정착한 지역 — 옮긴이)라는 이름으로 불리던 지역이다. 바이킹은 덴마크뿐 아니라 이스트 앵글리아 같은 주변 지역과 도시들도 침략했다. 이스트 앵글리아는 윌란반도(Jütland Halbinse, 유틀란트반도) 중부에서 곧장 서쪽으로 가다 보면 나온다. 당시 어떤 바이킹은 발트해에서 출발해 그레이트 벨트(Great Belt) 해협과 외레순(Öresund) 해협을 가로질러 왔고, 또 어떤 바이킹은 노르웨이의 오슬로나 남서부의 베르겐(Bergen)에서 왔다.

바이킹은 해안이 후미져 들어간 만에 주로 살았다.
그들이 터를 잡고 산 땅은 환경이 열악하고 토지가 척박해
농업과 목축에 적합하지 않았다. 사정이 이렇다 보니
그들의 주요 식량은 농작물이나 육류가 아닌 어류와 해산물이었다.
그중에서도 청어와 대구가 특히 중요한 식량자원이었다.

고대에 바이킹이 생선을 요리하는 장면을 재연함

그 지역에서 출발해 이스트 앵글리아로 향할 때 바이킹은 오크니 제도(Orkney Islands)로 이어지는 해로를 우선하여 장악했을 것으로 추정된다. 오크니 제도는 그 시대에 바이킹이 지배하고 있던 섬들로 가기 위한 중간 기착지 성격을 지니고 있었다.

그 후 바이킹은 진로를 남서쪽으로 돌려 이스트 앵글리아로 향한 것으로 보인다. 그러고 보면 훗날 네덜란드가 북해에서 청어잡이를 할 때 밟았던 경로와 거의 일치한다. 신기한 일이 아닐 수 없다. 오크니 제도보다 더 북서쪽에 있는 셰틀랜드(Shetland Islands) 제도는 수많은 어선의 어업기지 역할을 했는데 이곳도 바이킹이 지배했다.

바이킹의 해외 이주에 관해서는 여러 주장이 있는데 어느 주장이나 역사적 사실보다는 추측에 근거한다. S. M. 토인은 다음과 같이 주장한다. 청어 떼가 노르웨이 근해를 회유 경로로 삼아 이동할 때는 바이킹의 잉글랜드 습격이 소강상태에 있었다. 10세기 무렵의 상황이었다. 바이킹이 침략하여 식민지로 삼은 도시나 지역은 거의 예외 없이 청어잡이가 활발한 곳이었다. 토인은 다양한 자료를 꼼꼼히 조사한 끝에 바이킹이 유럽 여러 나라를 침략할 때 택한 항로가 훗날 북해에서 청어잡이 하던 네덜란드의 어장 및 해로와 절묘하게 일치한다는 결론을 얻었다.

청어의 회유 경로 변화는 이후 실제로 몇 번이나 여러 국가의 흥망성쇠에 영향을 미쳤다. 청어가 바이킹의 이동 원인의 전부는 아니더라도(S. M. 토인도 바이킹이 오로지 청어 때문에 이동했다고 주장하지는 않았다) 어떤 형태로든 부분적으로는 그와 밀접한 관련이 있다고 보아도 이상하지 않다.

S. M. 토인은 자신의 글에서 바이킹에 관해 설명하면서 크누트 대왕(Knut den mektige, 995?~1035)이 세운 북해제국을 언급한다. 잉글랜드, 노르웨이, 덴마크, 스웨덴 일부를 구성하는 북해제국은 북해와 발트해의 청어 어장 대부분을 아우른다. 물론 그렇기는 해도 토인은 북해제국의 성립이 온전히 청어잡이에서 비롯된 결과라고 주장하지는 않았다. 그러나 이 제국이 크누트 한 세대로 끝나지 않았다면 청어가 스코네(Skåne, 이 지역은 오늘날 스웨덴령에 해당하고 당대에는 덴마크령이었다) 지방에서 애버딘(Aberdeen)으로 이동하든, 야머스에서 베르겐으로 이동하든, 아니면 오슬로에서 프리슬란트(Friesland) 제도로 이동하든 국제적 분쟁은 일어나지 않았을 가능성이 크다.

2. 청어를 매개로 한자동맹 중심지로 떠오른 독일 도시 뤼베크

청어는 불포화지방산 함량이 높은 생선이라 순식간에 산소와 결합해 산패(酸敗)한다. 물론 고단백질 생선인 대구처럼 소금을 쓰지 않고 볕에 말리는 방식으로 가공할 수는 있다. 그러나 이렇게 가공한 청어는 질이 떨어져 인기가 없다.

질이 떨어지는 상품은 밖으로 내보내지 못하고 지역에서 소비하는 수밖에 없다. 그러므로 청어를 한꺼번에 대량으로 잡아도 냉동기술이 없던 시대에는 먹고 남은 양을 대부분 비료로 소비해야 했다.

13세기 무렵 기독교의 급속한 확산과 더불어 피시 데이가 자리잡았다. 이 시기에 유럽 인구가 급증함에 따라 청어의 수요가 증가했으며 국제무역에서 주요 상품으로 주목받기 시작했다. 이 흐름에 발맞추어 가공·보존 기술과 운송 수단을 확립할 필요가 있었다. 이 두 가지 수단을 가장 먼저 확보하고 시스템을 구축한 주체가 바로 '한자동맹'이었다. 말하자면 한자동맹이 탄탄하게 기반을 닦고 정점에 올랐다가 다시 추락하게 된 배경에도 청어가 깊이 관여한 셈이다.

독일의 뤼베크는 한자동맹 중심도시로 발전한 대표적인 도시다. 뤼베크는 윌란반도가 발트해를 향해 뻗어나가는 지점에 건설되었다. 1143년 즈음의 일이었다. 이후 이 도시는 13세기 초부터 북해와 발트해 지방 무역의 중계도시로서 중요한 지위를 확보해 나갔다.

일반적으로 한자동맹 성립은 독일 도시 뤼베크와 함부르크가 1241년에 맺은 상업동맹을 발단으로 본다. 함부르크는 뤼베크와 윌란반도가 북해로 뻗어나가기 시작하는 뿌리와도 같은 지점의 엘베강 연안에 자리하고 있다.

한자동맹의 '한자(Hanse)'는 무슨 의미일까? 그리고 한자동맹은 어떻게 탄생했을까? 독일어 한자는 '단체'라는 뜻이다. 중세 전성기에 접어들어 상업이 부활하고 도시가 발달하자 자연스럽게 상인단체가 탄생했다. 아직 치안이 열악한 상황에서 무역을 위한 육로와 해로에서의 안전을 확보하고 편의를 도모하기 위한 상인들 간의 자연발생적인 조직으로 한자동맹이 탄생했다. 13세기 무렵의 일이었다.

1241년 뤼베크와 함부르크 사이에 맺어진 상인조직인 한자동맹은 이후 다른 도시들로 급속히 퍼져 나가며 영향력을 확대해갔다. 두 도시 사이에 맺어진 협정이 독일과 유럽 국가들의 여러 자유도시 사이에 맺어졌다. 하나의 동맹에 다른 도시들이 가담하는 형태로 한자동맹이 확대되었는데 최전성기에는 가맹도시가 200여 개에 달할 정도로 번영을 누렸다.

뤼베크는 어떻게 교역 중심지로 발달할 수 있었을까? 가장 주요한 원인으로 '지리적 조건'을 꼽을 수 있다. 즉 이 도시가 발트해와 북해를 나누는 윌란반도가 시작되는 곳에 위치한다는 탁월한 입지 조건을 가지고 있었기 때문이다.

뤼베크에는 두 해협의 중간지점이라는 천연의 지리적 이점 이외에도 또 다른 이점이 있었다. 바로 청어 떼가 주기적으로 몰

뤼베크는 어떻게 교역 중심지로 발달할 수 있었을까?
가장 주요한 원인으로 '지리적 조건'을 꼽을 수 있다.
즉 이 도시가 발트해와 북해를 나누는 윌란반도가 시작되는 곳에
위치한다는 탁월한 입지 조건을 가지고 있었기 때문이다.

뤼베크의 항구를 묘사한 아돌프 보크의 그림

려온다는 점이었다. 좀 더 구체적으로 뤼베크 바다 건너 맞은편 의 스칸디나비아반도 남단에 있는 스코네 지방과 뤼베크 동쪽 의 뤼겐(Rügen)섬 연안, 그리고 남서쪽의 암염 산지인 뤼네부르크(Lüneburg)에 엄청난 규모의 청어 떼가 몰려왔다. 이는 11세기부터 일어나기 시작한 새로운 현상이었다. 이 두 가지 입지 조건이 절묘하게 맞물리면서 뤼베크는 독일과 유럽의 주요 도시로 성장했고 청어 무역으로 막대한 수익을 올려 무역에서 유리한 고지를 선점할 수 있었다.

13세기 초 스칸디나비아반도의 스코네 지방에서 발달한 청어 무역이 뤼베크인에게도 중요한 이슈로 떠올랐다. 두 지역 간에 교류가 활발해지고 교역량이 늘어났다. 그 과정에 이재에 밝은 뤼베크인은 스코네에서 수완을 발휘하여 막대한 이익을 챙겼다. 당시 스코네는 덴마크령이었다. 당연히 덴마크 왕 크누트 6세는 이런 상황을 보고만 있지 않았다. 1201년 그의 명령을 받은 군인들이 스코네 시장에서 활발히 활동하던 뤼베크 상인을 체포하고 상선을 나포했다. 크누트 6세가 시행한 일련의 제재에 뤼베크 상인들은 일단 굴복하는 수밖에 없었다.

뤼베크는 잠시 위축되었으나 오래 지나지 않아 새로운 기회를 만났다. 1224년 뤼겐섬에서 잡은 청어를 유럽의 여러 나라로 수출할 수 있는 특권을 획득한 것이었다. 청어 무역 발달은 곧바로 소금 구매로 이어졌다. 14세기 말 뤼네부르크 연간 소금 생산량의 약 5퍼센트를 뤼베크 상인이 사들일 정도로 어마어마한 양이었다.

소금 무역에서도 뤼베크는 천연의 지리적 이점을 활용해 막대한 이익을 챙길 수 있었다. 발트해 지방으로 소금을 수출할 때 뤼베크라는 관문을 반드시 거쳐야만 했기 때문이다. 참고로 1205년에 5,200톤이던 뤼네부르크의 소금 생산량이 13세기 말에는 약 1만 6,000톤까지 늘어났다. 뤼베크인도 자신에게 청어가 얼마나 중요한 존재인지 명확히 이해했다. 그런 맥락에서 도시를 상징하는 문장(紋章)에 청어 세 마리가 들어간 것으로 보인다.

뤼베크인에게 매우 중요했던 스코네 시장에 관한 12세기 이후의 기록은 오늘날에도 남아 있다. 이 시장은 13세기 중반 국제적 규모로 확장되었고 14세기 초에는 한자동맹의 독점적 지배하에 놓여 있었다. 어장이 코앞에 있는 항구에 시장이 형성되자 뤼베크를 비롯한 단치히(Danzig), 슈체친(Szczecin), 코워브제크(Kołbrzeg) 등의 한자동맹 도시들이 이 지역에 간섭하고 실력을 행사하기 시작했다. 그에 따라 한자동맹이 영향력을 행사하는 상권 안에서 본격적인 청어 가공·보존 작업이 진행되었으며 수많은 상인이 업체를 경영했고 거래가 활발히 이루어졌다.

시장이 열리는 시기는 7월 25일부터 9월 29일 무렵까지 두 달여 동안이었다. 이 기간에 상인들은 청어를 사고팔았다. 서유럽 각국 상인은 물론이고 스칸디나비아반도의 상인과 신생 도시였던 발트해 남동 연안의 도시에서 온 상인이 거래에 뛰어들었다. 그들은 자국의 상품을 팔고 청어를 비롯한 지역 특산품을 사가는 방식으로 거래했다. 청어를 중심으로 한 한자동맹 도시들의 활발한 무역으로 스코네 항은 뤼베크와 적극적으로 역할을 나누어 맡는다고 해도 지나치지 않을 정도로 주요 중심지로 떠올라 크게 번성했다.

이런 흐름이 본격화하자 어부들도 가담하기 시작했다. 청어를 잡는 일은 주로 덴마크 어부들이 담당했으며 청어 가공과 보존, 무역은 한자동맹권 안의 상인들이 담당했다. 이때 어부들이 치른 어장 사용료는 상인들이 지불한 시장 사용료와 함께 덴마크 왕실의 주요 수입원이 되었다. 어부, 가공·보존 관련 기술자, 한자동맹 및 각국 상인으로 이루어진 시장 규모는 상당했다. 그 규모를 구체적인 수치로 보여주는 사건이 있었다. 덴마크인 어부와 가공·보존을 담당하는 독일인 기술자 사이에 심각한 분쟁이 발생한 것이다. 1463년의 일이었는데 당시 분쟁에 연루된 사람 수만 헤아려도 얼추 2만여 명에 달했다. 이는 넘겨짚기 식의 단순한 추정이 아니라 명확한 기록으로 남아 있는 숫자다.

청어 가공·보존 기술이 어떻게 개발되고 발전했는지 그 자세한 과정은 제대로 알려지지 않았다. 다만 이에 관한 일반적인 상식에 근거하여 대략 다음과 같은 형태로 자리 잡지 않았을까 추정할 수 있을 뿐이다.

1. 먼저 바다에서 잡아 항구로 들여온 청어의 내장을 제거한다.

2. 바닷물로 깨끗이 씻어서 소금에 절이고 통에 담아 그 위에 다시 소금을 뿌려 재우고 뚜껑을 덮는다.

3. 열흘가량 숙성시킨 뒤 뚜껑을 열고 청어가 절여져서 부피가 줄어든 만큼 청어를 좀 더 채워 넣고 다시 뚜껑을 닫는다.

부패하기 쉬운 청어 가공식품의 품질을 일정하게 유지하기 위해서는 세심한 규정이 필요했다. 한자동맹은 장인정신의 전통을 지닌 사람들답게 소금에 절이는 과정을 세세하게 구분한 절차를 정해두었다. 예를 들어 그들은 크기가 지나치게 작거나 질이 떨어지는 청어를 속에 넣어 숨기는 꼼수를 부리지 않았다. 또 통에 청어를 담을 때는 고르게 소금에 절여지도록 규정에 따라 일정한 층을 유지하여 담게 했다.

처음에 그들은 소금에 절인 청어를 담은 통을 그대로 수출했다. 그러다가 나중에는 일단 한자동맹 도시로 보내 각 도시에서 절인 청어를 분배한 다음 별도로 제작한 특별한 통에 채워 넣게 했다. 또 그들은 막 산란하여 가치가 떨어지는 청어는 따로 구분해 다른 통에 담았다. 청어 가공·보존 방법과 규칙은 청어 무역에 참여하는 각 한자동맹 도시에 따라 약간 차이가 있었다. 그러던 중 1375년에 이르러 뤼베크에서 열린 회의를 거쳐 로스토크(Rostock) 방식을 채택하게 되었다.

상인들은 소금에 절인 청어를 통에 담은 상태로 유통했다. 이는 무엇보다 운송 편의를 위한 조치였다. 한자동맹은 통을 활용하는 효과적인 청어 운송으로 강력한 무기를 손에 쥐게 된 셈이었다. 한자동맹의 청어 무역에 날개를 달아준 또 하나의 히든카드는 '코그(Cog)선'이었다. 1962년 북해로 흘러 들어가는 배저(Weser)강 하류에 자리한 도시 브레멘(Bremen)에서 보존 상태가 매우 뛰어난 선채 유물이 발견되었다. 정밀 분석으로 이 배는 1379년에서 1380년 사이에 건조된 것으로 규명되었다. 또한 이 배는 독일 북동부 도시 슈트랄준트(Stralsund) 인장으로만 그 형태가 전해지던 바로 그 코그선으로 밝혀졌다. 사람들은 이 배를 '브레멘 코그' 또는 '베저 코그'라고 불렀는데 적재량이 84톤이었다. 또한 이 배가 발견된 후 동일한 모델의 코그선이 몇 척 더 발견되기도 했다.

코그선이 발견되기 전 북유럽 해역에서 활약하던 배는 대부분 널의 가장자리를 겹쳐 외판을 만드는 '클링커(Clinker) 방식'으로 알려져 있었다. 우리가 흔히 '바이킹 배'로 잘 알고 있는 선박이다. 반면 코그선은 적재량을 늘리기 위해 배 바닥을 편평하게 만들고 내·외판 가장자리를 맞물려 제작한다. 선수와 선미에 가까워질수록 이어진 외판을 덧대는 클링커 방식으로 바뀌는 형태였다. 사각으로 된 돛(Squaresail)과 볼록한 형태의 배 동체 부분이 전체적으로 상자 같은 인상을 주었다.

이후 코그선 이전의 클링커 방식으로 제작한 선박도 발굴되었다. 그중에는 적재량이 상당히 큰 선박도 더러 있었다. 그러나 개별 사례만으로 코그선 출현 이후 선박 적재량이 눈에 띄게 증가했다고 단언할 수는 없다. 예컨대 1981년 덴마크에서 발견된 '헤데뷔 3(Hedeby 3)'라는 이름으로 불리는 선박은 분석 결과 건조 시기 1025년, 적재량 60톤으로 밝혀졌다.

『코그선, 화물 그리고 무역(Cogs, Cargoes and Commerce)』이라는 책에는 선박에 관한 고고학적 발견과 문서로 남은 기록을 근거로 개별 선박의 적재량을 연대별 그래프로 표시해놓았다. 그 결과 "13세기 말부터 (배의 적재량이) 급격한 속도로 증가했고 14세기에 정체 상태에 머물다가 1400년 무렵 다시 빠른 속도로 증가했다"는 결론을 도출했다.

물론 이 결론을 어떤 상황에서도 흔들리지 않는 확고한 정설로 받아들이기에는 무리가 있다. 근거 자료의 워낙 수가 적어 앞으로 어떤 유물이 발굴되느냐에 따라 결론이 뒤바뀔 가능성이 있기 때문이다. 이 책에서 제시한 자료에 따르면 13세기 말 적재량이 200톤인 선박이 등장했으며 1400년 이후에는 400톤 이상인 선박도 출현했다고 한다.

13세기 중반 이후 북유럽에서 독일 상인들이 주도한 무역이 폭발적으로 증가한 배경에 코그선이 있었다는 주장은 오늘날 정설로 받아들여진다. 『독일 한자(The German Hansa)』의 저자 필리프 돌랭제(Philippe Dollinger)의 말에 귀 기울여보자.

한자동맹은 코그선으로 소금에 절인 청어를 운송했다.
그들은 독일은 물론이고 러시아, 폴란드,
발트해 지역의 나라와 도시들, 플랑드르, 프랑스, 스페인, 포르투갈
그리고 잉글랜드까지 판로를 확장했다.

코그선

14세기까지 한자동맹이 시장에서 독보적인 위치를 차지할 수 있었던 이유를 명확히 설명해준다. 그것은 우수한 기술력 덕분이었다. 물론 세부 사항까지 실제로 이 점을 증명해내기는 어렵겠지만 말이다.

한자동맹은 코그선으로 소금에 절인 청어를 운송했다. 그들은 독일은 물론이고 러시아, 폴란드, 발트해 지역의 나라와 도시들, 플랑드르, 프랑스, 스페인, 포르투갈 그리고 잉글랜드까지 판로를 확장했다.

한자동맹 청어 무역의 심장부라고 할 수 있는 스코네는 덴마크 영토 안에 있었다. 한데 덴마크 왕가와 한자동맹의 관계는 뤼베크 상인을 체포하고 상선을 나포하는 등 일련의 사건으로 미루어 볼 때 절대로 원만하지 않았던 것으로 보인다.

1340년 덴마크에 발데마르 4세(Valdemar IV)가 즉위했다. '발데마르 아테르다그(Valdemar Atterdag)' 즉 '재건왕'이라는 별명이 붙은 이 국왕은 즉위하자마자 피폐한 재정을 개혁하는 일에 착수했다. 그런 다음 그는 본격적으로 영토 확장 정책을 폈다. 그러자 덴마크의 갑작스러운 팽창 정책을 경계한 주변 국가들이 한자동맹과 손을 잡았다. 한자동맹 연합세력은 덴마크의 팽창 정책을 저지하는 데 성공했으며 1370년 슈트랄준트 조약을 체결했다. 이 조건으로 한자동맹의 특권이 재확립되었고 바야흐로 한자동맹은 최전성기를 맞이했다.

그러나 달도 차면 기우는 법. 절정에 도달한 다음에는 내리막길이 기다리는 것이 자연과 우주의 원리다. 오랫동안 한자동맹의 부와 권력을 뒷받침해주었던 청어 떼가 회유 경로를 바꾸는 바람에 발트해에서 산란하는 일이 크게 줄어들었다. 이는 15세기 중반 유럽국가들이 일상적으로 교류하고 무역하던 바다에서 일어난 커다란 변화였다. 16세기에 이르러 청어 떼는 완전히 북해로 이동했다.

3. 빌럼 벤켈소어의 '소금에 절인 청어'가 세계사를 바꾸다

소금에 절인 청어 만드는 법을 개발한 사람은 누구였을까? 대다수 학자가 빌럼 벤켈소어(Willem Beukelszoon)를 꼽는 데 이의를 제기하지 않는다. 그러나 이것이 움직일 수 없는 명확한 사실인지는 확인할 길이 없다. 게다가 그 이름을 두고도 다양한 견해가 존재한다. Beukels라는 주장과 Beukelsoon 혹은 Beukezoon으로 표기해야 한다는 주장이 맞선다. Beukels의 k 앞에 c가 들어가야 한다고 주장하는 사람도 있다. 어쨌든 'Beukel의 아들'이라는 뜻이다. 그러나 종종 Beuzelzoon으로 발음까지 달라지기도 한다. 철자야

어찌 됐든 그가 네덜란드 사람이라는 데는 이론의 여지가 없다.

물론 빌럼 벤켈소어가 잉글랜드인이고 이름은 Belkinson이라고 다소 파격적인 주장을 펴는 사람도 있기는 하다. 이 수수께끼 인물은 출생 시기와 사망 연도도 확실하지 않다. 1347년, 1387년, 1397년, 1401년 등이 주로 거론되는데 이 연도가 출생 연도라는 주장도 있고 사망 연도라는 주장도 있다.

만약 이 수수께끼 인물이 정말 '소금에 절인 청어' 만드는 방법을 개발한 주인공이라면 문제가 생긴다. 출생 연도를 언제로 잡느냐에 따라 소금에 절인 청어 만드는 방법이 확립된 시기에 무려 100여 년의 오차가 생기기 때문이다.

게다가 그가 고안했다고 전해지는 방법도 그 전에 사용되던 기술과 크게 다르지 않다. 방법은 간단하다. 우선 청어의 내장을 모두 빼내고 부패하기 쉬운 부분을 버린다. 그런 다음 나머지 부분을 소금에 절여 통에 담는다. 한자동맹이 사용하는 방법과 기본적으로 같다.

이름도 출생 연도와 사망 연도도 불확실한 수수께끼 같은 인물이지만 묘하게도 무덤만은 확실히 존재했던 모양이다. 네덜란드 남서부의 비르블리트(Biervliet)가 무덤이 있는 곳이었는데 바다에 침식되어 마을 상당 부분과 함께 사라져버렸다고 한다.

신성로마제국 황제 카를 5세는 프랑스 왕의 미망인인 자신의 누나 엘레오노르(Eléonore)와 헝가리 왕의 미망인이자 여동생인 마리아(Maria)를 데리고 벤켈소어의 무덤을 참배했다. 1558년 8월 30일의 일이다. 신성로마제국 황제 카를 5세는 동시에 스페인 국왕이기도 했는데 스페인 국왕으로는 카를로스 1세로 불렸다. 벤켈소어의 무덤을 참배한 이후 카를 5세는 네덜란드 경제 발전에 크게 이바지한 공로자를 위해 기념비를 건립하라는 지시를 내렸다고 한다. 이는 당시 네덜란드가 신성로마제국 합스부르크 왕가의 지배를 받았기에 가능한 일이었다.

그러나 이는 명확한 역사적 사실이라기보다는 추정에 가깝다. 이를 증명하는 명명백백한 기록이 남아 있지 않기 때문이다. 다만 조지 사턴(George Alfred Leon Sarton)은 『과학사 안내(Introduction to the History of Science)』(1947)에서 이 이야기가 충분히 있을 법한 일이라고 평가했다.

카를 5세는 바람만 스쳐도 아프다는 질병 통풍으로 황제 자리에서 스스로 물러났다. 그는 퇴위한 뒤 여유가 생기자 형제들과 함께 플랑드르의 강(Gand) 지방을 방문했다. 이후 그는 플리싱언(Vlissingen)으로 이동해 은둔지 스페인으로 향하는 배에 올랐다. 플리싱언은 벤켈소어의 무덤이 있는 비르블리트에서 그리 멀지 않은 곳에 있다.

플리싱언의 행정관은 제일란트(Zeelandt)의 주요 산업과 그 창시자에 관해 귀한 손님에게 귀띔했을 것이다. 네덜란드의 도시 플리싱언과 비르블리트는 제일란트 주에 있다. 빌럼 벤켈소어는 오랫

참나무통에 담아 소금에 절인 싱싱한 청어

동안 소금에 절인 청어를 만드는 기술을 확립한 인물로 받아들여졌다. 그러나 20세기에 들어서면서 그의 존재에 의문을 품는 사람이 많아졌다. 만일 그가 실존인물이라면 네덜란드의 경제 발전 기반을 확고히 다진 인물로 평가해도 크게 무리가 없을 것이다.

17세기에 네덜란드는 전 세계를 주름잡는 무역국가로 떠올랐다. 좀 더 구체적으로 네덜란드는 세계 최초로 '헤게모니 국가'로 자리매김했는데 잉글랜드나 미국보다도 앞서 이룩한 쾌거였다. 이는 이매뉴얼 월러스틴(Immanuel Wallerstein)이 『근대 세계 체제(The Modern World-System)』(1974)에서 주창한 내용이다.

네덜란드는 무역으로 다른 유럽 국가들을 압도할 만큼 거대한 부를 일구었다. 네덜란드 성공 신화는 한자동맹을 대신해 '소금에 절인 청어'를 본격적으로 공급하면서 시작되었다. 그런 의미에서 빌럼 벤켈소어의 '소금에 절인 청어'는 세계사를 바꾼 위대한 발명 중 하나라고 해도 지나치지 않다. 이런 맥락에서 유럽사의 위대한 군주로 칭송받는 카를 5세가 그의 무덤을 참배했다는 이야기도 무작정 후대에 누군가에 의해 창작되고 살이 보태지며 만들어진 허무맹랑한 이야기로 치부하며 웃어넘길 수만은 없지 않을까.

네덜란드는 빌럼 벤켈소어가 활약한 시기에 발전의 기틀을 다졌다. 학자들은 이를 14세기 무렵으로 추정한다. 그즈음 이 나라는 빌럼 벤켈소어 같은 위대한 장인과 기술자, 숙련공들의 노력에 힘입어 소금에 절인 청어를 가공하는 기술을 눈부시게 발전시켰다. 그로써 이전에는 며칠만 지나도 썩어 문드러지고 악취를 풍긴 청어를 무려 1년 넘게 신선한 상태로 보존할 수 있게 되었다. 빌럼 벤켈소어의 일화와 전설이 세상에 널리 알려진 것도 따지고 보면 이후 네덜란드의 눈부신 성장과 발전이 뒷받침해주었기 때문이다.

『물고기 저장하기: 고대에서 현대까지 물고기 가공의 역사(Fish Saving: A History of Fish Processing from Ancient to Modern Times)』(1956)에서 찰스 L. 커팅(Charles L. Cutting)은 이렇게 말한다.

> 다른 수많은 발전과 마찬가지로 이 발명도 여러 단계를 거쳐 이루어졌을 것이다. 청어 가공업에 종사하며 청어 어업 발전을 위해 무엇이 필요한지 정확히 꿰뚫어 보는 안목과 통찰력으로 문제를 해결하고자 노력했던 수많은 창조적인 이들에게 그 공이 돌아가야 마땅하다.

찰스 L. 커팅의 평가는 오늘날 연구자들이 빌럼 벤켈소어를 바라보는 시각 및 견해와 일치한다. 빌럼 벤켈소어는 청어 보존 가공 기술 개선과 발전에 깊이 관여했던 당대의 수많은 인물을 대표하고 상징한다. 그리고 그는 네덜란드인이었다. 빌럼 벤켈소어가 실존인물인지는 여전히 의문으로 남지만 사실 여부와 무관하게 그는 유럽사와 세계사에서 정치적으로 중요한 존재였다고 말할 수 있다.

4. 청어 전투에서 '소금에 절인 청어'로 열 배 많은 프랑스군을 격파한 잉글랜드군

잉글랜드인이 집필한 청어 어업사에 빠지지 않고 등장하는 이야기가 있다. 바로 '소금에 절인 청어'에 관한 내용이다. 소금에 절인 청어는 보존성이 좋아 일찍부터 군대가 군인들을 위한 식사로 활용했다. 여러분은 '청어 전투(Battle of Herrings)'에 관해 들어본 적 있는가? 이는 군대에서 소금에 절인 청어를 얼마나 중요하게 여겼는지 이해하기 위해 빼놓을 수 없는 역사적 사건으로 백년전쟁이 한창이던 1429년에 벌어졌다.

잉글랜드군은 오를레앙을 겹겹이 포위했다. 1428년 9월부터 1429년 5월에 걸친 9개월 동안 벌어진 일이었다. 마지막에 잔 다르크의 활약으로 해방을 맞이하는 바로 그 포위전이다. 오를레앙을 공격해야 한다고 강력하게 주장하던 솔즈베리 백작(Earl of Salisbury) 포위전 도중 사망했다. 그러자 총사령관이자 전 국왕인 헨리 5세(Henry V, 재위 1413~1422)의 남동생 베드퍼드 공은 솔즈베리의 후임으로 서퍽(Suffolk) 공작을 임명했다. 동시에 베드퍼드 공은 존 탤벗을 비롯한 군대를 오를레앙에 진군시켰는데 그 안에 존 파스톨프 경(Sir John Fastolf)이 포함되어 있었다. 존 파스톨프는 셰익스피어가 창조한 작품 속 인물 중에서 가장 인기 있는 존 폴스타프의 모티프가 된 인물이다.

셰익스피어 작품에는 폴스타프가 두 명 등장한다고 생각하는 게 합리적이다. 그중에서도 가장 유명한 작품은 『헨리 4세』 제1부다. 처음에 셰익스피어는 폴스타프를 올드캐슬(Old Castle)이라는 이름으로 등장시켰다. 한데 올드캐슬 자손의 강력한 항의를 받고 다른 이름으로 바꿀 수밖에 없었다고 한다. 셰익스피어는 이전에 집필했던 『헨리 6세(Henry Ⅵ)』 제1부에 등장하는 '폴스타프'에 주목했다.

『헨리 6세』 제1부는 오를레앙 포위 당시 잉글랜드군의 패배를 그린 작품이다. 실제 역사에서 존 파스톨프 경은 오를레앙 포위전에 참전했다. 같은 해 6월 그는 잉글랜드군의 쓰라린 패배로 끝난 파테 전투(Battle of Patay)에서도 부대를 이끌었다. 이 전투에서 존 탤벗은 포로가 될 때까지 불굴의 용기로 싸웠으나 파스톨프는 패배하고 달아나서 총사령관 베드퍼드 공에게 가터 훈장을 박탈당했다. 『헨리 6세』 제1부에서 폴스타프는 이 파테 전투 패배의 책임으로 가터 훈장을 박탈당하는 불명예스럽고 한심한 겁쟁이로 묘사된다. 이런 설정이 『헨리 4세』 제1부에서 뚱뚱한 광대의 이름을 선택할 때 결정적인 역할을 했던 게 아닌가 싶다.

인간적인 매력은 별개로 치더라도 상스럽고 입만 산 『헨리 4세』 제1부의 폴스타프나 단순한 겁쟁이로 묘사된 『헨리 6세』 제1부의 폴스타프는 실제 인물 파스톨프와는 사실 거리가 멀다. 파스톨프는 유능한 군인이었는데 그가 군인으로서의 자질을 유감없이 증명해낸 무대가 바로 '청어 전투'였다. 포위전 도중 물자가 부족해진 잉글랜드군 총사령관은 파스톨프에게 식량과 기타 물자 보급선을 확보하라는 임무를 주고 파리로 보냈다. 파스톨프는 짐마차 400~500대 규모의 대규모 수송대를 결성해 지휘했는데 그들의 주 식량은 '소금에 절인 청어'였다.

파스톨프가 이끄는 수송대에 청천벽력과도 같은 일이 일어났다. 파리에서 돌아오는 길에 오를레랑 북쪽 루브레(Rouvray)를 지날 때 프랑스 · 스코틀랜드 연합군에 불의의 기습을 당한 것이었다. 1429년 2월 12일에 벌어진 이 사건에서 흥미롭게도 잉글랜드군 수송대의 주 식량원이던 '소금에 절인 청어'가 큰 역할을 해냈다. 좀 더 정확히 말하자면 잉글랜드군은 청어를 담았던 통을 훌륭한 바리케이드로 활용했다. 이런 일이 가능했던 이유는 당시만 해도 아직 전투에서 총이나 대포가 본격적으로 사용되거나 전쟁의 승패를 좌우하기 전이었기 때문이다. 아무튼 '소금에 절인 청어'가 전투 식량으로만 우수한 게 아니라는 점을 멋지게 증명해낸 셈이다.

적군이 가까이 다가오자 파스톨프는 짐마차로 대형을 만들어 인부와 말을 둘러싸고 철통같은 방어 태세를 갖췄다. 병사 수와 군대 규모만 보면 프랑스 쪽이 압도적이었고 파스톨프의 잉글랜드 수송대로서는 절망적인 상황이었다. 잉글랜드군이 고작 500~600명이었던 데 반해 프랑스군은 3,000~4,000명으로 6~7배에 달했기 때문이다(프랑스군이 6,000명에 달했다고 주장하는 연구자도 있다). 설상가상으로 오를레앙 성안에서 별동대까지 파견한 상태였기에 잉글랜드군 수송대의 운명은 그야말로 바람 앞의 촛불과도 같은 신세였다.

소금에 절인 청어를 담았던 통을 바리케이드로 활용하여 '청어 전투'라는 우스꽝스러운 이름을 얻기는 했어도 이 전투를 만만히 보면 안 된다. 잉글랜드군 수송대는 전력 면에서 비교 자체가 되지 않는 소규모 병력으로 지휘관 파스톨프의 명령에 따라 장렬히 싸워 마침내 프랑스군을 격퇴하는 기적을 만들어냈기 때문이다. 애초에 총사령관이 파스톨프에게 전쟁에서 가장 중요한 임무인 병참을 맡겼다는 사실만 봐도 군인으로서 그의 자질과 능력을 인정했다는 이야기다.

청어 어업사를 연구하는 학자들은 이 일화를 좋아한다. 그렇지 않아도 생선과 관련된 비유로 인연이 깊은 폴스타프의 모델인 파스톨프라는 인물이 '청어 전투'라는 우스꽝스러운 이름의 전투에서 큰 공을 세웠다는 뜻밖의 이야기가 짜릿한 지적 흥분을 선사하기 때문이 아닐까. 여기에 더해 파스톨프가 청어잡이로 유명한 그레이트 야머스(Great Yarmouth) 출신이라는 점을 고려하면 단순한 우연을 넘어 운명에 가까운 필연처럼 느껴질 정도다. 게다가 비겁한 불평꾼 폴스타프의 모델이 된 파스톨프라는 인물이 사실 알고 보니 절체절명의 위기를 위대한 승리로 바꾸어낸 용감무쌍한 군인이었다는 사실에 잉글랜드인들은 통쾌한 반전의 매력을 느끼는 것 같다.

그러나 프랑스인에게 파스톨프는 백팔십도 다른 모습으로 비추어지는 모양인데 적대적인 관계였으니 당연한 일이겠다. 아무튼 전장에서 잔 다르크와 파스톨프가 서로 마주쳤는지는 확인할 길이 없다. 존 파스톨프의 전기를 쓴 스티븐 쿠퍼(Stephen Cooper)에 따르면 잔 다르크는 오를레앙에 도착한 직후 파스톨프의 보급 작전이 성공했으며 잉글랜드군이 다시 한번 보급 작전을 감행할 가능성이 있다는 보고를 받았다. 지금 소개하는 인용문은 잔 다르크가 장 드 뒤누아(Jean de Dunois) 백작에게 내린 명령으로 장 돌롱(Jean d'Aulon)의 전언이다.

> 오를레앙의 사생아여, 신의 이름으로 그대에게 명한다. 파스톨프가 오를레앙에 도착하면 곧장 나에게 보고하라. 만약 파스톨프가 나도 모르게 이곳을 지나간다면 맹세컨대 그대의 목을 치리라.

오를레앙 공방전이 벌어진 뒤 3년 가까이 지나서 증언한 내용이므로 이 말의 진위는 정확히 밝힐 길이 없다. 아무튼 잔 다르크와 장 드 뒤누아 백작 모두 파스톨프를 가장 경계해야 할 인물 중 하나로 보았다는 사실만은 분명해 보인다.

파스톨프는 프랑스에서도 연극에 주요 인물로 등장할 정도로 관심이 높다. 예컨대 1439년에 완성된 작자 미상의 〈포위전〉에서 파스톨프는 장 파스토라는 이름으로 등장하는데 무시무시한 잉글랜드군 장군으로 묘사된다. 무대에 등장한 그는 관객을 향해 이렇게 말한다.

> 가야 한다. 더는 지체할 겨를이 없다. 우리 군을 도우러. 대포를 겨누어라. 화약을 모조리 채워라.

셰익스피어 작품에 나오는 폴스타프와 오를레앙 공방전 · 청어 전투에 등장하는 인물 파스톨프는 설정부터가 완전히 다르다.

5. 작은 어촌마을 암스테르담을 세계적 도시로 거듭나게 한 '소금에 절인 청어'

북해에서의 청어 어업은 네덜란드가 주도했다. 네덜란드의 청어 어업은 그때까지 스코네에서 이루어진 청어잡이와는 상당히 달랐다. 스코네의 청어잡이는 항구로 몰려오는 청어를 연안에서 그러모으다시피 잡아 가까운 항구로 운반하면 끝이었다. 소금에 절이는 작업도 항구에서 일사천리로 이루어졌다.

네덜란드는 달랐다. 네덜란드 어부들은 자기네 바다 연안으로 헤엄쳐오는 청어를 가만히 기다렸다가 잡는 방식으로는 만족할 수 없었다. 그들은 어떻게 청어를 잡았을까? 네덜란드 어부들은 이동 경로를 활용해 청어를 잡았다. 산란기에 접어든 청어 떼는 셰틀랜드 제도 연안에서 출발해 남하하기 시작했다. 녀석들은 브리튼섬과 네덜란드, 프랑스 사이의 해협을 거슬러 내려가곤 했다. 그중에는 브리튼섬과 아일랜드 사이의 해협을 헤엄쳐 내려가는 무리도 있었다. 네덜란드 어선은 셰틀랜드 제도 연안에서 청어 떼를 앞질러 브리튼섬과 프랑스 사이 해협을 지나 스코틀랜드와 잉글랜드를 살살 약 올리듯 조업을 계속했다.

청어잡이는 6월 말부터 7월 초에 시작되었다. 사람들은 이것을 '그랜드 피셔리(Grand Fishery)'라고 불렀다. 애초 '그랜드 피셔리'는 6월 24일 하지 축제일(Midsummer Day)에 해당하는 성 요한 축일에 시작되었다고 한다. 본격적인 청어잡이는 7월 1일에 시작되었는데 1588년과 1593년, 1620년에는 6월 24일, 1586년에는 6월 1일에 시작되었다. 찰스 L. 커팅이 『물고기 저장하기』에 밝힌 내용이다.

이렇듯 청어잡이가 이루어진 날짜에 약간의 차이가 생긴 이유는 청어의 동향 변화 때문이었다. 네덜란드 어부들은 7월 25일까지 셰틀랜드 제도에서 스코틀랜드 북부 버칸(Buchan)과 네스(Ness)에서 청어를 잡았고 그 이후로는 그곳으로부터 남하하여 청어잡이를 계속했다. 그리고 가을이 되면 그들은 이스트 앵글리아로 진출하여 청어를 낚았다. 이후 11월 25일까지 야머스 부근에서 진을 치고 조업에 나섰다가 크리스마스 무렵이 되면 템스강 하구에서 청어를 잡았다.

네덜란드 어부들은 갑판이 있는 배가 필요했다. 일단 잡은 청어를 배 위에서 바로 소금에 절여야 했기 때문이다. 갑판이 없는 배에서 소금에 절이는 작업을 하면 소금이 파도와 비에 젖어 녹아내려 심각한 문제가 발생했다. 또 그들은 비교적 먼바다로 고기잡이를 나섰기 때문에 안전성이 높은 배를 어선으로 사용해야 했다. 한자동맹이 수송선으로 사용한 코그선은 갑판이 있었으나 먼바다에서 조업하기에는 적합하지 않았다. 그러므로 새로운 형태의 배와 어선을 하나의 선단으로 통합하거나 어선에 쌓여 있는 '소금에 절인 청어'를 인수하는 한자동맹의 청어잡이와는 전혀 다른 획기적인 관리체제를 갖추어야 했다.

'바위스(Buss)'는 북해 청어잡이에서 네덜란드가 사용하던 청어잡이 전문 선박이다. 한데 코그선과 마찬가지로 이 배도 실물이 남아 있지는 않다. 그러므로 얀 베르메르(Johannes Vermeer)의 〈델프트의 풍경(View of Delft)〉 같은 그림 속 모습으로만 오늘날까지 전해진다.

네덜란드 어부들은 자기네 바다 연안으로 헤엄쳐오는 청어를 가만히 기다렸다가 잡는 방식으로는 만족할 수 없었다. 그들은 어떻게 청어를 잡았을까? 네덜란드 어부들은 이동 경로를 활용해 청어를 잡았다.

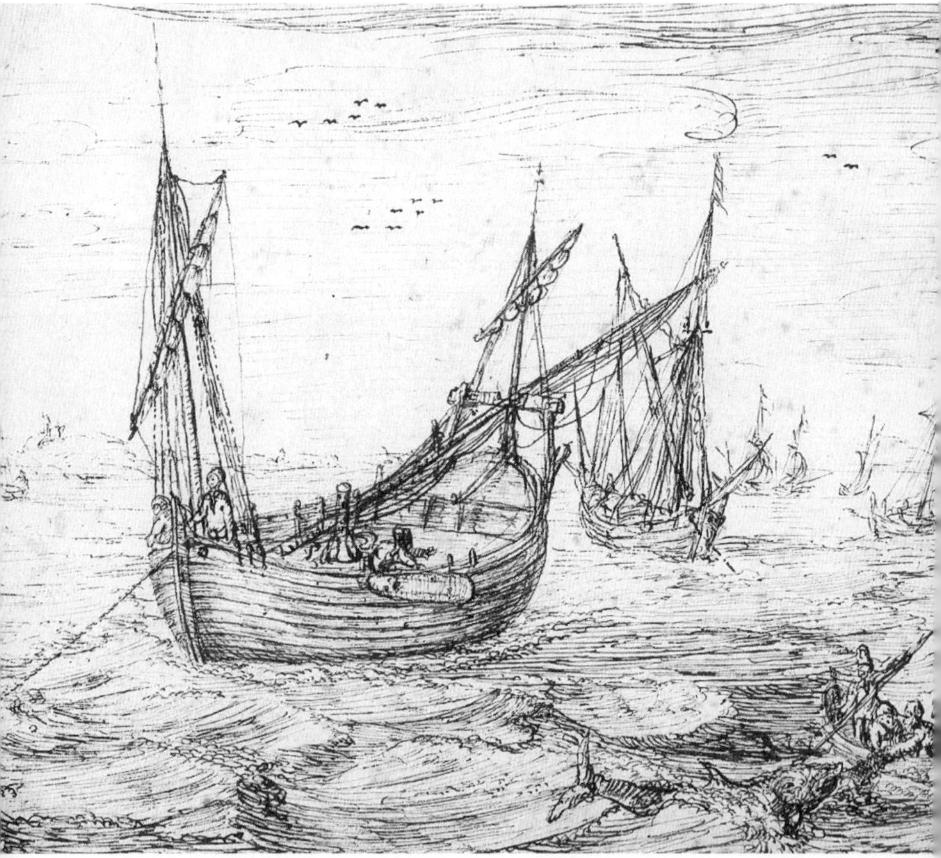

1600년 무렵, 청어잡이 어선이 청어를 잡는 상황을 묘사한 그림

바위스는 안정성이 높은 배로 통상 80~100톤의 적재량에 세 개의 돛과 갑판을 갖추고 있었다. 이 세 개의 돛 중에서 앞쪽 돛 두 개는 고기잡이 작업을 하는 도중에 바람의 영향을 피할 수 있도록 비스듬하게 기울일 수 있었다. 바위스는 네덜란드 수도 암스테르담에서 북쪽으로 30킬로미터가량 떨어진 곳에 있는 하를럼(Haarlem)과 아주 가까운 거리에 있는 항구도시 엥크하위젠(Enkhuizen)에서 맨 처음 건조되었다. 1416년의 일이다. 그리고 비슷한 시기에 이곳에서 대형 유망(Drift Net)도 제작되었다. 선원은 14~15명 정도였고 그중에는 갑판 위에서 청어를 소금에 절이는 일로 숙련된 기술자와 통에 담는 일을 하는 인부도 포함되어 있었다. 선원들은 청어가 대량으로 걸린 유망을 갑판 위로 끌어올려 그 자리에서 내장을 제거한 다음 통에 담았다. 그 덕분에 무더위가 기승을 부리는 여름날 청어를 잡아 항구로 가져온 다음 보존 및 가공 작업을 하는 한자동맹의 청어와는 비교가 안 될 정도로 신선도가 뛰어났다.

청어잡이는 네덜란드의 가장 중요한 국가사업 중 하나였다. 그러므로 '그랜드 피셔리' 개시일도 어부들 사이의 관습이 아닌 정부가 정한 규칙으로 자리 잡았다. 찰스 L. 커팅에 따르면 바이에른—슈트라우빙 홀란트 공작이던 요한 3세(Johann III)가 청어잡이 규약을 제정했다고 한다. 또한 빌럼 벤켈소어의 무덤을 참배했다고 전해지는 신성로마제국 황제 카를 5세가 선포한 법령이 청어잡이 규약의 시초가 되었다.

1581년 네덜란드는 스페인 국왕 펠리페 2세의 통치를 거부하기로 결의했다. 그 이듬해인 1582년에는 공화국 정부가 모든 규약을 통합했다. 1620년에는 어업협회에 규약 작성 전권을 부여하기도 했다. 어업협회는 쟁의 조정 권한을 가지고 있었다. 회원들은 매년 고기잡이를 개시하는 델프트에서 회의를 열어 어업에 관한 다양한 안건을 논의했다.

어업 규칙에는 청어의 상품성을 높이는 데 필요한 다양한 세부 규칙이 포함되어 있었다. 또한 품질이 다른 청어를 분류하는 기준과 통에 담을 때 청어를 고르게 담는 비율, 그물눈 크기, 낡은 통 사용 금지, 통을 만드는 널빤지 수와 크기까지 세세하게 정해져 있었다. 가령 이 규칙에 따르면 통 바닥 판으로는 반드시 널빤지 세 장을 사용해야 했다. 또 잡은 청어를 바다 위에서 거래하거나 해외시장에 직접 판매하는 행위가 금지되었다. 모든 청어는 네덜란드 안에서 거래해야 했으며 해외시장에 직접 판매할 수 없었다. 상인들은 자신이 취급하는 모든 청어를 네덜란드로 보내 일괄적으로 분류 작업을 한 다음 새로 통에 담아 인장을 찍었다. 자칫 상하기 쉬운 청어라는 생선으로 보존성이 뛰어나고 신선도가 유지되는 상품을 만들자면 그 정도로 철저한 품질관리가 이루어져야 했다.

네덜란드는 '소금에 절인 청어'라는 상품을 효율적으로 제조하기 위한 규격화에 성공했다. 그에 반해 잉글랜드는 100년 가까운 긴 세월이 지난 뒤에야 '소금에 절인 청어'를 네덜란드 수준의 품질까지 끌어올려 생산할 수 있게 되었다.

자위더르해(Zuiderzee) 가장 안쪽에 자리 잡고 있는 암스테르담은 13세기 이전까지만 해도 작은 어촌마을에 지나지 않았다. 그렇듯 보잘것없는 어촌마을이던 암스테르담이 오늘날 네덜란드의 수도이자 전 세계인이 주목하고 즐겨 찾는 주요 도시로 성장한 것이다. 어떻게 이런 일이 가능했을까?

당시 자위더르해는 호수였다. 그러던 것이 1287년 무렵 북해에서부터 밀어닥친 쓰나미와 높은 파도로 인해 호수 면적이 끝도 없이 넓어지며 북해와 이어져 바다가 되었다. 눈앞에 바다가 생긴 마을은 교통 요충지로 거듭나기 시작했다. 바다와 이어진 데다 자위더르해 가장 안쪽에 자리하고 있었기에 내륙부로 가는 교통편도 갖추고 있었다. 14세기에 이르러 한자동맹의 활발한 무역 활동이 암스테르담에는 더 큰 성장을 위한 절호의 기회가 되었다. 게다가 15세기에는 네덜란드 청어 어업 육성정책 덕분에 프랑스, 플랑드르, 브리튼섬으로 수출하는 '소금에 절인 청어' 주요 공급 기지로 떠오르면서 한자동맹 도시들을 압도하기 시작했다. 15세기 초에는 한자동맹의 본진이나 다름없는 독일과 발트해 연안 시장까지 장악했다. 이매뉴얼 월러스틴은 『근대 세계 체제』라는 책에서 네덜란드를 '헤게모니 국가'로 정의했다.

자본주의적 '세계 경제' 역사를 통해 헤게모니 국가로 거듭난 나라는 네덜란드, 잉글랜드, 미국 세 국가밖에 없다.

특정 중심국가의 생산 효율이 지나치게 높거나 그 국가의 생산물이 다른 중심국가에서 경쟁 우위를 차지하는 상태에 있는 국가를 '헤게모니 국가'라고 부른다. 월러스틴은 세계시장을 자유로운 상태로 유지함으로써 그 국가가 가장 큰 이익을 누릴 수 있게 된 상태라고 정의한다. 또 그는 한 나라가 헤게모니를 확립해 나가는 유형도 설명한다.

한 나라가 '헤게모니 국가'로 자리매김하기 위해서는 먼저 농업과 공업에서 생산 효율이 압도적 우위를 차지해야 하고 세계무역에서 유리한 지위를 확보해야 한다. 그렇게 함으로써 그런 나라들은 두 가지 막대한 이익을 얻을 수 있다. 첫째, '세계무역의 중심'이라는 핵심적 지위를 차지할 수 있다. 둘째, '눈에 보이지 않는 상품' 즉 운송·통신·보험 등의 시스템과 인프라를 지배함으로써 막대한 무역 외 이익을 챙길 수 있다. 헤게모니 국가가 확보한 이러한 상업적 패권은 금융 부분에서 더욱 강력한 지배력을 확립할 수 있게 해준다.

"생산에서 유통으로, 내친김에 금융까지", 요즘 말로 "켠 김에 왕까지"의 순서를 밟아 다른 나라에 대한 우월적 지위를 확보할 수 있게 된다. 네덜란드가 유통 및 금융 분야에서 어떻게 우월적 지위를 확립했는가에 관한 좀 더 자세한 설명은 다른 책에 양보하고 우리는 다시 청어에 초점을 맞추어보자.

헤게모니 국가로 나아가기 위한 첫 단계, 즉 '농업=공업에서 압도적 생산 효율성을 확립한 분야'가 이매뉴얼 월러스틴이 지적한 대로 '청어 어업'이었다. 17세기에 들어서면서 유통은 물론이고 금융 분야에서도 독보적 위치를 차지하고 난 뒤에도 암스테르담이 '청어 뼈 위에 세워진 도시'라는 별칭으로 불린 데는 이런 역사적 맥락이 있다.

잉글랜드는 바다 건너에서 네덜란드가 활화산처럼 폭발적인 성장을 이루어내는 모습을 조용히 지켜보고만 있었다. 그렇다. 말 그대로 잉글랜드인은 조용히 '지켜보고' 있었다. 잉글랜드인이 아무런 행동도 취하지 않고 지켜보기만 하는 동안 네덜란드인들은 수많은 바위스선을 몰고 다니며 청어를 잡아 막대한 부를 축적하고 있었다. 사정이 이쯤 되자 잉글랜드인도 더는 손 놓고 있을 수만은 없게 되었다. 사촌이 땅을 사면 배가 아픈 법, 당연히 잉글랜드인 사이에 신흥 강국 네덜란드에 반발심이 거세어졌다.

윌리엄 캠던(William Camden)은 『브리타니아(Britannia)』(1586)를 통해 스카버러(Scarborough) 항에서 보인 네덜란드인들의 행태에 대해 폭로하며 다음과 같이 불만을 토로했다. 1586년경의 일이었다.

네덜란드와 제일란트 놈들이 살이 실하게 오른 청어를 우리 앞바다에서 몽땅 잡아들이고 있다. 예전에는 오랜 법령에 근거하여 이쪽 지역이 확실히 어업 우선권을 가지고 있었다. 그러므로 잉글랜드 정부가 그 내용을 기초로 언제든 마음만 먹으면 이쪽 지역의 어민들에게 어업 허가를 내줄 수 있었다. 그런데도 우리 잉글랜드인은 간신히 명예는 지켰으나 게으른 천성과 무관심 탓에 알짜 이익은 도적 같은 타국 사람들에게 고스란히 넘겨주고 있다. 우리 앞바다에서 자행되는 청어잡이 덕분에 네덜란드 사람들이 얻는 이익이 얼마나 막대한지를 전해 듣고 처음에 나는 내 귀를 의심했다.

토비아스 젠틀맨(Tobias Gentleman)이 1614년에 출간한 『배와 뱃사람을 성공적으로 고용하여 부를 일구기 위한 잉글랜드의 방식(England's Way to Win Wealth, and to Employ Ships and Mariners)』도 주목할 만하다. 토비아스는 이 책에서 셰틀랜드 제도 연안에서 시작된 그랜드 피셔리의 상황을 자세히 소개한 뒤 잉글랜드 정부의 한심스러운 작태를 한탄한다.

개탄스럽도다! 우리에게 이토록 비옥한 국토가 있고 무한한 잠재력이 있는데도 허구한 날 빈둥거리기만 하며 일도 하지 않고 대책 없이 노는 사람이 이리도 많다니! 여름 한 철 동안 바다에 나가 청어잡이를 하는 어부 중에 우리 국왕의 백성은 한 사람도 없구나……! 네덜란드인은 날마다 입을 가리고 낄낄거리며 우리를 비웃고 있다. 사태가 이 지경이 된 까닭은 우리 잉글랜드인이 자신의 이익에 둔감해서 어업에 주의를 기울이지 않았기 때문이다. 네덜란드인이 우리 잉글랜드인을 '딱한 잉글랜드 뱃놈들'이라고 무시하는 것은 그런 이유에서다. 바다에서 얼굴을 마주하고 그들은 우리에게 말한다. '잉글랜드인이여, 우리가 신던 낡은 클롬펀(네덜란드 전통 나막신)을 물려줄 테니 이거라도 신고 만족하시게나.'

당대에 청어잡이 규모가 어느 정도였는지 정확히 알 수는 없다. 과연 어느 정도 규모였는지 가늠하기 위해 당시 논객들이 침을 튀기며 열거하곤 했던 숫자를 참고할 수는 있지만 그것을 있는 그대로 믿을 수는 없는 노릇이다. 왜냐고? 국왕과 국민을 자극하고 자신에게 유리한 방향으로 유도하고 이용하기 위해 터무니없이 부풀리고 과장했을 가능성이 크기 때문이다. 찰스 L. 커팅은 『물고기 저장하기』에서 '개인적 견해'라는 단서를 덧붙여 밝힌 바 있다. 그는 네덜란드 어선 수가 1560년에는 1,000여 척, 1610년에는 1,500여 척, 1620년에는 2,000여 척으로 늘어났다고 주장한다. 게다가 그 배들은 모두 100톤 가까이 되는 대형 바위스선이었다.

이에 반해 잉글랜드의 경우 청어잡이로 가장 유명한 야머스에서조차 청어잡이 배는 고작 250척 정도였다(1597년 기준 통계다). 게다가 한심하게도 이 배들은 모두 소형 선박이었다. 참고

로포텐 제도
아이슬란드
노르웨이해
셰틀랜드 제도
오크니 제도
베르겐
오슬로
루이스섬
애버딘
북해
발트해
슈트랄준트
요크
그레이트 야머스
뤼겐섬
단치히
로스토프트
뤼베크
일리
함부르크
로스토크
슈체친
암스테르담
브리스톨
런던
델프트
뤼네부르크
도체스터
플리머스
됭케르크
저지섬
포페링어
루앙
파리
오를레앙
라로셸
비스케이만

로 1669년을 기준으로 네덜란드에는 3만여 명의 어부가 조업하고 있었고 청어잡이에 딸린 보존·가공업과 통·그물 제조업까지 포함하면 자그마치 45만 명이나 되는 풍부한 인력이 확보돼 있었다. 찰스 L. 커팅에 따르면 이 숫자는 당시 네덜란드 인구의 약 5분의 1에 해당하는 엄청난 수였다. 이러한 객관적 현실에 대한 놀람과 반감이 17세기 잉글랜드의 향후 행보에 커다란 영향을 미친다.

6. 청어와 대구는 왜 셰익스피어 작품에서 '부정적인 물고기 역할'을 전담했나

영어에 "dead as a herring"이라는 관용구가 있다. 직역하면 '청어처럼 죽어 있는'이라는 뜻으로 '완전히 죽어 숨이 끊어진' 상태를 의미하는 표현이다. 예를 들면 "cockroach is dead as a herring(완전히 죽은 바퀴)'과 같은 식으로 사용한다. 당시 사람들은 일반적으로 청어를 '소금에 절인' 상태로 유통했다. 소금에 절인 청어를 만들려면 우선 내장을 깨끗이 제거해야 한다. 그런 다음 소금물에 푹 절여둔다. 말하자면 청어를 몇 번씩 철저히 '죽이고 또 죽여야' 하는 셈이다. '소금에 절인 청어'를 만드는, 청어 입장에서는 잔혹하기 짝이 없는 과정을 반영해 이런 흥미로운 표현이 생겨난 게 아닐까 싶다.

셰익스피어의 『헨리 4세』는 특히 생선에 관한 메타포가 풍부한 작품인데 대부분 폴스타프 경이라는 등장인물과 관련이 있다. 폴스타프 경은 교만하고 독선적인 인물이다. 그는 세상이 자기중심으로 돌아간다고 믿는 전형적인 독불장군으로 카니발의 상징과 같은 인물이기도 하다. 그런 폴스타프에게 피시 데이가 지닌 종교적 의미나 국방상의 필요성은 하잘것없는 구실에 지나지 않았다. 그는 생선이라면 치를 떤다. 아마도 자신의 욕망을 억압하는 상징으로 여겼기 때문일 것이다. 그는 카나리아 제도에서 수입한 저질 화이트 와인인 색(Sack)의 조악한 품질을 감추기 위해 석회를 넣었다고 불평하며 이 세상에서 남자다움이 사라졌다고 한탄한다. 제1부 제2막 제4장에 나오는 장면이다.

> 이 땅에 제대로 된 사나이가 한 놈이라도 남아 있다면 나는 막 알을 낳고 말라비틀어진 청어다.
>
> (If manhood, good manhood, be not forgotten upon the face of the earth, then am I a shotten herring.)

'쇼튼 헤링(Shotten herring)'이란 산란을 마친 직후 마르고 보잘것없어져 맛도 떨어지고 값도 한 단계 저렴해진 청어를 의미한다. 이와 비슷한 메타포로 『로미오와 줄리엣(Romeo and Juliet)』에는 좀 더 공을 들인 표현이 나온다. 로미오는 줄리엣을 만나기 전 다른 여성에게 무안을 당해 의기소침해 있다. 그의 친구 머큐시오(Mercutio)는 그런 로미오를 다음과 같이 평한다.

> 얼빠진 게 꼭 말라빠진 청어 같군. 아, 저놈 좀 보시게. 생선으로 둔갑하기라도 했나 말일세!
>
> (Without his roe, like a dried herring: O flesh, flesh, how art thou fishified!, 제2막 제4장)

이 문장에 나오는 'fishified'라는 단어는 이 작품에서만 사용되었다. 'fishified'는 '고기를 생선으로 바꾸다'라는 의미를 담고 있다. 이 단어의 의미대로 단식의 목적은 육식을 억제하는 데 있으므로 당대인은 고기 위주의 식단을 생선으로 바꾸어야 했다.

육류와 달리 단식일 식탁에 생선이 허용된 배경에는 당대의 의학 지식이 자리하고 있었다. 생선이 지닌 성질이 '차가워' 육욕을 불러일으키는 '뜨거움'과 정반대 자리를 차지한다고 믿었기 때문이다. 'fishified', 즉 식탁에서 고기가 생선으로 바뀌며 남자다움의 본질인 '뜨거움'을 상실했다는 주장이다. 생선 중에서도 특히 '쇼튼 헤링'은 남자다움과는 거리가 먼 존재였을 것이다. 이런 맥락에서 폴스타프의 대사는 '계집이나 다름없는 사내다'라는 의미 정도로 해석할 수 있다. 더구나 '말라빠진(dried)'이라는 형용사가 붙는 걸 보면 이 장면에 나오는 청어는 소금에 절인 청어가 아니라는 점을 명확히 알 수 있다. 물론 당시에 햇볕에 말린 청어가 없는 건 아니었다. 다만 위의 장면에 등장하는 청어는 훈제 청어인 '레드 헤링(Red herring)'을 가리키는 게 아닌가 싶다.

마지막으로 메타포는 아니지만 당시 유통되던 '소금에 절인 청어'의 품질을 가늠할 수 있는 구절을 하나 더 소개할까 한다. 바로 올리비아의 숙부인 토비 경(Sir Toby Belch)이 숙취로 고생하며 술안주로 먹은 '소금에 절인 청어'를 탓하는 상황이다. 『십이야(Twelfth Night)』 제1막 제5장의 한 장면이다.

> 진짜 신사야. (거칠게 트림하며) 망할 놈의 절인 청어! 어, 바보 녀석 아닌가!
>
> (Tis a gentle man here—a plague o' these pickle-herring! How now, sot!)

"청어도 내가 그 자식을 죽이는 방식으로는 죽이지 않을 거야."

이 흥미로운 문장은 셰익스피어 작품에 나오는 대사다. 찰스 L. 커팅의 『물고기 저장하기』에도 나오는 구절이다. 커팅은 어업과 어업의 역사 전반에 관한 다양한 저서를 집필한 저자다. 커팅의 책에서 위의 문장은 담수어와 해수어를 비교할 때 해수어 쪽이 상대적으로 천대받는 경향이 있다는 뉘앙스를 풍긴다. '해수어'와 '담수어'는 셰익스피어의 작품에서 메타포로 자주 사용된다. 그의 작품에서 '해수어'는 통상 상대방이나 자기 자신을 비하하는 말로 쓰인다. 그러나 '담수어'에는 그런 뉘앙스가 담겨 있지 않다.

셰익스피어의 작품에는 다채로운 담수어가 등장한다. 황어(Common dace), 꼬치고기(Pike), 미꾸라지, 뱀장어, 연어, 송어(Trout), 잉어, 연준모치가 그런 물고기다. 그중에서도 셰익스피어의 작품에 가장 빈번히 등장하는 물고기는 단연 뱀장어다. 셰익스피어가 유독 사랑했던 물고기 뱀장어가 그의 작품에서 어떻게 다루어지는지 잠깐 살펴보자.

> 빛깔이 곱다고 독사를 장어보다 더 좋다고 말할 사람은 없소.
>
> — 페트루치오(셰익스피어 연극 대사), 『말괄량이 길들이기(The Taming of the Shrew)』

> 도시 아낙네가 뱀장어를 산채로 넣고 파이 반죽하려고 할 때처럼 악다구니를 쓰세요, 아저씨. 그 아낙네는 막대기로 그놈의 머리를 내리치며 '들어가, 요 못된 녀석아. 들어가라니까'라고 고래고래 소리를 질렀죠.
>
> — 광대, 『리어왕』 중에서

> 목매달아 죽일 놈, 이 지저분한 장어 놈. 콱 목매달아 죽일까 보다.
>
> — 돌 티어시트, 『헨리 4세』 제2부 제2막 제4장

> 이 지역은 물이 풍부하다. 곳곳에 훌륭한 강이 있고 그 강에는 맛있는 물고기가 넘쳐난다. 몇 줄기 평범한 강과 함께 장대한 세번 강의 풍부한 물이 이 주의 한가운데를 남북으로 내달리고 워릭셔(Warwickshire)에서 흘러오는 에이번(Avon)강에는 칠성장어(Lamprey)가 무리 지어 서식한다……. 이 물고기들은 봄이 제철로 이 시기에 가장 맛이 좋다.

윌리엄 캠던이 『브리타니아』에서 장어가 특산물인 지역에 관해 언급한 내용이다. 캠던은 셰익스피어와 동시대를 산 인물이자 고사 연구가였다.

젊은 시절 셰익스피어는 이 강에서 잡힌 물고기를 쩝쩝 소리를 내며 맛있게 먹었을 것이다. 그가 자기 작품에서 담수어와 해수어를 구분하여 다루는 독특한 방식은 젊은 시절의 그런 경험에서 비롯했을 가능성이 크다.

런던의 해수어를 취급하는 어물전은 끔찍한 곳이었다. 셰익스피어는 바로 이 도시, 런던에서 극작가로 활약했다. 바돌프 경의 말대로 고등어(Mackerel) 등의 생선은 "악취를 내뿜는" 고약한 품목이었다. 그 당시 어물전에서는 신선도를 속이기 위해 수시로 생선에 물을 뿌리곤 했으나 소용없는 일이었다. 물을 뿌리는 수고도 전혀 통하지 않을 정도로 어마어마한 양의 생선이 동시다발적으로 고약한 냄새를 풍겼기 때문이다.

'뱀장어'와 '고등어' 외에도 셰익스피어의 작품에 나오는 해수어는 다양하다. 멸치, 정어리(Pilchard), 스프랫(Sprat, 청어과 해수어), 성대, 청어, 대구가 그런 물고기다. 셰익스피어는 이 물고기들에 거의 예외 없이 부정적인 이미지를 부여했다. 그중에서도 역시 압권은 '청어'와 '대구'인데, 이 두 물고기는 가장 잦은 빈도로 부정적인 이미지의 물고기 역할을 담당했다.

마지막으로 『윈저의 즐거운 아낙네들(The Merry Wives of Windsor)』에 나오는 인상적인 구절을 소개할까 한다. 에반스(Evans) 목사에게 결투 도전장을 보낸 의사 카이어스(Caius)가 약속 장소에 나타난 에반스 목사를 조롱하며 이렇게 말한다.(제2막 제3장)

> 내 단언하건대, 청어도 내가 그 자식을 죽이는 방식으로는 죽이지 않을 거야.
>
> (By gar, de herring is no dead so as I will kill him.)

02

HERRING

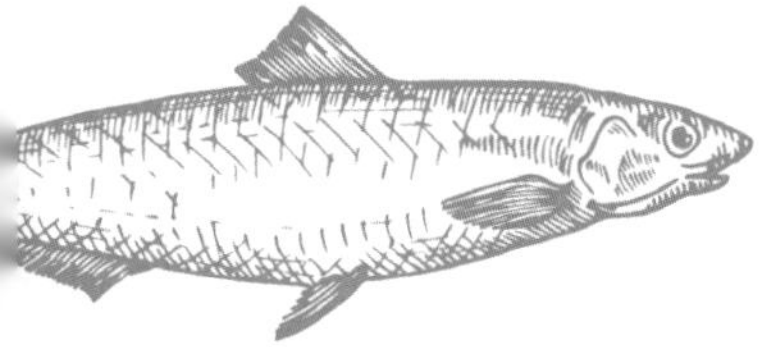

청어, 잉글랜드와 네덜란드의 운명을 바꾸다

16세기 말, 청어잡이로 막대한 부를 쌓은 네덜란드 상인들은 동아시아 무역을 독점하기 위해 분주히 움직였다. 먼저 그들은 유라시아 대륙 북쪽을 돌아 아시아로 향하는 '북동 항로' 개발에 착수했다. 그리고 마침내 희망봉 항로를 이용해 네덜란드령 동인도회사를 설립했다.

7. 엘리자베스 1세는 왜 그토록 '해양주권론'에 집착했을까

'바다는 누구의 것인가?'

이 의문에 엘리자베스 1세(Elizabeth I, 재위 1558~1603)가 이렇게 대답했다.

"바다와 공기는 누구나 함께 공동으로 사용할 수 있는 자원이다. 이 세상 누구도 바다를 독점적으로 소유할 수 없다. 여기서 짐도 예외는 아니다. 자연 혹은 국제적 규약과 관습이 개인의 바다 소유를 인정하지 않기 때문이다."

'영해(領海)'의 의미를 잠시 짚고 넘어가자. 영해는 다스릴 령(領), 바다 해(海)로 이루어진 단어로 '한 국가가 영향력을 미치고 다스릴 수 있는 범위 안에 있는 바다'를 말한다. 이는 애초 육상에서 통용되던 논리를 바다로 확장한 개념이다. '영해'의 개념 정의와 정리가 상당히 진전된 오늘날조차 영해라는 개념에는 불명확한 부분이 남아 있다. 하물며 개념이 아직 정리되지 않았던 당대에 이미 엘리자베스 1세는 상당히 급진적이며 자유주의적인 주장을 펼쳤다.

엘리자베스 1세가 그런 생각을 정립하고 과감히 자신의 주장을 펼치는 데 결정적 영향을 미친 인물이 있다. 네덜란드 법학자 휘호 더 흐로트(Hugo de Groot)가 바로 그다. 좀 더 구체적으로 말하자면 더 흐로트가 1609년 출간한 책 『자유해양론(Mare Liberum)』의 영향을 받은 결과였다. 그러니까 엘리자베스 1세의 해양 전략은 30여 년 전 더 흐로트가 자신의 책에서 펼친 사고방식과 주장에 바탕을 두고 결정된 셈이었다.

그렇기는 해도 엘리자베스 1세나 더 흐로트가 실제로 자유를 얼마나 사랑했는지는 알 수 없다. 다만 당시 국제정세를 고려하면 이러한 주장에 근거한 전략이 잉글랜드와 네덜란드의 이익을 극대화하는 길이라는 판단에서 이루어진 일이라는 점만은 분명해 보인다.

독자 여러분은 엘리자베스 1세 시대에 대활약한 프랜시스 드레이크 경(Sir Francis Drake, 1540~1596)을 잘 알 것이다. 그는 페르디난드 마젤란(Ferdinand Magellan, 1480~1521)에 이어 역사상 두 번째이자 잉글랜드인으로서는 첫 번째로 세계 일주를 완수한 인물이다. 스페인 무적함대 아르마다(Armada)와의 해전에서 부사령관으로 엘리자베스 1세가 이렇게 대답했다.

"바다와 공기는 누구나 함께 공동으로 사용할 수 있는 자원이다. 이 세상 누구도 바다를 독점적으로 소유할 수 없다. 여기서 짐도 예외는 아니다. 자연, 혹은 국제적 규약과 관습이 개인의 바다 소유를 인정하지 않기 때문이다."

사실상 잉글랜드 함대를 지휘해 승리로 이끈 주역이기도 하다. 반면 그는 스페인 사략선(私掠船: 개인이 교전국으로부터 특허장을 얻어 자신의 비용으로 선박을 무장한 뒤 위험을 무릅쓰고 해상 전투에 참전하여 적국의 선박을 포획하고 심판을 거쳐 포획물을 자기 수익으로 삼는 행위를 인정한 것. 근세 초기의 국가는 상비 해군력이 약했으므로 개인 소유의 선박에 교전 자격을 부여하여 전력을 증강하는 방법을 택했다. 사략선은 이익을 중시하는 개인 사업이기 때문에 위험이 적고 수익이 많은 상선 포획에만 혈안이 되고 특권을 남용하여 중립국 선박에 대해 전쟁법상 허가된 포획의 한도를 넘는 약탈을 일삼음으로써 교전국과 중립국간 분쟁 원인이 되는 경우가 적지 않았다. — 옮긴이) 선장으로 활약한 이력으로도 유명하다. 실제로 스페인 대사가 그 일을 문제 삼아 엘리자베스 1세에게 강력히 항의한 일도 있었다고 한다. 잉글랜드가 부당하게 신대륙에서 무역행위를 한다는 항의였다. 이는 1580년의 일이었다. 앞에서 언급한 엘리자베스 1세의 '해양자유론'은 이때 나온 발언이었다.

자, 잠시 타임머신을 타고 그때로부터 100여 년 전으로 거슬러 올라가 보자. 스페인 이사벨 여왕의 대대적인 지원을 받고 보무당당히 탐험에 나선 콜럼버스가 첫 번째 항해에서 돌아온 1493년이 바로 그때다. 그 무렵 포르투갈은 이미 바르톨로뮤 디아스(Bartolomeu Dias, 1450~1500)가 오늘날 남아프리카 공화국의 희망봉에 도달했다. 해양에서의 패권 다툼을 조정하기 위해 당시 교황이던 알렉산데르 6세(Pope Alexander VI, 재위 1492~1503)의 중재로 양국의 영역을 결정하는 그 유명한 경계선이 정해졌다. 교황은 북극에서 남극까지 기독교에 귀의한 각국 영토를 제외하고 서쪽을 스페인, 동쪽을 포르투갈 영역으로 정했다. 교황은 이 영역 안에서 통상 독점권까지 양국에 부여했다. 이는 다른 나라가 그 영역에서 통상하고자 할 경우 두 나라 중 한 나라의 승인과 자격을 반드시 얻어야만 한다는 의미였다. 그 이듬해에 경계선의 정당성을 놓고 길고 긴 논의와 한 치의 양보도 없는 치열한 협상이 벌어졌다. 토르데시야스 조약(Treaty of Tordesillas, 1494년 6월 7일)은 산고 끝에 힘들게 품에 안은 아기처럼 협상 테이블에서 팽팽한 힘겨루기를 거쳐 체결되었다. 이 조약으로 경계선은 카보베르데(Cabo Verde) 제도 서쪽 370리그(league, 거리의 단위. 약 3마일 또는 약 4,000미터 — 옮긴이)로 재조정되었다. 이후 교황의 인장이 찍히며 효력을 널리 인정받은 이 경계선을 스페인과 포르투갈이라는 두 해양 패권 국가가 무력을 동원하여 사수했다. 잉글랜드의 신대륙 통상 활동이 부당하며 위법한 행위라고 항의한 스페인 대사의 주장은 바로 이 조약에 근거를 두고 있다.

그러나 이는 어디까지나 스페인의 입장이자 관점일 뿐이었다. 후발주자인 잉글랜드와 네덜란드 입장에서는 토르데시야스 조약 체제 따위는 반드시 무너뜨려야만 하는 거추장스러운 장애물일 뿐이었다. 참고로, 당시 네덜란드는 스페인을 상대로 한창 독립전쟁을 벌이고 있었다. 아무튼 앞서 소개한 엘리자베스 1세의 발언은 토르데시야스 조약 체제를 송두리째 흔들기 위한 치밀한 계산과 고도의 전략에서 나온 것이었다.

엘리자베스 1세가 스페인과 포르투갈을 상대로만 이런 주장을 펼친 것은 아니었다. 당대의 또 다른 강국 덴마크와의 사이에서도 비슷한 일이 일어난 적이 있었다. 1599년 덴마크 함대가 사실상 자국에 합병된 상태였던 노르웨이 북방의 어장을 항해하는 잉글랜드 어선을 나포하는 사건이 일어났다. 한데 그 함대는 덴마크 왕이 몸소 이끈 배였다. 그 무렵 비슷한 일이 또다시 일어났다. 역시 덴마크의 지배를 받던 아이슬란드 근해에서 잉글랜드 어선이 덴마크 군함의 추격을 받은 것이다.

다시 한번 타임머신을 타고 좀 더 과거로 거슬러 올라가 보자. 15세기 초 잉글랜드는 아이슬란드 해안에서 활발한 대구 원양어업에 나서기 시작했다. 이후 무허가 조업을 하는 잉글랜드 어민과 덴마크 정부 사이에 분쟁이 발생했고 1490년 잉글랜드의 헨리 7세(Henry VII, 재위 1485~1509)와 덴마크 왕 사이에 조약이 체결되었다. 그 조약에 따라 잉글랜드 어민과 무역상은 아이슬란드에서 대구잡이나 무역을 할 때 7년마다 허가권을 갱신하고 수수료를 내야 했다. 이 조약은 잉글랜드의 헨리 8세 치세인 1523년에 갱신되었다.

그러나 잉글랜드 어민들은 허가권 갱신 수수료를 내지 않으려고 매번 악착같이 버티고 저항했다. 엘리자베스 1세 시대에도 덴마크 측이 몇 번이나 강력히 항의하는 일이 있었다. 1599년 사건은 이 불만이 한계치에 도달한 결과로 취해진 강경 조치인 셈이었다.

엘리자베스 1세는 덴마크 정부가 정식으로 항의할 때까지 자국 어민에게 허가권 갱신을 권고하는 방식으로 대응했다. 다른 한편으로 여왕은 덴마크 국왕이 잉글랜드 국민의 재산을 감 놔라 배 놔라 하며 간섭하는 상황에 분개했다. 여왕은 즉시 덴마크에 대사를 파견하여 "어느 바다에서 물고기를 잡든 그것은 국제법이 인정하는 정당한 권리"라고 주장하게 했다.

허가권을 갱신하지 않아도 '국제법에 따라' 어업 권리는 상실되지 않는다. 그렇기는 해도 엘리자베스 1세는 같은 신교 국가인 덴마크 국왕과 사이가 틀어지지 않기를 바랐다. 여왕은 허가권을 갱신하지 않았다고 해서 함부로 단속하지 말고 적절한 절차를 지켜 처리해 달라고 덴마크 국왕에게 정중히 요청했다. 그 연장선에서 여왕은 국제법에 따라 어느 해역에서나 어업 행위를 인정받을 수 있음에도 자국민에게 어업 허가권 갱신을 권유했다. 이는 양국의 우호 관계를 중시하기 때문이었다.

엘리자베스 1세가 드레이크 경에게 '사략 행위'를 장려한 일과 스페인 무적함대 아르마다와 치른 해전에도 궁극적으로 이 전략 목표를 실현하고자 하는 목적이 숨어 있었다. 해양 소유권에 관한 여왕의 자유주의는 자국의 확실한 이익을 확보하기 위한 이

엘리자베스 1세 시대에는 윌리엄 세실 경이
정치적 의도에서 국민들에게 피시 데이를 엄격히 지키도록 권장하며
보호무역 중심의 어업 부흥책을 펼쳤다.
세실 경은 여왕의 총애를 한 몸에 받은 인물이었다.

엘리자베스 1세 여왕과 그의 총신이었던 윌리엄 세실 경, 프랜시스 월싱엄 경

론적 근거였다. 네덜란드 대선단이 잉글랜드 앞바다에서 보란 듯 조업하며 막대한 부를 축적하는 상황을 여왕은 묵인하는 수밖에 없었다.

1568년 네덜란드의 신교도들이 주도하여 스페인에 대항해 반란을 일으키며 독립전쟁이 시작되었다. 잉글랜드는 스페인에 항의하는 의미로 자신과 같은 신흥 국가인 네덜란드의 독립전쟁을 지원했다. 이는 1584년의 일이었다.

물론 그렇다고 해서 엘리자베스 1세 여왕의 정책이 네덜란드 어업에 별다른 영향을 미치지 않았다고 보기는 어렵다. 엘리자베스 1세 시대에는 윌리엄 세실(Sir William Cecil) 경이 정치적 의도에서 국민들에게 피시 데이를 엄격히 지키도록 권장하며 보호무역 중심의 어업 부흥책을 펼쳤다. 세실 경은 여왕의 총애를 한 몸에 받은 인물이었다. 당시 잉글랜드 정부가 펼친 보호무역 중심 어업 부흥책은 대량의 해산물을 잉글랜드에 수출하던 네덜란드의 막강한 영향력으로부터 잉글랜드 어민을 보호하기 위한 조치였다. 그러나 엘리자베스 1세도 세실 경도 군함을 보내 네덜란드의 조업을 방해하거나 덴마크 왕이 잉글랜드 어민에게 요구했듯 네덜란드 어민에게 조업료를 내라고 하는 식의 강경책은 취하지 않았다.

엘리자베스 1세의 해양 자유주의는 당시 잉글랜드 안에서 일어나기 시작한 네덜란드에 대한 반감을 누그러뜨리기 위한 의도도 숨어 있었다. 물론 여왕의 내면에도 네덜란드에 대한 반감은 당연히 존재했다. 그 분노를 키우기 위해 윌리엄 캠던과 토비아스 젠틀맨의 등장을 기다릴 필요조차 없었다.

토머스 W. 풀턴(Thomas Wemyss Fulton)은 1570년 잉글랜드인들이 네덜란드 어민들의 횡포를 폭로하고 고발하기 위해 추밀원에 제출한 탄원서를 저서 『해양주권(The Sovereignty of the Sea)』(1911)에서 소개했다.

> 군함을 보내주시지 않는다면 국왕께서 다스리시는 곳에서 어업에 종사하는 저희 어민들은 모두 완전히 파멸하고 말 것입니다. 플랑드르 어민들이 올해 연안부 주민에게 큰 손해를 입히고 학대한 탓에 고생이 이만저만이 아니기 때문입니다.

> 청어잡이나 다른 고기잡이나 머지않아 끝장날 위기에 처해 있습니다. 그리고 국왕의 북쪽 바다에서 물고기가 완전히 씨가 마를 지경입니다.

잉글랜드인들은 탄원서를 통해 생계가 위협받는 상황으로 인한 불안을 호소했다. 그러나 토머스 풀턴은 이 탄원서가 접수되고 난 이후에도 잉글랜드 정부에서 특별한 대책을 취하지는 않았다고 말했다.

1570년대에 청어잡이에 관한 자세한 내용이 담긴 팸플릿이 출간되었다. 이는 어민들의 불안과 불만을 잠재우기 위한 조치인 듯 여겨졌다. 로버트 히치콕(Robert Hitchcock)은 그 팸플릿의 주요 필자였다. 히치콕은 네덜란드에서 직접 목격하고 배운 청어잡이 방법을 잉글랜드에 도입했다. 또한 그는 청어잡이를 위한 바위스 선대를 조직해 네덜란드가 축적해놓은 부를 빼앗아오자는 주장이 담긴 계획서를 엘리자베스 1세를 비롯한 유력 인사에게 보냈다. 1580년 이 계획서는 〈잉글랜드에게 주는 신년 선물(A New Year's Gift to England)〉이라는 제목의 팸플릿으로 출간되었다.

히치콕은 자신의 군인 경력을 살려 과감한 개혁안을 제시했다. 바위스선의 뱃사람 절반을 '나라 안에서 발탁한 신체 건장한 걸인과 빈민'으로 채워 국가 발전에 이바지하게 하고 점점 늘어나는 나태한 부랑자를 선량한 국민으로 개조할 수 있다는 주장이었다.

히치콕은 군인 출신답게 해양주권에 관해 누구보다 진지하게 고민했고 그것을 멋지게 실현하고 싶어 했다. 그러나 그는 엘리자베스 1세의 해양 자유주의와 마찬가지로 네덜란드를 비롯한 여러 나라가 잉글랜드 주변 해역에서 어업에 나서는 상황을 받아들이는 수밖에 없었다.

이 시점에서 주목할 만한 책이 있다. 엘리자베스 1세의 고문으로 수학자인 존 디(John Dee)가 1577년에 출간한 『항해의 완벽한 기술(The Perfect Art Of Navigation)』이라는 책이다. 이 책은 잉글랜드 해양 주권을 주창한 서적의 선구자 격으로 받아들여진다. 존 디는 네덜란드 어민에게 조업료를 징수하여 그 자금으로 '왕실 소함대'를 갖추고 '영해'에서 잉글랜드의 지배권을 확립하자는 구상을 내놓았다.

히치콕의 계획은 세실 경이 펼친 정책의 연장선으로 볼 수 있다. 그러나 존 디의 구상은 엘리자베스 1세와 세실 경의 해양 전략과 일치하지 않았으며 공리공론에 지나지 않았다. 왜냐하면 같은 신교 국가 동맹으로 스페인에 맞서 싸우는 네덜란드와 우호 관계를 유지하면서 동시에 벌떼처럼 몰려드는 네덜란드 어선에서 조업료를 징수하는 문제가 현실적으로 양립하기 어려웠기 때문이다. 사실 이 부분은 정확히 17세기 스튜어트 왕가를 딜레마에 빠뜨렸던 문제이기도 했다. 아무튼 존 디는 구체적이고 실질적인 해결 방안을 하나도 제시하지 못했다.

로버트 히치콕과 존 디의 책이 역사적 의미를 지니는 이유는 각 구상이 다음 세대에 스튜어트 왕가가 채택하는 청어잡이와 관련한 두 가지 정책의 선구자 역할을 했기 때문이다. 존 디가 세간에 퍼진 소문대로 마술사고 그의 점성술이 실제로 미래를 내다보는 힘을 가지고 있다면 자신의 구상이 스튜어트 왕가에 어떤 운명을 가져올지 충분히 예견할 수 있었을 것이다. 그러나 현실은 그렇지 않았다.

8. 청어로 부를 쌓은 네덜란드,
동인도회사를 설립해 동아시아로 진출하다

> 공기는 모두가 공유하는 자원이다. 다시 말해 공기는 모든 인류의 공동 자산이다. 마찬가지로 바다도 인류의 공동 자산으로 보는 것이 마땅하다. 드넓은 바다는 어떤 사람도 어떤 국가도 독점적으로 사용하고 지배할 수 없다. 항해를 하든 어업에 종사하든 바다는 모든 인류가 함께 사용하고 관리해야 하는 소중한 공간이다.

이는 휘호 더 흐로트의 책 『자유해양론』의 한 구절로 '공기'와 '바다'를 대비시키는 식의 서술 방식까지 엘리자베스 1세의 주장과 거의 일치한다. 엘리자베스 1세의 주장이 스페인을 타깃으로 삼은 데 반해 더 흐로트의 주장은 포르투갈을 염두에 두고 있었다는 점이 다를 뿐이었다.

16세기 말, 청어잡이로 막대한 부를 쌓은 네덜란드 상인들은 동아시아 무역을 독점하기 위해 분주히 움직였다. 먼저 그들은 유라시아 대륙 북쪽을 돌아 아시아로 향하는 '북동 항로' 개발에 착수했다. 그리고 마침내 희망봉 항로를 이용해 네덜란드령 동인도회사(VOC: Vereenigde Oostindische Compagnie)를 설립했다. 이는 1602년의 상황이었다. 그에 따라 당연하게도 포르투갈과 이권 다툼이 심해졌다.

동인도회사의 야코프 판 헤임스케르크(Jacob van Heemskerk) 제독이 싱가포르 연안에서 '산타 카타리나 사건(The Santa Catarina Incident)'을 일으켰다. 네덜란드가 포르투갈 선박을 나포한 사건인 셈이었다. 약탈품 처리를 두고 동인도회사 내에서 불협화음이 일어났다. 그 일을 계기로 향후 막대한 가치가 있는 약탈품으로 이익을 확보하자고 주장하는 출자자가 많았다. 도덕적 이유를 들어 반대하는 목소리도 만만치 않았다. 그 방향에 강하게 반대하는 출자자 중 일부는 동인도회사와 결별하고 새롭게 회사를 설립하자고 주장했다. 프랑스 왕의 비호를 받으며 무역하면 된다는 논리였다.

그 무렵 휘호 더 흐로트는 『포획법론(De Jure Praedae Commentarius)』이라는 책을 집필하기 시작했다. 토르데시야스 조약에 근거한 포르투갈의 특권 주장에 힘을 실어주고 정당성을 부여하기 위한 노력의 연장선에서 한 일이었다.

스페인과의 휴전 교섭이 시작되었다. 스페인 측은 서인도·동인도 무역에서 손을 떼라고 네덜란드를 압박했다. 당시 포르투갈은 스페인과 동군연합(同君聯合, Personal Union, 독립한 두 개 이상의 국가가 같은 군주를 받드는 정치 형태 — 옮긴이) 상태였다. 토머스 풀턴은 『해양주권』에서 "1609년 3월 동인도회사 이사들의 요청에 따라 통상과 항해의 자유에 관해 다루는 장을 분리해 『자유해양론』을 출간한 것 같다"라고 추정한다. 참고로, 더 흐로트는 자신의 본명을 사용하지 않고 가명으로 『자유해양론』을 출간했다.

16세기 말, 청어잡이로 막대한 부를 쌓은 네덜란드 상인들은
동아시아 무역을 독점하기 위해 분주히 움직였다.
먼저 그들은 유라시아 대륙 북쪽을 돌아 아시아로 향하는
'북동 항로' 개발에 착수했다. 그리고 마침내
희망봉 항로를 이용해 네덜란드령 동인도회사를 설립했다.

네덜란드령 동인도회사

휘호 더 흐로트는 해양 자유의 근거를 자연법과 국제법에 두었다. 알폰소 데 카스트로(Alfonso de Castro), 페르디난드 바스케스(Ferdinand Vazquez) 등 그 방면의 선구자들의 전통을 따른 셈이었다. 엘리자베스 1세의 논리도 이와 비슷했다. 다민족사회인 로마제국에서 성립한 로마법은 만민법이다. 만민법은 법의 근거를 신, 이성이라는 자연법으로 간주했다.

그 무렵 유럽에서는 국가 간 분쟁과 외교 관계를 규제하는 법규로서의 만민법, 자연법에 기초한 국제법이 탄생하고 발달했다. 유럽의 대다수 나라가 종교전쟁에 몰두하고 있던 16~17세기의 상황이었다. 휘호 더 흐로트의 『자유해양론』은 국제법 발전에 크게 이바지한 저작물로 인정받았다. 그 덕분에 이 책을 비롯해 그의 저작 대부분이 페르시아어, 아라비아어로까지 번역·출간되었다. 『자유해양론』을 집필할 당시 휘호 더 흐로트는 서른 살의 젊은 나이였다.

'세계시장을 좀 더 자유로운 상태로 만들어 많은 국가가 더 큰 이익을 누리게 하고자 한다'라는 『자유해양론』의 이상이 매력적이다.

이는 세계 체제론을 확립한 미국 사회학자 이매뉴얼 월러스틴의 평가다. 네덜란드가 헤게모니 국가로 이행하던 시기에 『자유해양론』이 세상에 나왔다는 사실을 염두에 두고 보면 이 책이 한 법학자가 가졌던 단순한 열정의 산물만은 아니라는 점을 알 수 있다. 그런데 흥미롭게도 이 책에 대한 가장 거센 반론이 포르투갈이 아니라 엘리자베스 1세의 뒤를 이은 제임스 1세(James I, 재위 스코틀랜드: 1567~1625(섭정기 포함), 잉글랜드: 1603~1625)가 다스리던 스코틀랜드와 잉글랜드에서 나왔다.

9. 네덜란드와 청어 어장 주도권을 놓고 치열한 경쟁을 벌이는 잉글랜드

종교전쟁이 한창이던 16~17세기 유럽에서 한 나라의 종교는 국운을 뒤바꿀 수 있는 중대사였다. 어떤 국가가 구교인지 신교인지에 따라 외교의 방향성이 정해졌으며 국내 정치에도 심대한 영향을 끼쳤다. 당시 유럽 국가에서 종교는 상상 이상으로 중요한 문제였다. 구체적인 예를 들어보면, 잉글랜드와 스페인 간 전쟁이나 스페인에 대항한 네덜란드의 독립전쟁 밑바탕에는 첨예한 종교적 대립이 자리하고 있었다. 그러므로 신교 국가인 잉글랜드가 역시 신교 국가인 네덜란드의 독립전쟁에 힘을 보태는 건 어쩌면 당연한 일이었다. 그런 맥락에서 생각해보면 어업 선진국으로 막대한 부를 일군 네덜란드를 향한 질투와 네덜란드 어민들의 횡포에도 불구하고 잉글랜드 어업 부흥을 목표로 내세운 엘리자베스 1세와 윌리엄 세실 경이 네덜란드를 굳이 자극하려 하지 않은 점도 그리 이상할 것은 없다. 그런데 제임스 1세가 잉글랜드 왕위를 계승하고 난 후 상황이 달라지기 시작했다.

제임스 1세는 스코틀랜드 어민과 네덜란드 어민 사이에 쌓인 해묵은 앙금을 몸소 체험했다. 그가 잉글랜드 왕위를 계승하기 전의 일이었다. 네덜란드 어민들이 브리튼섬 서쪽에 있는 루이스섬(Isle of Lewis) 근해에서 청어잡이를 맨 처음 시작한 것은 1594년의 일이다. 그들은 조업권을 취득했기에 연안에서 28마일 이상 떨어진 해역에서 합법적으로 어업에 종사할 수 있었다. 네덜란드 정부는 루이스섬 가까이에 있는 피터헤드(Peterhead)라는 작은 섬을 팔라고 잉글랜드 정부에 요구했다. 네덜란드는 이 섬을 어업기지로 활용할 계획이었다. 그러나 제임스 6세(잉글랜드 국왕 제임스 1세는 스코틀랜드 국왕을 겸임했는데, 스코틀랜드 국왕으로는 제임스 6세였다)는 그 제안을 거절했다. 그러자 그 후 네덜란드 어민들은 기왕에 조업권을 인정받은 28마일 경계를 넘어 잉글랜드 영토인 그 지역 어민들의 어장을 호시탐탐 엿보기 시작했다. 이때 '어사이즈 헤링(Assize herrings)'의 존재가 사태를 더욱더 복잡하게 만들었다. '어사이즈 헤링'이란 어민에게 부과된 10분의 1세의 일종으로 스코틀랜드 어민은 이 세금을 의무적으로 내야 하는 데 반해 다른 나라 어민은 내지 않아도 되었다.

제임스 1세가 왕위에 오르자 런던 상인들이 어업협회 설립을 제안했다. '어업 상인협회'를 표방한 그들의 제안은 히치콕의 제안과 비슷했다. 계획을 달성하기 위한 자금 조달 방법으로 해외 어민에게 세금을 부과해서 충당하자는 주장이었다. 이는 존 디의 주장과도 일부 공통분모를 갖는다. 런던 상인들은 이렇게 거둔 세금 중 상당액을 일종의 상납 형태로 매년 국왕에게 바쳤다.

제임스 1세가 처음부터 네덜란드 어민에게 나쁜 감정을 품고 있었을 가능성은 의외로 적다. 아무튼 복잡한 상황 속에서 네덜란드 어민을 향한 그의 적대감과 분노는 점점 커졌다. 제임스 1세이자 제임스 6세인 국왕은 네덜란드 어민을 비롯한 다른 나라의 어민들이 잉글랜드와 스코틀랜드 연안에서 자유롭게 청어잡이 하는 상황을 반드시 바로잡아야 한다고 생각했다. 여기에 더해 한 가지 더 해결해야 할 문제가 있었다. 바로 세수(稅收)의 불평등 문제였다. 당시 스코틀랜드 어민은 청어를 잡을 때마다 세금을 냈던 데 반해 잉글랜드 어민은 세금을 내지 않았다. 당연하게도 스코틀랜드 어민들의 불만은 갈수록 쌓여갈 수밖에 없었다. 이런 상황에서 런던의 어업 상인협회는 불평등을 해소하고 세수 증가를 보장해주는 법안을 왕에게 제안했다.

제임스 1세 시대에 이르러 선왕인 엘리자베스 1세 시대와 어업 상황이 근본적으로 달라졌다. 이 배경에는 무시할 수 없는 두 가지 결정적 상황 변화가 있었다. 그중 하나는 엘리자베스 1세 시대보다 네덜란드 어민을 상대로 잉글랜드와 스코틀랜드 양측의 반발이 훨씬 거세졌다는 점이다.

> 네덜란드인은 얌체 같은 족속이다. 생선을 훔쳐 도망가는 도둑고양이처럼 우리 스코틀랜드 어민의 입에서 물고기를 낚아채 간다.

이는 1609년에 작성된 스코틀랜드 공문서에 나오는 문구다. 이러한 상황은 잉글랜드인과 스코틀랜드인의 입장에서 볼 때 네덜란드 어업이 눈덩이처럼 점점 거대해져 가는 무서운 현실을 적나라하게 보여준다. 아무리 네덜란드가 잉글랜드의 중요한 동맹국이라 해도 자국의 이익이 심각하게 침해당하는 상황에서 어떤 식으로든 결단을 내려야 할 순간이 찾아왔다. 이런 상황에서라면 엘리자베스 1세라 할지라도 비슷한 결정을 내릴 수밖에 없지 않았을까.

제임스 1세는 왕위에 오른 직후 스페인과의 강화조약 교섭에 들어갔다. 그리고 그 결과 1604년 런던조약을 체결하기에 이르렀다. 이 조약으로 스페인은 잉글랜드의 신교 국왕을 승인했고 잉글랜드는 네덜란드 독립전쟁에서 발을 뺌과 동시에 스페인 선박에 대한 사략 행위를 중지하기로 약속했다. 물론 스페인은 여전히 구교 신앙을 고수했다. 게다가 스페인의 왕위를 지키고 있던 합스부르크 가문은 여전히 신성로마제국을 비롯한 유럽 대륙 각지에 영지를 보유한 막강한 세력으로 남아 있었다. 제임스 1세가 런던조약을 통해 왕위의 정당성을 인정받았다고 해서 그걸로 만사 오케이는 아니었다는 의미다. 이런 상황에서 장래를 생각하면 같은 신교국가이자 한때 확고한 동맹국이었던 네덜란드와의 관계를 완전히 청산할 수는 없었다. 그런데도 제임스 1세는 어업 문제에 관한 한 엘리자베스 1세 시대와 비교해 확실히 강경한 태도를 보였다.

제임스 1세는 "앞으로 잉글랜드인이나 스코틀랜드인이 아니면 국적이나 신분과 관계없이 반드시 조업권을 취득해야 한다. 외국인으로서 조업권을 취득하지 않은 자가 우리나라 연안과 해역에서 조업하는 일을 이제 더는 허용하지 않겠다"라고 포고했다. 이에 네덜란드인은 소스라치게 놀랐다.

네덜란드 어업은 6월 말~7월 초에 시작된다. 당시 런던에 주재하던 네덜란드 대사는 포고령을 듣고 부랴부랴 제임스 1세에게 알현을 요청했다. 그 만남이 효력이 있었는지 제임스 1세는 향후 네덜란드 어업에 엄청난 파장을 몰고 올 포고를 민감한 시기에 내면서 구체적인 시행 시기는 1년 뒤로 미루었다. 이후 잉글랜드와 네덜란드 사이에 밀고 당기는 치열한 교섭이 1624년까지 끝도 없이 이어졌다. 교섭이 예상보다 훨씬 길어진 데에는 제임스 1세의 우유부단한 성격도 한몫했다. 이 교섭 과정에 네덜란드 정부는 제임스 1세의 우유부단한 성격을 철저히 이용했다. 그들은 제임스 1세의 요구를 받아줄 듯 말 듯 살살 약을 올리며 일국의 왕

스코틀랜드 제임스 6세 겸 잉글랜드 제임스 1세

을 상대로 차마 할 수 없는 무례한 전략을 눈 하나 깜짝하지 않고 구사했다.

네덜란드는 스페인과 12년간 휴전한다는 협정을 체결했다. 1609년의 일이다. 이는 휘호 더 흐로트가 『자유해양론』을 출간한 해이기도 하다. 좀 더 구체적으로, 스페인—네덜란드 간 휴전협정이라는 역사적 사건과 유럽의 어업사에서 가장 중요한 책 중 하나인 『자유해양론』의 출간 모두 제임스 1세의 포고 전인 1609년 3월에 있었다. 『자유해양론』은 포르투갈을 염두에 두고 출간된 책이었으나 제임스 1세를 비롯한 잉글랜드 정부는 이 책의 메시지를 심각하게 받아들였다.

잉글랜드가 『자유해양론』을 진지하게 받아들이고 껄끄럽게 생각한 데는 그럴만한 이유가 있었다. 네덜란드는 잉글랜드와의 교섭 과정에서 시종일관 국제법에 기초한 해양의 자유를 주창했는데 『자유해양론』이라는 책 자체가 '어업의 자유'에 관한 내용으로 빼곡히 채워져 있었기 때문이다.

> 만약 바다를 제멋대로 사용하기 위해 오로지 자신만을 위해 권리를 주장하는 자가 있다면 그는 법외의 지배력을 누리고자 하는 흑심을 품고 있다고 보아도 좋지 않을까. 만약 타인의 어업을 방해하려는 자가 있다면 그는 광기 어린 탐욕의 화신이라는 오명을 벗어날 길이 없을 것이다.

위의 글은 마치 네덜란드 어민에게 조업권을 취득하라고 요구하는 잉글랜드가 포르투갈보다 더 어리석다는 주장처럼 들린다. 제임스 1세도 『자유해양론』과 네덜란드 측이 주창하는 해양의 자유에 자못 심기가 불편해졌던 모양이다. 왜냐하면 1618년 교섭 자리에서 네덜란드 측 사절이 청어잡이에 관한 전권을 부여받지 못했다는 사실을 알고 난 뒤 순한 양 같던 그가 매우 이례적으로 불같이 화를 내며 헤이그에 주재하던 잉글랜드 대사에게 강경한 성명서를 보냈기 때문이다.

> 짐은 국제법에 관해 네덜란드나 휘호 더 흐로트 같은 자에게 배울 생각이 없다.

> 모든 이에게 자유로운 해양을 손에 넣어 전 세계를 주무르고자 하는 자는 자신이 통치하는 육지도 국가도 모두 잃어버리게 될 것이다.

엘리자베스 1세 시대에 덴마크와 종종 마찰을 일으키며 분쟁에 휘말렸던 상황이 재현된 셈이었다. 다만 그때와는 잉글랜드의 입장이 정확히 반대가 되어 있었다. 말하자면 이번에는 잉글랜드가 덴마크이고 네덜란드가 잉글랜드인 셈이었다.

교섭은 크게 전반부와 후반부로 나누어진다. 전반부는 네덜란드 어민에게 '어사이즈 헤링'을 징수하기 위한 교섭이었다. 제임스 1세가 1년의 유예 기간을 허용한 그 이듬해 네덜란드 정부는 잉글랜드로 사절단을 보냈다. 당연히 양측의 주장은 마치 영원히 만날 수 없는 두 갈래 철로처럼 평행선을 달렸다. 네덜란드 측에서도 수많은 어민이 청어잡이로 생계를 꾸려가고 있었다. 그야말로 먹고사는 문제가 걸린 만큼 그때까지 인정받아왔던 권리를 순순히 양보할 수는 없었다. 밥줄이 걸리면 사람은 절박해진다. 교섭은 끝내 타결되지 못했다.

이에 잉글랜드도 강경책을 취할 수밖에 없었다. 1616년 제임스 1세는 '어사이즈 헤링'을 어민에게 징수하기 위해 함선을 파견했다. 한데 놀랍게도 네덜란드 어민들은 네덜란드 정부가 본격적으로 나설 때까지 고분고분하게 그 조치에 따랐다. 자신의 계획과 조치가 성공적인 결과로 나타나자 흐뭇해진 데다 자신감도 커진 제임스 1세는 네덜란드 측의 항의를 무시하고 이듬해에 또다시 징수를 시도했다. 그러나 이번에는 달랐다. 네덜란드 정부가 세금을 징수하던 잉글랜드 관리를 전격적으로 체포해버린 것이었다. 다행히도 그 관리는 이튿날 바로 석방되어 양국의 외교 관계가 틀어지지는 않았다. 아무튼 네덜란드 어민에게 세금을 징수하겠다는 제임스 1세의 목표는 수포가 된 셈이었다. 그런 상황에서 끝내 세금을 징수하자면 당연히 군사력이 뒷받침되어야 하기에 이는 어쩌면 당연한 결과였다.

엘리자베스 1세 시대와 비교하면 전쟁이 없는 평화로운 제임스 1세 시대에 잉글랜드의 군사력은 눈에 띄게 약해져 있었다. 해군력도 예외는 아니어서 군함 수가 크게 줄어들어 있었다. 아무튼 네덜란드 어민이 잉글랜드 해역에서 자유롭게 청어잡이 하는 행동에 제동을 걸고 합당한 세금을 부과하겠다는 전략은 좌절되고 말았다. 게다가 제임스 1세의 그 전략 성공을 전제로 한 어업 상인협회의 청어잡이 계획도 도미노처럼 무너졌으며 협회 자체가 해산하기에 이르렀다.

그러나 제임스 1세에게는 국가 통치자로서 절대로 양보할 수 없는 중요한 문제가 남아 있었다. 네덜란드와 교섭을 계속하는 동안에도 끊임없이 터져 나오는 네덜란드 어민의 횡포에 대한 국민의 불만을 잠재우는 일이 그것이었다. 이 고질적인 문제를 해결하기 위해 제임스 1세는 스코틀랜드의 관습으로 오래전부터 존재하던 '랜드 케닝(land kenning)'이라는 개념을 교섭 의제에 부쳤다. 랜드 케닝은 항구의 "어선 갑판 천장에서 연안 기슭이 보이지 않는" 지점까지 '랜드 케닝'으로 간주해 권리가 없는 외부인은 그 영역 밖에서 고기잡이해야 한다는 스코틀랜드 관습법이었다. 이는 지역 어부에게 주어지는 일종의 특수한 권리이기도 했다. '랜드 케닝'을 거리로 환산하면 약 14마일이라고 잉글랜드 측은 주장했다. 제임스 1세는 네덜란드 어민이 일으키는 폭력 사건을 해결하기 위해 랜드 케닝을 준수할 것을 네덜란드 정부에 요구했다. 그러나 네덜란드 정부는 자국 어민의 폭력 사건을 엄격히 단속하고 처벌하면서도 랜드 케닝은 철저히 무시하는 전략을 취했다. 네덜란드는 1618년 잉글랜드에 보낸 사절단에 청어잡이에 관해서만은 교섭 전권을 주지 않았다. 이런 네덜란드 정부의 태도에 제임스 1세가 격분했다. 네덜란드는 제임스 1세의 불편한 심기에는 아랑곳하지 않고 이후 협의를 위해 사절단을 보내라는 잉글랜드 측의 요구를 무시해버렸다. 그러고는 1621년 1월에 보낸 사절단과 그해 10월에 보낸 사절단 모두에게 청어잡이 교섭 전권을 주지 않았다.

이는 국제정세를 고려하면 매우 강경한 교섭 전략이었다. 네덜란드의 강경 노선을 이해하려면 당시의 국제 정세를 정확히 알아야 한다. 먼저, 보헤미아 지방에서 신교 반란이 일어나며 최후의 종교전쟁으로 일컬어지는 30년 전쟁이 1618년 시작되었다. 그 이듬해인 1619년에 신교파 제후가 천거한 팔츠(Pfalz) 선제후 프리드리히 5세(Friedrich V, 1596~1632)가 보헤미아 국왕으로 봉해졌다. 그는 제임스 1세 딸인 엘리자베스의 신랑이었다. 또 그 이듬해인 1620년에 스페인군이 프리드리히 5세를 공격해 보헤미아와 팔츠가 함락되었다. 팔츠 지방을 장악함으로써 스페인군은 육로를 통해 네덜란드 방향으로 진군할 수 있게 되었다. 다시 그 이듬해인 1621년은 스페인과 네덜란드의 휴전협정이 종료된 해였다.

풀턴은 『해양주권』에서 네덜란드의 교섭 기술을 다음과 같이 평가한다.

그들은 제임스 1세의 성격과 문제점을 간파하고는 '평화를 이룬 국왕'이라는 인식을 심어주는 게 가장 큰 소망인 국왕이 용감하게 위협해봤자 무력에 호소하는 상황에까지 이를 리 없다고 판단했다.

네덜란드 정부는 비록 14마일까지는 인정하지 않았으나 스코틀랜드 해안에 지나치게 가까이 다가가지 않도록 자국 어민들에게 포고령을 내렸다. 잉글랜드 안에서 네덜란드에 대한 반감이 갈수록 거세어지고 있다는 보고를 사절단을 통해 받은 네덜란드 정부가 내린 조치였다. 이는 1623년의 일이었다. 이런 나름의 노력 덕분이었는지 양국은 이듬해인 1624년 스페인에 맞서 군사 동맹을 체결했다. 즉 네덜란드는 최소한만 양보하고 필요한 것은 모두 움켜쥔 채 내놓지 않았다.

10. 찰스 1세의 야심 찬 어업 육성 계획이 실패로 돌아간 이유

찰스 1세(Charles I, 재위 1625~1649)는 아버지인 제임스 1세보다 훨씬 기가 셌다. 게다가 그는 행동력까지 겸비한 사람이었다. 왕위를 계승하고 얼마 지나지 않아 선왕이 이론적으로만 추구하던 이상을 실현하기 위해 그는 구체적인 행동에 나섰다. 찰스 1세는 로버트 히치콕이 주창한 어업협회와 존 디가 주창한 해군력 증강과 같은 맥락의 정책을 실행에 옮기고자 했다. 그러나 그는 윌리엄 세실이라는 현실주의 정치가를 내세워 궁극적인 목적을 달성하고자 했던 엘리자베스 1세 여왕처럼 좀 더 큰 그림을 보지는 못했던 모양이다. 찰스 1세의 정책은 이상은 원대했으나 현실성이 떨어졌다.

찰스 1세는 선왕 제임스 1세가 주창한 '왕권신수설'에 지나치게 집착했다. 그는 자기 아버지가 달성하지 못했던 해양주권을 실현하고자 어업협회를 설립하고 해군력을 증강하는 계획을 세우고 실행에 옮겼다. 그러나 그는 해양주권에 집착한 나머지 파국으로 치달았다. 어쩌면 찰스 1세는 국왕으로서의 자의식과 권리 의식이 누구보다 강했기에 판단을 그르쳤을 가능성이 크다. 그러나 어업협회를 설립하고 활성화하고자 하는 찰스 1세의 노력 자체를 어리석은 행위로 매도해서는 곤란하다.

네덜란드는 경제적 번영에 걸맞은 해군력을 착실히 키워가고 있었다. 찰스 1세가 왕위에 오른 1625년 무렵의 상황이었다. 한편 바다 건너에서 프랑스도 리슐리외 추기경의 정책에 따라 급속히 해군력을 키웠다. 1631년까지 프랑스는 39척의 함대를 보유한 해군 강국으로 성장했다. 프랑스는 구교 진영임에도 30년 전쟁에서는 합스부르크 가문의 환심을 사기 위해 신교 국가인 네덜란드와 동맹을 맺으며 일종의 '적과 동침하는 전략'을 택했다. 이 시기에 잉글랜드 해군력은 보잘것없는 수준이었다. 찰스 1세 즉위 초기에 왕실이 보유한 함선은 고작 30척 정도였다.

네덜란드 남부 플랑드르 지방에 됭케르크(Duinkerke)라는 도시가 있다. 이 도시는 네덜란드 독립전쟁에서 스페인령으로 남아 있었다. 한데 이 도시가 16세기 말부터 해적의 거점으로 변했다. 됭케르크를 근거지로 삼은 해적들은 조업 중인 네덜란드 바위스 선박을 먹잇감으로 삼아 약탈을 일삼았다. 잉글랜드 선박도 예외는 아니어서 수시로 습격의 대상이 되곤 했다. 스페인과 네덜란드의 휴전 기간이 끝난 뒤 됭케르크 해적과 네덜란드 해군은 서로 밀고 밀리며 치열한 교전을 계속했다. 고래 싸움에 새우 등 터진다고 그 여파는 잉글랜드 연안부에까지 미쳤다. 토머스 풀턴에 따르면 네덜란드 해군에게 밀려 쫓기는 신세가 된 됭케르크 해적이 잉글랜드 항만으로 도주했다고 한다. 그 여파로 해적의 뒤를 쫓던 네덜란드 해군이 허가 없이 잉글랜드 영토에 상륙하는 사건이 자주 일어났다. 그 무렵 북해에서는 됭케르크 사략선 40척이 활개를 치고 있었다. 그로 인해 잉글랜드 어항은 출항 자체를 보류해야 할 때도 적지 않았다. 이러한 전반적인 상황을 고려하면 해군력 증강과 해군력의 밑바탕이 되는 어업 진흥책은 필수적인 정책이었다.

매년 6월 말이면 청어 떼가 셰틀랜드 제도 연안에서 브리튼섬 동서로 갈라져 남하한다. 네덜란드는 동쪽으로 향하는 청어 떼를 쫓는 조업에 열중했다. 찰스 1세는 먼저 서쪽으로 이동하는 청어 떼에 초점을 맞춘다는 계획을 세웠다. 어업기지로는 브리튼섬 서쪽에 있는 루이스섬을 선택했다. 찰스 1세는 출자자를 모집해 조업 허가를 내주고 회사를 설립하게 한 후 그 회사를 국왕 직속으로 삼아 루이스섬 통치를 맡겼다. 그는 이 사업에 잉글랜드, 스코틀랜드, 아일랜드 전역의 어항이 모두 참여하기를 원했다. 역사가 존 로슨 엘더(John Rawson Elder)에 따르면 찰스 1세는 스코틀랜드 추밀원 앞으로 보낸 지시서에 이 계획으로 얻을 수 있는 수익 견적까지 첨부했다고 한다. 이는 로슨이 『17세기 왕실 어업 회사(The Royal Fishery Companies of the Seventeenth Century)』(1912)를 통해 밝힌 것으로 구체적인 내용은 다음과 같다.

현재 보유한 어선에 적재량 30톤부터 40톤에 이르는 어선을 새로 200척 마련하고 1년에 세 번 출항시킨다. 거기서 발생하는 매해 이익은 16만 5,440파운드에 달한다. 사업을 총괄하는 조업 허가를 보유한 회사 이외에 모든 '주요 도시, 마을, 자치도시'에 회사를 설치하고 각 지역의 투자자가 선박을 보냄으로써 확실한 이익을 얻기 위한 활동에 참여할 것을 요청한다.

언뜻 거창해 보이지만 확실히 실속을 챙기려고 나름대로 꼼꼼하게 세운 계획이었다. 처음에는 네덜란드와 불필요한 경쟁을 피하고자 두 갈래의 청어 떼 중 한쪽만 쫓고 본거지를 루이스섬에 둔다는 것이 계획의 핵심이었다. 이런 계획 자체는 나쁘지 않았다. 그러나 이 계획 실현을 방해하는 커다란 장애물이 있었다. 그것은 바로 스코틀랜드인들의 거센 반대였다. 한데 잉글랜드에서 성장한 찰스 1세는 스코틀랜드인의 감정을 이해하기 어려웠던 것 같다. 스코틀랜드인에게 네덜란드인이 남의 나라 사람이듯 잉글랜드인도 한낱 외국인에 지나지 않았다.

스코틀랜드 어민들 사이에 '외부인(Stranger)'의 침입에 대한 불만과 우려의 목소리가 갈수록 높아지고 있었다. 이는 찰스 1세와 네덜란드 정부 사이의 교섭이 종반을 맞이하던 1631년의 일이었다. 여기서 말하는 외부인이란 '잉글랜드인과 플랑드르인(네덜란드인)'이다. 찰스 1세의 어업협회는 잉글랜드인뿐 아니라 스코틀랜드인, 아일랜드인에게 공평하게 기회를 주고 회사 경영 시 절반 정도의 이사직에 스코틀랜드인을 임명할 예정이었다. 그러나 그 정도 조치로 스코틀랜드인을 만족시킬 수는 없었다. 스코틀랜드인이 보기에 찰스 1세의 회사는 굴러들어온 돌이고 잉글랜드인은 여전히 '외부인'일 뿐이었다. 스코틀랜드인은 찰스 1세에게 '랜드 케닝'을 엄격히 준수해 달라고 요구했다. 계획을 발표한 뒤 찰스 1세는 스코틀랜드 국민을 설득하려 애썼으나 불만을 말끔히 해소하지 못해 앙금이 남은 채 1632년 어업협회 설립을 선언했다.

존 로슨 엘더에 따르면 어업협회 설립 초기에는 200척의 바위스선을 잉글랜드가, 40척을 스코틀랜드가 준비하기로 했다고 한다. 그러나 협회는 애초 계획한 대규모 선단을 갖추는 데 실패했다. 그렇게 하기에는 자금이 턱없이 부족했기 때문이었다. 투자가들에게 모은 자금은 1만 1,750파운드 정도였는데 80톤 바위스선 1척을 건조하고 장비를 설치하는 데 835파운드가 들었다. 협회 초기에는 몇 척의 바위스선 만으로 조업에 나설 수밖에 없었다.

찰스 1세의 야심 찬 어업 육성 계획은 실패로 돌아갔다. 그로부터 1년이 지나고 2년이 지나도 성과는 미미했다. 존 풀턴의 기록에 따르면 첫해에 협회가 제조한 소금에 절인 청어는 386라스트(Last, 1 라스트=약 2톤. 약 770톤)에 불과했다. 그나마도 헐값에 처분하는 바람에 4,261파운드의 막대한 손실이 발생했다. 2년 차는 443라스트(약 880톤)를 제조했는데 후려친 가격에 단치히와 됭케르크로 팔려나가는 바람에 8,163파운드 19실링 4펜스의 손실이 생겼다.

청어는 잡아 올리는 순간 바로 상품성이 생기는 생선이 아니다. 어업 강국 네덜란드에 맞서 경쟁력을 키우려면 소금에 절이는 공정까지 포함해 네덜란드의 선진 기술을 도입해 상품 가치를 획기적으로 높여야만 했다. 그러나 잉글랜드는 그렇게 하지 못했고 이때까지도 제대로 된 기술을 갖추지 못하고 있었다.

사실 진작부터 실패 조짐이 나타나고 있었다. 그 대표적인 예로 잉글랜드는 지형도 고려하지 않은 채 무작정 바위스 선박을 늘리는 일에 집착했다. 네덜란드 어선이 브리튼섬 동쪽으로 향하는 청어 떼를 추격한 데는 그럴 만한 이유가 있었다. 대형 선박으로 조업을 하자면 그 길이 가장 효율적이었기 때문이다. 그에 반해 서쪽은 해안선이 복잡해 소형 선박이 훨씬 효율적이었다. 여기에 더해 협회의 운영을 좌우하는 고위직 사람들이 루이스섬 부근 어장을 제대로 이해하지 못하고 있다는 점도 실패 요인 중 하나였다. 이런 상황에서 스코틀랜드 토박이 어민들은 협회 일에 철저히 비협조적인 태도를 보였다. 그뿐만이 아니었다. 좀 더 심각한 문제도 남아 있었다. 그것은 바로 됭케르크 해적이 여전히 기승을 부린다는 점이었다. 그러므로 협회가 설립된 그해부터 협회 바위스선이 해적의 손쉬운 먹잇감이 되었다.

시간이 지나도 이익이 나기는커녕 갈수록 손실만 눈덩이처럼 커지는 상황에서 협회는 어떤 선택을 해야 했을까? 돈줄을 쥐고 있는 출자자의 투자에 의존하는 길 외에는 다른 방법이 없었다. 그러나 도무지 상황이 나아질 기미가 보이지 않았다. 수익구조가 좀처럼 개선되지 않는 데다 엎친 데 덮친 격으로 해적에게 수시로 약탈당하는 상황이었기 때문이다. 이런 상황에서 국왕이 아무리 협회를 우대해도 좀처럼 자금은 모이지 않았다. 실제로 찰스 1세는 협회를 위해 다양한 우대 정책을 시행했다. 규정을 만들어 사순절(四旬節, Lent)과 피시 데이를 강제로 지키도록 했다. 군 운영

자금을 비축하기 위해 복권을 발행했으며 외국에서 어류 수입을 금지하기도 했다. 또 해군에는 협회에서 사들인 생선을 납품받게 했다. 그러나 역시 해양주권이 문제였다. 찰스 1세는 어민을 위해 근해 평화를 확립하는 일이 무엇보다 시급하며 중요한 문제라고 생각했다.

해군력 증강은 어업협회만이 아니라 잉글랜드 전체를 위한 매우 중요한 현안이었다. 그러나 이 시점에 찰스 1세의 외교정책이 큰 영향을 미친 심각한 문제가 터졌다. 그것은 바로 왕의 누이인 엘리자베스로 인한 문제였다. 엘리자베스 스튜어트(Elizabeth Stuart)는 팔츠 선제후 프리드리히 5세와 결혼했는데 스페인군에 쫓겨 네덜란드로 피신해 망명객 신분이 되었다. 이후 그녀의 남편인 프리드리히 5세는 망명지에서 객사했다. 졸지에 과부가 된 엘리자베스와 그녀의 자녀들은 헤이그에 머물렀다. 1632년의 일이었다. 찰스 1세는 가엾은 조카들을 위해 그 아이들의 아버지가 잃어버린 땅을 되찾아주겠다고 결심했다. 찰스 1세의 해양주권 확립을 향한 야심은 피붙이에 대한 정이라는 개인적 감정과 밀접하게 연관되어 있었다. 1633년 말 무렵 찰스 1세는 곧바로 스페인과 협상에 들어갔다.

이 협상은 물밑에서 은밀하게 이루어졌다. 잉글랜드는 신교 국가이므로 구교 국가인 스페인과 동맹을 맺는다는 사실이 알려지면 국민의 거센 반발에 맞닥뜨리게 될 게 불 보듯 빤한 일이었기 때문이었다. 게다가 그 배경에 개인적 감정이 깔려 있었으니 국익을 위해서라는 명분을 내세우기도 민망한 처지였다. 스페인은 합스부르크 왕가의 신성로마제국 황제 자리에 찰스 1세의 조카를 앉히는 데 동의했다. 그 대신 잉글랜드는 스페인을 위해 네덜란드 토벌에 필요한 함대를 지원하기로 약속했다. 찰스 1세의 입장에서 이는 조카의 미래를 위한 일이면서 동시에 네덜란드를 타도해 해양주권을 확립할 수 있는 절호의 기회인 셈이었다. 그는 종교문제 따위는 얼마든지 눈감아 줄 수 있다고 여겼던 것 같다.

그러나 찰스 1세는 다시 한번 딜레마에 빠졌다. 합당한 수단으로 국민을 설득하고 필요한 자금을 확보할 방도를 찾지 못했기 때문이다. 자업자득이라고 하필 그는 얼마 전 자신의 손으로 의회를 폐쇄해버렸다.

궁리 끝에 찰스 1세는 청교도혁명의 주요한 원인이 될 선박세(Ship money)를 부과한다는 비장의 카드를 내놓았다. 플랜태저넷 왕가 시대(1154~1485)에는 국왕이 전쟁 중 연안부 도시와 지역에서 군함 용도로 사용할 선박을 공출하거나 군자금을 징수할 권리를 가지고 있었다. 찰스 1세는 이 해묵은 관습을 꺼내 의회 승인도 얻지 않고 해군을 증강하는 자금으로 충당하려 했다. 1634년의 일이었다. 그러나 이 권리에는 엄격한 제한 조건이 있었다. 예컨대 국왕은 이 권리를 평시에는 행사할 수 없고 오직 '전쟁 중'에만 행사할 수 있다는 조건이 붙어 있었다. 찰스 1세는 활개 치는 뒹케르크 해적을 소탕한다는 명분을 내세워 '전쟁 중에만 행사할 수 있는 권리'라는 조건을 깔끔하게 무시했다. 게다가 여기서 한발 더 나아가 이듬해부터는 연안부뿐 아니라 내륙부 도시와 지역에까지 세금을 물렸다. 그는 여러 가지 부작용이 나타나 1640년 선박세가 폐지될 때까지 마지막 한 푼까지 악착같이 거두어들였다.

스페인과의 협정은 어디까지나 밀약이었으므로 찰스 1세의 잉글랜드는 네덜란드에 대놓고 선전포고할 수 없었다. 그는 우선 네덜란드를 도발해 네덜란드와 잉글랜드 사이에 자라나 있는 적대 감정에 불씨를 지필 필요가 있었다. 우선 찰스 1세는 법학자 존 셀던(John Selden)에게 명해 자신의 논리를 뒷받침해주는 책 『폐쇄해양론(Mare Clausu)』(1635)을 출간하게 했다. 존 셀던은 네덜란드 해양 정책의 이론적 대가인 휘호 더 흐로트의 『자유해양론』의 논지를 반박했다. 그는 브리튼섬을 둘러싼 해역의 주권이 잉글랜드 왕에게 있음을 옛 기록을 뒤져 구체적인 논거를 찾아내 뒷받침하며 적극적인 주장을 펼쳤다. 셀던은 이 논문을 1618년 네덜란드와 한창 교섭하던 제임스 1세에게 바쳤다. 그러나 논문에 덴마크 왕을 자극하는 내용이 일부 포함돼 있어 출간이 잠정 보류되었다. 그런 논문을 출간하는 찰스 1세의 정치적 의도는 잉글랜드인에게나 네덜란드인에게나 분명했다. 그것은 바로 '바다는 누구의 것인가'라는 해묵은 논쟁을 다시 끄집어내 불을 지피겠다는 의도였다. 게다가 이번에는 해군력까지 등에 업고 나타나는 바람에 한층 기세등등해졌다.

1636년 바야흐로 잉글랜드 역사상 최강으로 일컬어지는 함대가 편성되었다. 노섬벌랜드 백작(Duke of Northumberland)이 제독으로 임명되어 지휘권을 잡았다. 그는 젊고 유능하고 숙련된 지휘관이었다. 그가 작성한 해군 일지에 따르면 당시 27척의 선박이 있었다고 한다. 찰스 1세는 잉글랜드 및 스코틀랜드 해역에서 외국 선박이 허가 없이 조업하는 행위를 금지한다는 포고령을 내렸다. 그리고 같은 해 6월에 노섬벌랜드 백작에게 함대를 북상시키라고 명령했다. 조업 허가권 가격은 '허가권을 받은 선박 1톤당 12펜스'로 책정되었다. 노섬벌랜드 백작은 10월 9일까지 항행(航行)했다. 일지에 따르면 그동안 990파운드의 호송료와 네덜란드 어민에게 받은 조업 허가 요금 501파운드 15실링 2펜스를 거두어들였다.

아마도 이 해가 찰스 1세의 최전성기였다고 말해도 틀리지 않을 것이다. 같은 해 1월 잉글랜드 정부는 해군의 상징으로 삼기 위해 전체 길이 127피트, 적재량 1,823톤인 거대 함선을 건조하기 시작했다. 국왕은 이 전함에 각별한 애정을 쏟았다. 진수식용 대포 2문에 새기기 위해 휘장과 도안을 몸소 골랐고 라틴어로 "찰스는 에드거(Edgar)의 지배를 해양에 확립했다(Carolvs Edgari sceptrvm aqvarum – Charles has established Edgar's sceptre of the waters)"라는 문구를 새기게 했다. 함수(艦首)에서 비어져 나온 머리에는 잉글랜드 통일을 공고히 하고 잉글랜드 왕국 체계를 확립한 에드거 왕의 조각상을 새겼다. 배 이름도 알기 쉽게 '해양주권호(Sovereign of the Seas)'라고 붙였다.

그러나 찰스 1세의 전성기는 그리 오래가지 못했다. 스페인을 통해 신성로마제국 황제에게 영향력을 행사해 누이 엘리자베스의 아들에게 그 아이의 아비가 잃어버린 영토를 되찾아주고자 벌였던 교섭도 모두 실패로 돌아갔다. 이 시점부터 찰스 1세의 외교 방침은 해양주권과 조카에 대한 정 사이에서 갈등하기 시작한다. 먼저 찰스 1세는 네덜란드, 프랑스와 동맹을 맺고 그 힘을 등에 업고 잃어버린 영토를 회복한다는 전략을 모색했다. 이는 네덜란드와 프랑스도 바라던 바였다. 그즈음 헤이그에 머물던 엘리자베스에게서 해양주권 확립 문제는 아직 때가 아니니 기다려달라는 탄원서가 왔다.

찰스 1세는 조업료 징수 문제를 깨끗이 포기해야 마땅한 상황에서도 프랑스와 동맹 교섭을 계속하며 해양주권의 꿈을 끝내 버리지 못하고 있었다. 급기야 그는 한 가지 꼼수를 떠올렸다. 그것은 바로 스페인과 다시 밀약을 맺고 잉글랜드가 조업료를 징수하면 스페인 당국이 발행하는 통행증을 취득할 수 있지 않을까 하는 무리한 생각이었다. 여기서 한발 더 나아가 그는 통행증을 제시하기만 하면 뒹케르크 해적의 습격을 피할 수 있는 체제를 만들고자 했다. 그러나 이 교섭도 결국 실패로 돌아갔다. 1637년의 상황이었다.

잉글랜드 정부는 해군의 상징으로 삼기 위해
전체 길이 127피트, 적재량 1,823톤인
거대 함선을 건조하기 시작했다.
국왕은 이 전함에 각별한 애정을 쏟았다.

영국 선박 '해양주권호', 1650년

그래도 찰스 1세는 미련을 버리지 못하고 노섬벌랜드 백작에게 군함이 아닌 상선이면 네덜란드 어민의 바위스 선대에까지 조업료를 받아내라는 명령을 내렸다. 물론 그 명령에 따라 순순히 돈을 내는 사람은 거의 없었다. 국왕의 비합리적이고 어중간한 지령에 신물이 난 노섬벌랜드 백작은 다음 함대 편성에서는 병을 핑계 대며 지휘관 자리에서 물러났다.

어업협회도 참담한 상황을 맞이하기는 마찬가지였다. 찰스 1세가 나름대로 전성기를 누리던 1636년조차 출자 서명자가 제시한 출자금 합계는 22만 6,802파운드 10실링이었으나 실제로 출자된 금액은 9,914파운드 10실링뿐이었다. 서명하고도 출자하지 않은 사람들은 왕립재판소에 소환되거나 체포영장이 발부되거나 투옥된다는 협박을 받고 울며 겨자 먹기식으로 출자금을 내야 했다. 한쪽에서는 협회에 자금을 대출해준 사람들이 빌려 간 돈을 당장 갚으라며 악을 썼다. 다른 한쪽에서는 협회가 고용한 어부들이 못 받은 임금을 지불해 달라고 아우성치며 협회를 고소하는 어수선하고 혼란스러운 상황이 날마다 벌어졌다. 사정이 이렇다 보니 정작 중요한 어업은 성장할 기미가 전혀 보이지 않고 암담한 상황이 지속되었다. 네덜란드의 정치 지도자였던 요한 더 빗(Johan de Witt)은 『네덜란드의 이익(Interest of Holland)』(1662)이라는 책에서 잉글랜드산 소금에 절인 청어의 조악한 품질을 거론하며 1637년과 1638년 두 해에 걸쳐 단치히 시장에서 잉글랜드산 청어가 입하를 거절당했다고 기록했다.

1639년 찰스 1세의 외교 방침은 여전히 갈팡질팡 오리무중이었다. 그는 네덜란드와 프랑스의 손을 잡을까 스페인의 손을 잡을까를 놓고 결정을 내리지 못하고 있었다. 여동생과 조카를 챙기려면 네덜란드와 프랑스를 선택해야 한다. 그렇다고 아직 버리지 못한 해양주권의 꿈을 선택하면 네덜란드가 가만히 있을 리 없다. 찰스 1세는 어떤 결단을 내렸을까? 그의 마음은 결국 스페인 쪽으로 기울었다. 전운이 감돌고 네덜란드 해군이 예상대로 강경한 태도로 나왔다. 됭케르크 해적의 노략질도 점점 더 극심해졌다. 상황이 이쯤 되자 해역의 안전을 확보하기 어려운 상황에서 선박세를 계속 징수하는 국왕에 대한 잉글랜드 국민의 반발도 거세졌다. 이런 시기에 하필 다운스 해전(Battle of the Downs)이 벌어졌다.

1639년 9월 18일 스페인은 스페인령 플랑드르에 군인을 수송하기 위해 대함대를 편성했다. 이때 네덜란드 해군 제독 마르턴 트롬프(Maarten Tromp)가 잉글랜드 해협에서 소규모 병력으로 급습했고 스페인 함대는 수송선을 지키기 위해 잉글랜드 정박지인 다운스로 후퇴했다. 당시 이 정박지는 명백히 잉글랜드의 관할 지역이었다. 이는 제임스 1세와 찰스 1세가 잉글랜드의 주권을 주창했던 '영해'와 '랜드 케닝'에 의거한 것이었다. 실제로 당시 이곳에 노섬벌랜드 백작을 대신해 존 페닝턴 경(Sir John Pennington)이

지휘하는 잉글랜드 함대가 주둔하고 있었다.

네덜란드의 트롬프 제독은 본국에 증원을 요청했고 곧이어 다운스를 포위했다. 이쯤 되면 전쟁이라기보다는 외교 문제에 더 가까웠다. 찰스 1세는 어부지리 격으로 스페인과 네덜란드, 프랑스 사이에서 최대한 유리한 조건을 끌어낼 작정이었다고 토머스 W. 풀턴이 『해양주권』을 통해 전했다. 상황을 잘만 이용하면 조카가 잃어버린 영토를 회복하는 데 협력한다는 약속을 양측에서 받아낼 수 있으리라 예상한 찰스 1세는 주변 국가의 의사를 타진했다.

마술사이자 점성술사였던 존 디는 과연 이런 상황을 어떻게 파악하고 미래를 내다보았을까? 찰스 1세의 밀고 당기기는 허무하게 끝났다. 같은 해 10월 21일 네덜란드의 트롬프 제독은 총공격을 개시했다. 페닝턴 경은 이 상황을 속수무책으로 지켜볼 수밖에 없었고 스페인 함대는 철저히 파괴되었다. 제임스 1세, 찰스 1세가 2대에 걸쳐 대를 이어 추구한 해양주권이 실제로는 누구의 손에 있는지 입도 뻥긋하지 못할 정도로 확실히 보여준 순간이었다.

11. 세 차례의 잉글랜드―네덜란드 전쟁으로 번진 '청어잡이' 불화

청교도 혁명 후 망명지인 네덜란드에서 귀국한 찰스 2세(Charles

II, 재위 1660~1685). 그는 선왕이 만든 어업협회를 부활시킬 준비를 시작한다. 1664년 3월 찰스 2세는 자신의 동생 요크 공(훗날의 제임스 2세)을 협회 이사장으로 임명하고 '왕실어업회사(The Royal Fishery Companies)'를 발족시켰다. 이 회사는 선왕 찰스 1세의 어업회사보다 더 큰 특권을 부여받은 조직으로 해군 제독 출신 정치가 새뮤얼 피프스(Samuel Pepys)가 이사로 참여하고 있었다. 이 어업회사에 역사적 가치가 있다면 피프스가 그 곳에 적을 두었다는 정도일 것이다. 그의 동료 이사들은 하나같이 나태하고 무능했다.

앞서 언급했듯이 어업회사는 1664년 3월에 정식으로 발족했다. 한데 회사 운영을 맡은 이사들이 국왕의 위임장을 낭독하기 위해 이사회를 연 때는 그해 7월 7일이었다. 이사 자격으로 그 자리에 참석한 피프스는 자신의 일기에서 "이 회사에서 큰일을 맡는 것은 부적절해 보인다. 소기의 성과를 올리지 못할 수도 있다는 걱정이 머릿속을 잠시도 떠나지 않는다"라는 문장으로 불안감을 내비쳤다. 불행하게도 피프스의 불안은 그대로 적중했다. 실제로 9월 3일 이사회에 출석한 사람은 피프스를 포함해 고작 네 명뿐이었기 때문이다.

피프스의 일기 몇 구절을 인용해 당시 상황을 좀 더 자세히 살펴보자.

아무것도 결정하지 못했다. 이토록 위대한 사업이 함부로 다루어지는 상황을 차마 눈 뜨고 볼 수가 없다. 이런 상황에서는 우리 이사들 모두에게 커다란 불명예가 되기 때문이다.

불명예는 이사회 불출석 정도로 끝나지 않았다. 피프스는 왕실 어업회사의 운영 자금에 보태기 위해 전국 교회를 통해 모금에 나섰다. 모금 결과를 취합해 보고서를 작성하라는 명령을 받은 그는 10월 10일 일기에 이렇게 적었다.

소중한 돈이 주먹구구식으로 다루어지고 있다. 나는 1페니도 허투루 사용하고 싶지 않다.

피프스는 자신의 일기에서 모금 관리 실태의 허술함을 토로하고 비판했다. 어업회사 회계에 입금된 모금액은 총 1,076파운드였다. 그중 상당액이 모금을 담당한 펨브로크 백작(Earl of Pembroke)에게 지급되었고, 백작 휘하에서 실제로 작업을 담당했던 '킹 씨'에게 429파운드가 지급되었다. 그리고 아직 입금되지 않은 모금액이 일부 남아 있었다.

회사는 그야말로 주먹구구식에 한심하기 짝이 없는 방식으로 조직이 운영되었다. 어업회사가 설립된 그해에 신대륙의 네덜란드 식민지인 뉴암스테르담(New Amsterdam, 오늘날 뉴욕의 초창기 이름 — 옮긴이)을 잉글랜드 식민지 주둔군이 점거했다. 그리고 이듬해인

1665년부터 제2차 잉글랜드—네덜란드 전쟁이 시작되었다. 이 전쟁은 1667년에 끝났다가 그로부터 5년 후인 1672년에 제3차 전쟁이 다시 발발하여 1674년까지 3년 가까이 지속했다. 1664년부터 1674년까지 10년 동안 전시와 비전시를 막론하고 한쪽 해군이 상대의 해군을 서로 노렸고 그런 일이 오래 반복되었기에 북해 어업 자체가 눈에 띄게 쇠퇴했다.

찰스 2세가 세상을 떠나고 그의 뒤를 이어 제임스 2세(James II, 재위 1685~1688)가 왕위에 올랐다. 그러나 제임스 2세의 치세는 오래가지 못했다. 1688년 명예혁명으로 국외 추방되었기 때문이다. 그런 처지였기에 그는 청어잡이에 관해 뭔가 왈가왈부할 만한 상황이 전혀 아니었다.

오라녀 공작 빌럼 3세(Willem III, 재위 1672~1702)는 네덜란드 총독으로 제3차 잉글랜드—네덜란드 전쟁(1672~1674)에서 산전수전 다 겪은 만만치 않은 인물이다. 잉글랜드 의회는 제임스 2세의 딸이자 빌럼 3세와 결혼한 메리를 그와 함께 브리튼섬으로 불러오게 했다. 그 덕분에 무혈혁명에 성공한 빌럼 3세는 윌리엄 3세로서 자신의 아내인 메리 2세(Mary II, 재위 1689~1694)와 잉글랜드, 스코틀랜드, 아일랜드의 공동 통치자가 되었다. 당시 윌리엄 3세는 네덜란드 총독이었기에 네덜란드와 자연스럽게 일종의 동군연합 관계가 만들어졌다(네덜란드 총독은 군주가 아니었으므로 엄밀히 말하자면 서로 독립된 두 개 이상의 국가가 한 군주를 모시는 정치 형태를 '동군연합'

이라고 하기는 어렵다).

사실 윌리엄 3세는 찰스 1세의 친손자가 아닌 외손자다. 제임스 1세부터 이어져 온 청어잡이가 원인을 제공한 양국의 극심한 반목은 제1차부터 제3차까지 이어진 세 번의 전쟁으로 발전했으나 어이없을 정도로 허무한 결말로 마무리되었다. 빌럼 3세가 윌리엄 3세가 되며 양국 국민 사이에 실제로는 앙금이 남아 있어도 청어잡이와 해양주권에 관한 심각한 문제가 수면 위로 불거질 일은 거의 없어진 셈이었다. 잉글랜드와 네덜란드는 동군연합으로 팽창정책을 취하는 프랑스와 대동맹 전쟁을 벌이는 구도에 들어섰다.

다시 청어잡이 이야기로 돌아가 보자. 찰스 L. 커팅의 책 『물고기: 가공과 보존』에 따르면 1679년 시점에 네덜란드에는 4,000여 척의 어선과 20만여 명의 어부가 있었다고 한다. 엘리자베스 1세 시대부터 이어진 어업 진흥책에도 잉글랜드와 스코틀랜드 어민과 어업 상인은 17세기 안에 압도적 우위를 점한 네덜란드를 아무리 노력해도 따라잡을 수 없었다. 그러나 세상에는 영원한 승자도 영원한 번영도 있을 수 없는 법이다. 네덜란드의 번영은 18세기까지 이어지지는 못했다. 찰스 L. 커팅에 따르면 1736년에 이 나라의 청어잡이 어선 수는 300척까지 떨어졌고 1779년에는 162척으로 곤두박질쳤다. 17세기에 청어잡이로 엄청난 호황을 누리며 잉글랜드인의 질투를 유발하고 네덜란드 타도를 외치던 국왕의 목을 떨어뜨리게 하는 주요한 원인이 되기도 했던 네덜란드 어업은 잉글랜드인의 도전이나 위협과는 무관하게 저절로 쇠퇴의 길을 걸었다.

네덜란드 어업 쇠퇴의 가장 큰 원인을 꼽아보라면 '끊임없는 전쟁'을 들 수 있다. 네덜란드는 1652년 제1차 잉글랜드-네덜란드 전쟁이 시작된 후 1713년 위트레흐트 조약(Treaty of Utrecht)으로 스페인 왕위 계승 전쟁이 종료될 때까지 60여 년 동안의 대부분을 잉글랜드나 프랑스, 혹은 두 나라 모두와 전쟁을 치르며 보냈다. 엎친 데 덮친 격으로 됭케르크 해적은 잠시도 잠잠할 새 없이 약탈과 살육을 반복했다. 바다에서 아무리 잘나가는 해양 강국 네덜란드라도 사방에서 몰려드는 적에게는 당해낼 재간이 없었다. 이러한 시대적 배경을 알고 나면 어업에 관한 권리를 한 치도 양보하려 하지 않던 네덜란드의 외교 방침이 과연 옳았을까 하는 의문이 든다. 같은 신교 국가인 잉글랜드와 손을 잡고 동맹 관계를 강화하는 방향이 훨씬 현명하지 않았을까. 네덜란드 부의 원천은 동인도에도 있었으니 청어 어장 정도는 양보해도 좋지 않았을까. 물론 역사에 '만약'은 없지만 말이다.

게다가 '보장금(Bounty)'이라 부르는 어업진흥을 위한 기금 제도가 잉글랜드에 조성되었다. 1718년에는 수출되는 소금에 절인 청어 한 통당 2실링 8펜스, 알배기 레드헤링은 한 통당 1실링 9펜스, 품질이 떨어지는 쇼튼 헤링은 한 통당 1실링의 보장금을 지급했다. 『국부론(The Wealth of Nations)』을 집필하고 자유주의를 주창한 애덤 스미스(Adam Smith, 1729~1790)는 이 보장금 제도를 당연히 낮게 평가했다.

> 요즘 배들은 고기잡이에는 도통 관심이 없는 것 같다. 어부들은 염불보다 잿밥에 더 관심이 많아 보인다. 물고기가 잡히든 안 잡히든 상관없이 오로지 보장금만 타내면 그만이라는 한심한 풍조가 오늘날 만연해 있다.

애덤 스미스는 보장금 제도를 신랄하게 비판했다. 그러나 찰스 L. 커팅의 생각은 다른 모양이었다. 그는 이 보장금 제도가 18세기 잉글랜드, 스코틀랜드의 청어잡이 성장에 나름대로 효과가 있었다고 주장한다. 1755년 7만 통의 청어가 야머스에서 보존·가공되었는데 그중 5만 2,000통이 수출 길에 올랐다. 스코틀랜드에서는 보장금 제도 덕분에 청어잡이에 나선 바위스선 수가 1751년부터 1756년 사이의 3척에서 1787년에서 1798년 사이에 293척까지 껑충 뛰어올랐다. 당시 보존·가공된 청어 양도 264통에서 5만 9,000통으로 비약적으로 늘어났다. 스튜어트 왕조의 청어에 걸었던 꿈은 하노버 왕조 시대에 비로소 이루어진 셈이다. 참고로 하노버 왕조 초대 왕인 조지 1세(George I, 재위 1714~1727)는 찰스 1세의 누이인 엘리자베스의 손자다.

1665년 8월 12일, 베르겐항에서 네덜란드 동인도회사 측 함대를 향한 잉글랜드 함대의 공격이 실패로 돌아가다.

12. 셰익스피어 시대의 잉글랜드인은 왜 청어를 천대했을까

셰익스피어 작품 속에서 청어는 늘 천덕꾸러기 신세였다. 왜 그 시대의 잉글랜드인은 청어라면 치를 떨었을까? 우선 음식에 관한 당대인의 통념이 여기에 한몫했다. 당시 사람들은 음식을 '고기 vs. 생선'이라는 이분법 구도로 나누어 생각하는 경향이 있었다. 이런 인식은 '피시 데이'의 생성 기반이 되었다. 사람들은 소고기 등 육류를 '뜨거운 고기'라 하여 남자다움, 성욕, 양기 등 양성(陽性)을 상징하는 음식 재료로 보았다. 그들은 대구나 청어 같은 물고기류를 '차가운 고기'라 하여 여성스러움, 음습한 성격 등 음성(陰性)을 상징하는 음식 재료로 인식했다. '차가운 고기' 생선은 사람들에게 인기가 없을 수밖에 없었다. 게다가 사순절은 평범한 시민에게는 날마다 맛없는 청어를 질리도록 먹어야 하는 끔찍한 기간을 의미했다. 이런 이분법적 관점과 우울한 현실이 셰익스피어 작품에 잘 드러나듯 당대인이 청어를 기피하고 천대하는 사고방식과 태도의 기반이 되었던 게 아닌가 싶다.

피시 데이는 애초부터 종교적 목적으로 생겨난 이벤트였다. 피시 데이에 종교적 색채가 짙게 배어 있는 것은 당연한 결과였다. 그러나 시간이 지날수록 피시 데이의 종교적 색채는 옅어졌다. 그러다가 셰익스피어가 활동하던 시기에 이르러서는 종교적 색채가 상당 부분 사라졌다. 게다가 여기서 한발 더 나아가 정치적 억압으로 해석할 여지마저 생겨났다. 그 결과 셰익스피어 시대의 잉글랜드 국민은 신의 뜻보다는 국왕의 명령에 따라 생선을 먹어야 했던 셈이다.

'인간의 복잡다단한 사고방식과 기호를 지나치게 단순화하는 것 아닌가요?' 이 책을 읽는 독자 중 이렇게 반박하고 싶은 이가 있을 수도 있겠다. 나도 그런 의문에 공감하고 수긍한다. 맞다. 인간의 사고방식과 기호를 알렉산드로스 대왕이 고르디우스 매듭 자르듯 단칼에 규정해서는 안 된다. 또한 작가의 작품을 저마다 지닌 독특한 개성과 특수성을 무시한 채 천편일률적으로 해석하거나 섣불리 결론을 내려서도 곤란하다. 그런 지나친 단순화의 위험성을 조심하기는 해야겠으나 이 책에서 나는 당시 잉글랜드인이 가지고 있던 청어에 관한 이미지에 영향을 준 요인을 좀 더 파고들어 보려고 한다.

잉글랜드가 청어의 국제정치적·경제적 중요성에 주목하기 시작한 것도 셰익스피어가 활동하던 시기에 이르러서였다. 셰익스피어 시대 이후 잉글랜드는 그야말로 '청어에 홀렸다!'라고 말해도 좋을 정도로 청어를 국가 운명을 좌우하는 중요한 자원으로 인정하기 시작했다.

당대의 잉글랜드인이 청어의 가치를 제대로 파악하기는 했지만 당장 실질적인 국가 자원으로 삼기 위해서는 넘어야 할 산이 많았다. 그 거대한 산 중 하나가 바로 청어가 헤엄치는 바다 건너편에 버티고 선 신흥강대국이자 '청어의 나라' 네덜란드의 존재였다.

사정이 이렇다 보니 윌리엄 캠던과 토비아스 젠틀맨 같은 이들이 자국의 궁박한 현실을 한탄한 것도 이해할 만하다. 당대에 잉글랜드 어민들은 작고 보잘 것 없는 배와 구식 도구만으로 대규모 선단에 최신 장비를 갖추고 조업하는 네덜란드 어선 가까이에서 주눅 든 채 청어잡이를 해야 했다. 게다가 네덜란드산 소금에 절인 청어가 1 라스트 당 25파운드에 팔릴 때 야머스에서 가공한 잉글랜드산 소금에 절인 청어는 1 라스트당 고작 10파운드 남짓한 헐값에 팔렸다.

1 라스트는 어느 정도 양일까? 통으로 치면 10통이나 12통, 혹은 14통 정도 되었다. 여기에 담기는 청어를 마릿수로 치면 대외적으로는 1만 마리, 실제로는 1만 2,000~1만 3,200마리 정도 되는 양이었다. 무게로 치면 1 라스트가 약 2톤으로, 당시 선박 적재량을 표기해야 하는 상황에도 '라스트'라는 단위를 사용할 때가 많았다. 이렇듯 당시 잉글랜드와 네덜란드 사이에는 청어의 어획량뿐 아니라 품질 면에서도 완전히 다른 상품으로 취급받을 정도로 격차가 컸다.

이처럼 절망적인 상황에서 네덜란드산 소금에 절인 청어에 맞서 그나마 어느 정도 경쟁력을 유지할 수 있었던 상품이 바로 야머스 특산물 '레드헤링'이었다. 레드헤링은 쉽게 말하자면 '훈제 청어'다.

예로부터 야머스는 청어잡이로 번성한 도시였다. 647년 야머스 교회는 어부의 수호성인 성 니콜라스에게 봉헌되었다. 야머스의 청어잡이는 언제부터 시작되었을까? 어떤 이들은 그 기원을 475년 무렵으로 본다. 이 주장은 "웨섹스(Wessex) 왕국이 세워질 당시 색슨족인 체르디치(Cerdic)가 475년 잉글랜드에 상륙했다"라는 『앵글로색슨 연대기(Anglo-Saxon Chronicle)』의 설명을 근거로 삼는다. 이 연대기에는 역사적 기술에 있어서 몇 가지 모순점이 존재한다. 체르디치도 반쯤 전설상 인물로 실존 여부가 분명하지는 않다. 게다가 설령 실존인물이라고 가정해도 구체적인 상륙 시기에 의혹이 남아 있는 게 사실이다. 그러므로 475년이라는 연도를 믿을만한 숫자로 보기는 어렵다.

야머스는 에드워드 참회왕(Ēadpeard Andettere, 재위 1042~1066) 시대부터 청어잡이로 유명했다. 이는 노르만인의 잉글랜드 정복(Norman conquest of England) 이전의 일이었다. 아무튼 당시 야머스에서는 이미 매년 9월 29일부터 11월 11일까지 40일 남짓한 기간 동안 자유시장이 열렸다. 여기서 한발 더 나아가 존 왕(John, 재위 1199~1216)은 어부들에게 조업 허가권을 내주었다. 심지어 그는 국외에서 온 상인도 야머스에서 청어를 사고팔 수 있게 했다. 이는 1208년 무렵의 일이다. 이러한 배경 속에 야머스의 청어 산업은 눈부시게 발달했다. 그러던 중 헨리 3세(Henry Ⅲ, 재위

1216~1272) 치세에 이르러 '그레이트 야머스(Great Yarmouth)'라는 이름으로 알려지게 되었다.

사실 '훈제 청어' 자체는 야머스의 독자적인 상품이 아니었다. 한자동맹 도시와 네덜란드에서는 이미 훈제 청어를 생산하고 있었다. 이를 한자동맹에서는 'Buckling', 네덜란드에서는 'bokking' 이라고 불렀다. 야머스에서는 이미 오래전부터 청어 훈제 기술 개량이 활발히 이루어져 10세기 초 무렵에는 '레드헤링'을 생산할 수 있었다.

찰스 L. 커팅은 『물고기: 가공과 보존』에서 레드헤링 만드는 방법을 소개한다. 1. 청어를 물에 깨끗이 씻어 40일 동안 소금에 재운 다음 꺼내서 다시 씻는다. 2. 아가미로 꼬치를 넣어 입까지 통과시킨다. 3. 꼬치 하나당 25마리의 청어를 꿴다.(훈제 과정만 제외하면 포항 특산물인 '과메기' 생산 과정과 비슷하다.— 옮긴이)

그 꼬치를 전용 오두막에서 훈제하는데 말이 오두막이지 규모가 상당했다. 좀 더 구체적으로, 넓이는 약 5제곱미터에 바닥에서 지붕까지 몇 개의 기둥이 늘어서 있었다. 그 기둥을 통해 들보가 방 가장자리에서 가장자리까지 몇 개나 가로지르고 있었다. 기둥과 기둥 사이는 1미터 20센티미터가량 떨어져 있어 청어를 꿴 꼬치를 두 기둥 사이에 걸치고 끄트머리를 들보에 걸쳐 지붕까지 늘어놓았다. 바닥은 석재로 돼 있었고 여섯 군데에 떡갈나무 장작으로 불을 피워 이틀간 훈제하고 하루 숙성했다가 다시 이틀간

'훈제 청어' 자체는 야머스의 독자적인 상품이 아니었다.
한자동맹 도시와 네덜란드에서는 이미 훈제 청어를 생산하고 있었다.

네덜란드 어부들이 청어를 말리는 상황을 묘사한 그림

훈제하는 공정을 14일 동안 되풀이했다.

왜 야머스산 훈제 청어에 '레드헤링'이라는 이름이 붙었을까? 훈제 과정을 마칠 무렵이 되면 청어가 검붉은 빛깔을 띠었기 때문이다. 그 밖에 보존 기간을 좀 더 늘리기 위해 장기간 훈제 과정을 거친 훈제 청어 '블랙 헤링(Black herring)'도 있었다.

토머스 내시(Thomas Nashe)라는 인물이 있다. 그는 셰익스피어와 동시대인이었는데 소금에 절인 청어를 먹고 사망한 것으로 알려진 로버트 그린의 친구였다. 또한 그는 잉글랜드를 대표하는 대학 중 하나인 케임브리지대학을 졸업한, 이른바 '대학물을 먹은 신예작가' 중 한 사람이었다.

『내시의 사순절 음식(Nashe's Lenten Stuffe)』(1599)이라는 책이 있는데 토머스 내시가 집필한 마지막 작품으로 알려져 있다. 이 책은 어떤 내용으로 채워져 있을까? 흥미롭게도 야머스와 야머스의 특산물인 레드헤링에 관한 찬가로 빼곡하게 채워져 있다. 이 책에서 토머스 내시는 청어를 '생선의 왕'으로 칭송했다.

얼어붙을 듯 추운 날 아침식사로는 뭐니 뭐니 해도 레드헤링이 제격이다.

내시가 자기 책에 쓴 문장이다. 또 그는 "잉글랜드에 많고 많은 특산물이 있지만 전 기독교 국가에서 돈을 그러모으는 상품으로 레드헤링에 필적할 만한 것이 없다"라고 말하기도 했다. 내시는 잉글랜드의 다른 모든 특산품은 다른 나라에도 대체 상품이 얼마든지 있다고 전제한다. 그런 다음 그는 "모든 잉글랜드인이 즐기고 사랑하는 레드헤링은 북유럽에서 남유럽에 이르기까지 잉글랜드 외에는 그 어느 지역에도 존재하지 않으며 앞으로도 존재하지 않을 것"이라고 목소리 높여 주장한다. 또 그는 "청어가 이 정도로 많이 잡히는 해안은 전 유럽을 통틀어 잉글랜드의 야머스밖에 없다. 청어를 제대로 가공할 줄 아는 지역도 야머스 외에는 없다"라는 주장도 한다. 내시는 여기서 한발 더 나아가 "오로지 야머스만 말리고 훈제하고 구운 다음 네덜란드인도 부러워할 정도로 세심하게 소금을 뿌릴 수 있다"라고 주장한다.

내시는 이 작품을 1599년에 출간했는데 당시 그는 쫓기는 몸이었다. 그는 왜 쫓기는 신세가 되었을까?

그가 벤 존슨(Ben Johnson) 등의 공동 저자와 함께 집필한 책 『개의 섬(The Isle of Dogs)』이라는 작품이 반정부적인 내용을 담고 있다는 이유로 당국의 눈 밖에 난 까닭이었다. 반정부 인사로 미운털이 박힌 내시는 결국 야머스에 몸을 의탁하게 되었다. 그가 마지막 작품에 자기 신변을 보호해준 도시에 대한 아첨 섞인 찬사를 담았을 가능성이 있다고 전제할 때 그 내용을 액면 그대로 받아들이기 어렵다는 주장도 있다. 아무튼 토머스 내시가 태어나고 자란 도시 로스토프트(Lowestoft) 역시 야머스 못지않게 이름난 레드헤링 산지였다. 내시의 여러 작품을 수록한 『불행한 여행자(The Unfortunate Traveller)』(1972)의 편집자 J. B. 스틴(J. B. Steane)은 이 책 서문에서 이렇게 말한다.

> 토머스 내시의 마지막 작품인 이 책은 이스트 앵글리아에 대한 찬가였다. 이 책은 내시가 가장 철저하고 명확하게 자기 자신을 드러낸 작품이기도 하다.

충분히 설득력 있는 주장이다. 야머스를 네덜란드보다 낫다고 단언한 토머스 내시의 고향 찬가에서 윌리엄 캠던과 토비아스 젠틀맨의 글과 일맥상통하는 감정을 엿볼 수 있기 때문이다.

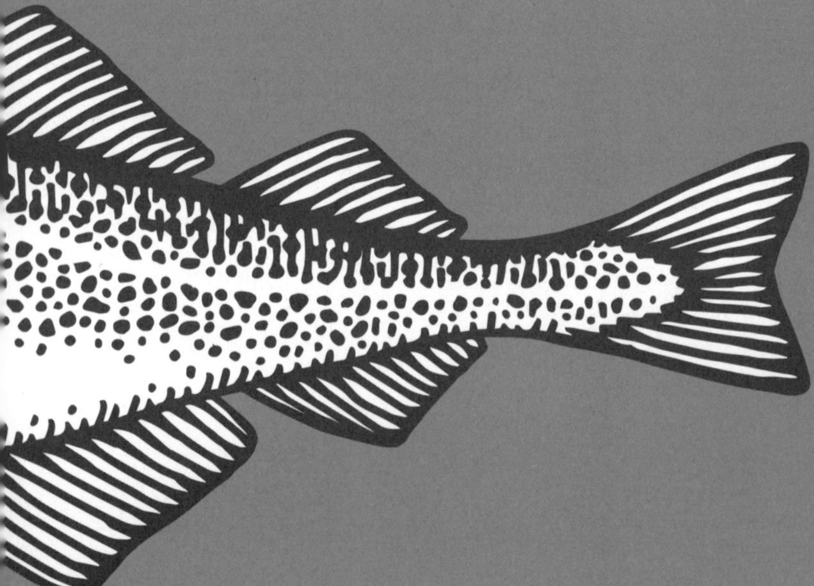

03

COD

신항로 개척시대를 열어준 주인공, '스톡피시'와 '소금에 절인 대구'

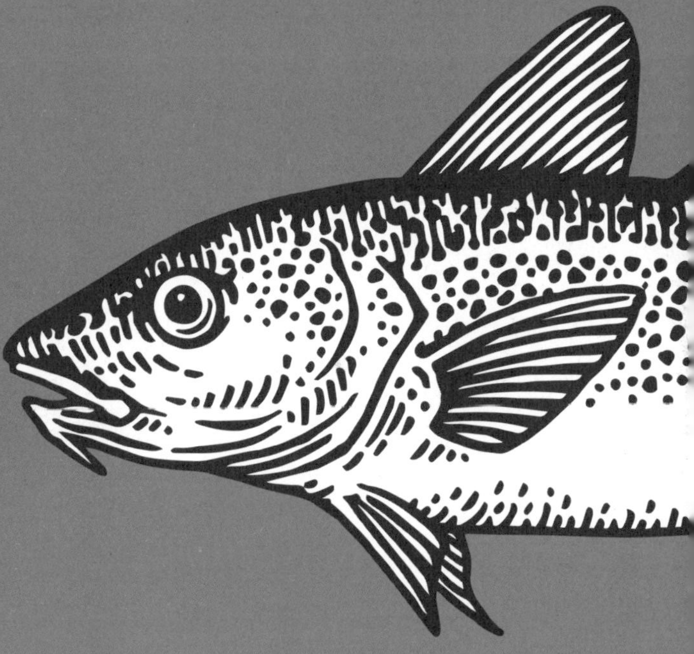

네덜란드인도 스페인인도 포르투갈인도 뉴펀들랜드의 생선 대구가 없었다면 서인도제도에 단 한 척의 배도 보낼 수 없었을 것이다. 소금에 절여 볕에 말린 생선 이외에 상하지 않고 적도를 넘은 생선은 그때까지 존재하지 않았기 때문이다.

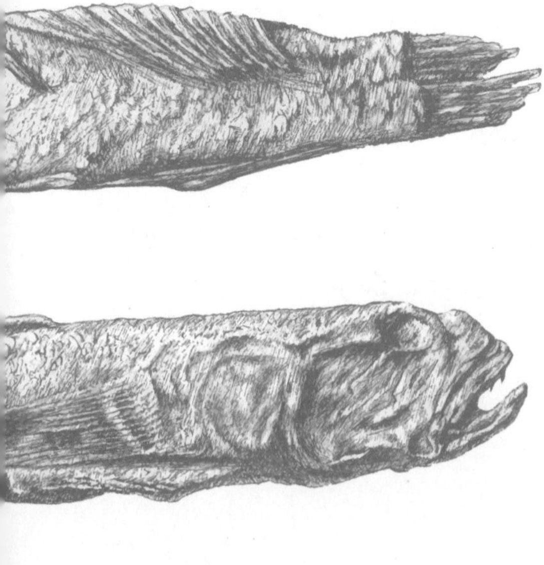

13. 말린 대구 '스톡피시'가 없었다면 콜럼버스보다 500년 앞선 바이킹의 아메리카 대륙 발견도 없었다

대구는 원래 구세계에서 주로 취급하던 생선이었다. 그런 대구가 어떻게 신대륙과 관련을 맺게 되었을까? 또 여기에 어느 정도의 상징성이 부여되었을까? 이 문제를 생각하기 전 먼저 대구잡이의 역사를 대략 살펴보자.

위에 언급한 대구는 '대서양 대구(Atlantic cod)'로 학명은 'Gadus morhua'다. 우리가 흔히 먹는 대구는 '태평양 대구(Pacific cod)'다. 대구의 친척으로 불리는 명태(Alaska pollack)와도 다른 종이다. 이 종은 극지방부터 온대지방의 바다 대륙붕에 서식한다. 대서양 동쪽, 즉 유럽 쪽에서는 북극해에서 스페인 북쪽의 비스케이만(Bay of Biscay)까지 넓게 서식한다. 그리고 서쪽의 아메리카 대륙에서는 그린란드에서 노스캐롤라이나주의 케이프해터러스(Cape Hatteras)까지 분포한다. 청어와 달리 대구는 회유어가 아닌 까닭에 대이동하지 않아 기본적으로 일 년 내내 고기잡이가 가능하다. 산란기가 되면 비교적 얕은 해역에 모여 상업적으로 매우 중요해진다. 성장 속도는 서식 장소에 따라 제각각 다르며 개체 크기에 따라 보존 가공 방법도 다르다. 단일종 어업임에도 어장에 따라 교역에 필요한 조건에 크게 차이가 나는 것은 그래서다. 이는 보존 가공 방법에 따라 적절한 시장이 다르기 때문이다.

노르웨이 북서부 로포텐 제도(Lofoten Islands)와 베스테롤렌 제도(Vesteralen Islands), 노르웨이 본토에 의해 둘러싸인 해역은 오래전부터 북유럽 최대 대구 어장으로 유명했다. 이 해역은 북극권에 있음에도 난류인 멕시코 만류가 부근을 통과해 비교적 온난하다. 이 바다에 서식하는 대구는 1~5월에 산란기를 맞이한다. 이 해역의 대구잡이 역사는 유구하다. 놀랍게도 석기시대부터 이어져 왔다고 하는데, 고고학자들이 인근의 조개무지를 발굴 조사해 밝혀낸 사실이다.

말린 대구 스톡피시는 노르웨이 북서부 지방에서 맨 처음 만들어지기 시작한 것으로 알려졌다. 다만 이는 절대 오류가 없는 정설은 아니므로 정확한 진위는 알 수 없다. 스톡피시는 아이슬란드나 스칸디나비아반도 이외의 지역에서는 섣불리 따라 하기 힘든 방법이다. 왜냐하면 이 방법으로 스톡피시를 만들려면 한랭한 기후와 온화한 기후가 모두 필요하기 때문이다. 그도 그럴 것이 소금을 사용하지 않고 장시간 볕에 말려 망치로 수십 수백 번 두드린 다음 하루 넘게 물에 불려야 겨우 요리할 수 있을 정도로 부드러워지기 때문이다.

아이슬란드 사가의 하나인 『대머리 그림의 아들 에길의 사가(Egils saga Skallagrímssonar)』(줄여서 '에글라(Egla)'라고 부르기도 한다)에는 9세기 노르웨이에서 제조해 잉글랜드로 수출했다는 스톡피시 무역이 묘사돼 있다.

『석기시대부터 현대까지 잉글랜드에서의 음식과 음료(Food and Drink in Britain from the Stone Age to Recent Times)』(1973)라는 책에서 C. 앤 윌슨(C. Anne Wilson)은 "9세기 노르웨이와 잉글랜드 사이에 이루어진 거래가 스톡피시 무역의 시초"라고 말한다. 다만 『대머리 그림의 아들 에길의 사가』 자체는 13세기에 쓰인 작품으로 책 내용을 백 퍼센트 신뢰하기는 어렵다.

스톡피시는 뛰어난 보존성이 장점이다. 심지어 소금에 절인 청어와 비교해도 보존 기간이 훨씬 길다. 통상 소금에 절인 청어의 유통기한이 1년 정도인 데 반해 스톡피시의 경우 보존 상태가 좋으면 5년도 넘게 보관할 수 있다. 게다가 수분을 빼고 바짝 말린 덕분에 무게가 가볍고 부피도 적다. 이런 장점 덕분에 스톡피시는 먼 바다로 항해할 때 비상식량으로 안성맞춤이었다.

바이킹의 항해 능력은 보는 이가 혀를 내두를 정도로 뛰어났

노르웨이 로포텐 제도에서 겨울철 대구를 말려 스톡피시를 만드는 장면

다. 아이슬란드인의 사가 『붉은 에이리크의 사가(Eiríks saga rauða)』와 『그뢴렌딩가 사가(Grœnlendinga saga)』에 따르면 바이킹은 콜럼버스보다 500년 정도 앞선 1000년 전후로 아메리카 대륙에 도착했다고 한다.

9~10세기에 바이킹은 아이슬란드에 식민지를 건설했다. 이후 붉은 에이리크가 진두지휘한 바이킹군은 그린란드를 발견해 그곳에 식민지를 세웠다. 이는 10세기 말의 상황이다. 이때 바이킹은 아이슬란드보다 더 춥고 척박한 그 땅에 새로운 이주자를 끌어들이기 위해 '녹색의 땅(Greenland)'이라는 누가 들어도 혹할 만한 이름을 붙였다.

아메리카 대륙에 도달한 바이킹 리더는 붉은 에이리크의 아들 레이프 에이릭손(고대 노르드어: Leifr Eiriksson)이다. 오늘날 미국에는 '레이프 에이릭손의 날(Leif Erikson Day)'이라는 기념일이 있다. 10월 9일로 레이프 에이릭손이 아메리카 대륙에 도착한 날을 기리기 위해서다. 다만 '레이프 에이릭손의 날'은 국경일이 아니다. 콜럼버스가 아메리카 대륙을 발견한 날을 기념해 10월 둘째 주 월요일을 국경일로 정한 것과 대조적이다.

사가의 이러한 기술은 오늘날 역사적 사실로 받아들여진다. 캐나다의 뉴펀들랜드섬 북단에 있는 랜시오메도즈(L'Anse aux Meadows)에서 1000년 전후의 바이킹 거주지가 발견된 덕분이다. 놀랍게도 나침반은커녕 배의 방향을 조정하는 변변한 키조차 발명되지 않았던 시대다. 당시 항로 자체를 알지 못하는 미지의 항해에 나서자면 얼마나 큰 용기가 필요했을까. 바이킹의 길고 험난한 항해의 동반자가 '스톡피시'였다고 주장하는 사람이 있다. 『금요일 물고기: 새로운 세계의 축제, 단식, 발견(Fish on Friday: Feasting, Fasting, and Discovery of the New World)』(2006)의 저자 브라이언 페이건(Brian Fagan)이다.

셰익스피어 시대의 '소금에 절인 청어'가 그 형태로 완성된 시기는 14세기다. 1000년 전후의 소금에 절인 청어는 내장을 빼지 않고 말 그대로 통째로 절이는 저장 식품이었다. 비록 소금에 절인 청어가 염장을 거치며 보존 기간이 늘어나긴 했으나 대륙과 대륙을 넘나들 정도로 장거리 항해를 했던 바이킹에게는 여전히 적합하지 않은 음식이었다.

그런데 바이킹의 식량 문제를 해결해준 기특한 먹을거리는 바로 '스톡피시'였다. 이렇게나 뛰어난 상품을 이재에 밝은 상인들이 가만히 내버려 둘 리가 없었다. 상인들 눈에 스톡피시는 그야말로 '황금알을 낳는 거위'로 보였다. 노르웨이의 로포텐 제도의 스톡피시는 노르웨이 남서부 베르겐에서 곡물과 거래되었다. 그리고 10~13세기 무렵에는 독일 상인들이 베르겐을 찾아와 거래했다. 1350년 무렵 한자동맹은 베르겐에 사무소를 설치했다. 비슷한 시기인 14세기 중반에 한자동맹은 스톡피시 무역을 독점했다. 이 독점이 노르웨이 왕국과 국민에게 어느 정도의 이익을 가져다주었는지는 알 수 없다. 그러나 적어도 스톡피시 덕분에 국제무역 시장에 진출할 수 있었고 시장을 확대할 수 있었다. 참고로 베르겐에 있던 한자동맹 사무소 문장에는 독수리와 왕관을 쓴 스톡피시가 그려져 있다.

14. 신항로 개척시대를 가능케 한 '스톡피시'와 '소금에 절인 대구'

스톡피시의 뒤를 이어 바야흐로 '소금에 절인 대구'가 등장한다. 스톡피시는 햇볕에 널어 말리기 위한 장소가 있어야 하고 소금을 전혀 사용하지 않는다. 그러므로 아주 한정된 지역의 연안 어업에서만 생산할 수 있다.

원양 어장에서 조업을 마친 대구잡이 어선이 모항(母港)으로 들어온다. 어부들은 볕에 널어 말릴 공간을 확보할 때까지 대구를 소금에 절여두어야 했다. 지리적인 차이는 어업의 역사에 큰 영향을 미쳤다. 그러나 대구잡이 역사에 관한 한 지리적 요인보다 더 큰 영향을 미친 요소가 있다. 그것은 바로 '소금'이다.

프랑스는 비스케이만에 대규모 염전을 보유하고 있었다. 그 덕분에 프랑스 어선은 먼바다로 나갈 때마다 아낌없이 소금을 사용해 푹 절인 대구를 싣고 모항으로 돌아올 수 있었다. 이렇게 제대로 소금에 절인 대구를 사람들은 '그린 피시(Green fish)'라고 불렀다. 여기서 '그린'이라는 단어는 흔히 말하는 '초록색'이 아니라 볕에 말리지 않은 '날생선'을 의미한다. 프랑스에는 살이 부드러운 '그린 피시'를 거래하는 큰 시장이 있었다. C. 앤 윌슨에 따르면 프랑스인은 '그린 피시'에 파슬리를 사용한 '그린 소스'를 곁들여 먹었다고 한다. 당시에도 오늘날처럼 '그린'이라는 단어가 초록색을 연상시켰던 모양이다.

한편 잉글랜드는 갓 잡아 올린 대구에 최소한의 소금간만 해서 항구로 돌아와 볕에 말리는 보존 방법을 선택했다. 기후가 맞지 않아 국내에 대규모 염전이 없어 소금을 넉넉하게 쓸 수 없었기 때문이었다. 궁여지책으로 나온 방법이었으나 결과적으로 감칠맛이 도는 새로운 말린 대구 상품이 탄생해 큰 인기를 끌었다.

생선 처리 방법은 크게 세 종류로 나눌 수 있다. 첫째, '스톡피시'로 소금을 쓰지 않고 볕에 말리는 방법이다. 둘째, '그린 피시'로 소금에 절이기만 하고 말리지 않는 방법이다. 셋째, '잉글랜드식 대구'로 소금에 절인 다음 말리는 방법이다. 잉글랜드식 말린 대구는 크기와 말리는 정도에 따라 몇 가지 종류의 상품이 있었다. 일반적으로 '솔트 피시(Salt fish)'라고 하면 대구를 뜻하는 '코드(Cod)'를 붙이지 않아도 대구를 의미했다. 셰익스피어의 『템페스트』 제2막 제2장에서 트린큘로의 대사에 나오는 '푸어존(Poor-john)'이 바로 잉글랜드식으로 만든 소금에 절여 말린 대구였다.

이후 잉글랜드식으로 제조한 대구는 소금에 절인 대구로, 그린피시는 글자 그대로 'Green fish'로 표기한다.

이 세 종류 중 보존성이 가장 좋은 상품은 '소금에 절인 대구'였다. 즉 스톡피시보다 항해를 위한 식량으로 더욱더 적합해 냉동기술이 개발되고 상용화할 때까지 적도를 넘어도 변질되지 않는 몇 안 되는 보존식품이었다.

신항로 개척시대라는 말을 들으면 무엇이 떠오르나? 아마도 대다수 사람이 '황금'이나 '보물', '향신료' 등의 화려한 이미지를 먼저 떠올리지 않을까. 그러나 스톡피시와 소금에 절인 대구가 없었더라면 신항로 개척시대가 그 정도로 폭발적인 반향을 일으키지는 못했으리라 추정하는 연구자가 많다. 마치 그보다 훨씬 오래전에 스톡피시가 바이킹의 뛰어난 항해 능력을 든든하게 뒷받침해주었듯 말이다.

이러한 인식은 당대인도 별반 다르지 않았던 것 같다. 신항로 개척시대에서 조금 거슬러 올라가 보자. 캐나다의 정치 경제학자 해럴드 이니스(Harold Innis)는 『대구잡이(Cod Fisheries)』(1940)에서 데이비드 커크(Sir David Kirke) 경의 소금에 절인 대구에 관한 견해를 소개한다. 커크 경은 잉글랜드 국왕 찰스 1세로부터 뉴펀들랜드 통치권을 부여받아 그 지역 영주 자리에 앉았던 인물이다. 그의 재임 기간은 1638~1651년까지였다.

네덜란드인도 스페인인도 포르투갈인도 뉴펀들랜드의 생선

대구가 없었다면 서인도제도에 단 한 척의 배도 보낼 수 없었을 것이다. 소금에 절여 볕에 말린 생선 이외에 상하지 않고 적도를 넘은 생선은 그때까지 존재하지 않았기 때문이다.

'링 대구(Ling cod)'는 '대서양 대구'와는 전혀 다른 종의 대구과 물고기다. 그러나 당시에 이 물고기는 일반적인 소금에 절인 대구를 의미했다. 군함이나 먼 항해를 떠난 선박에서 소금에 절인 대구가 배급되는 수요일, 금요일, 토요일은 말할 것도 없이 피시 데이였다. 물론 대다수 뱃사람들의 신앙심이 특별히 깊지는 않았다. 게다가 1584년 이후 수요일은 피시 데이에서 제외되었다. 어쨌든 바다 위에서는 피시 데이가 철저히 지켜진 셈이었다. 소금에 절인 대구가 보존성이 뛰어나다는 단순한 이유에서였으나 어쨌든 뱃사람들은 항해 기간 내내 피시 데이를 잘 지켰다. 선원들의 식단에서 단백질 공급원은 대구와 약간의 고기 정도이고 나머지는 돌덩이처럼 딱딱하고 푸석한 빵과 치즈, 버터뿐이었다. 이렇게 염분이 많은 짠 음식 위주의 식단에 목을 축일 수 있도록 1인당 맥주 1갤런(Gallon, 영국에서는 1갤런이 4.545리터, 미국에서는 3.785리터였다. — 옮긴이)이 배급되었다.

토머스 내시의 『악마에게 간청하는 피어스 페닐리스(Pierce Penniless, His Supplication to the Devil)』(1592)에는 스테파노와 트린큘로의 대구에 대한 감정을 좀 더 웅변조로 말하는 대목이 있다. 작품 속에서 낭비벽이 있는 법학과 학생이 이미 탕진해버린 자산을 되찾기 위해 선원이 되어 바다로 나간다.

> 끔찍한 질병인 괴혈병에 시달리고 우울한 식사는 굶주린 개나 고양이에게 줘도 거들떠보지 않을 수준이었다. 운이 무척 좋아야 겨우 하버딘이나 푸어존을 받을 수 있었다. 특히 비참한 날에는 머스터드도 없이 그 끔찍한 음식을 먹어야 했다.

당시 레시피를 살펴보면 대구와 같은 생선에는 머스터드, 즉 겨자를 곁들이는 게 일반적이었다. 소금에 절인 생선 위주의 식단으로는 비타민이 부족해져서 괴혈병에 걸리지 않는 게 이상할 정도다. 당시만 해도 괴혈병은 뱃사람들이 가장 두려워하는 질병이었다. '하버딘'은 '푸어존'보다 두툼한 소금에 절인 대구다. 이는 바스크족의 프랑스 측 거주 지역에서 즐겨먹던 향토 요리에서 유래한 것이라고 한다.

앞에서 그린 피시가 프랑스인에게 인기가 있었다고 했는데 바스크인은 그보다 소금에 절인 대구를 더 좋아했다. 마크 쿨란스키(Mark Kurlansky)는 "소금에 절인 대구 제조 기술을 확립한 주인공은 바스크인"이라고 말했다. 『대구: 세계의 역사와 지도를 바꾼 물고기의 일대기(Cod: A Biography of the Fish that Changed the World)』에서였다. 쿨란스키는 철저한 자료 수집으로 '검증된 작가'라는 명성을 얻은 저자다.

네덜란드인도 스페인인도 포르투갈인도 뉴펀들랜드의 생선이
없었다면 서인도제도에 단 한 척의 배도 보낼 수 없었을 것이다.
소금에 절여 볕에 말린 생선 이외에 여태까지 상하지 않고
적도를 넘은 생선은 존재하지 않기 때문이다.

18세기 뉴펀들랜드에서 대구를 소금에 절이는 상황을 묘사한 그림

15. 네덜란드와의 '청어 경쟁'에서 밀린 잉글랜드가 아이슬란드 해역의 대구에 눈독 들인 이유

스톡피시가 시장에서 유통되기 시작하자 소금에 절인 청어보다 더 큰 인기를 얻게 된다. 보존성이 뛰어날 뿐 아니라 맛도 좋기 때문이었다. 14세기에 한자동맹은 청어만이 아니라 조금 늦게 등장한 스톡피시 무역까지 독점했다. 게다가 북해 청어잡이는 네덜란드가 장악해버렸다. 잉글랜드가 네덜란드와의 경쟁에서 패한 탓이었다. 브라이언 페이건은 이러한 두 가지 요인으로 인해 잉글랜드가 엄청나게 많은 대구가 서식하는 아이슬란드 해역으로 눈을 돌리게 되었다고 말한다. 물론 잉글랜드로서는 접근성이 가장 좋은 북해에서도 대구가 잡히지만 아이슬란드 해역과 비교하면 상대가 안 될 정도였다. 아무튼 청어 경쟁에서 한번 밀린 잉글랜드는 어업 영역에서 계속 밀려났다. 얼마 후에는 청어와 마찬가지로 대구잡이에서도 네덜란드에게 우위를 빼앗기게 된 것이다.

잉글랜드 어선이 언제부터 아이슬란드 연안에서 대구잡이를 했는지는 분명하지 않다. 영국의 지리학자 리처드 해클루트(Richard Hakluyt)는 에드워드 3세(Edward III, 재위 1327~1377) 시대에 노퍽(Norfolk) 북부 블레이크니 어부가 아이슬란드 연안에서 조업하곤 했다고 말한다. 『영국인의 주요 항해, 여행과 발견(The Principal

Navigations, Voyages and Discoveries of the English Nation)』(1589)이라는 책을 통해서다. 그러나 이러한 주장을 뒷받침하는 확실한 기록은 남아 있지 않다. 아이슬란드 원양어업은 기록상으로는 15세기에 들어선 뒤에야 비로소 시작된다.

그 무렵 원양 항해에 적합한 도거 선박(Dogger Vessel)이 개발되었다. 북해에 도거 뱅크라는 어장으로 유명한 해저 구릉이 있는데 도거 선박의 이름은 이 해역명에서 따왔다.

선박과 관련한 획기적 기술 발전이 계속 이루어졌다. 구체적으로 13세기에 키가 발명되었고 15세기에 자석이 발명되어 일반적으로 사용되었다. 항해 기술 발달과 더불어 지중해 지역에서는 더욱더 정밀한 나침반이 도입되기 시작했다. 이러한 기술 발전에 힘입어 아이슬란드 원양어업이 비로소 상업적으로 성립했다. 이러한 사실을 종합적으로 고려할 때 그로부터 몇 백 년 전인 10세기 초에 최초로 신대륙까지 도달한 바이킹의 뛰어난 항해술에 새삼 감탄하게 된다.

2~3월이 되면 어부 5~10명과 식량, 소금 등을 실은 도거 선박이 잉글랜드 동해안 항구에서 출항해 아이슬란드 연안으로 향했다. 적절히 바람이 불어준다면 통상 일주일 정도 걸리는 항해길이었다. 잉글랜드 어부는 봄에서 여름까지 이곳에서 대구잡이에 몰두했다. 그런 뒤 여름 끝자락이 되면 소금에 절인 대구를 배에 가득 싣고 귀항해 시장에 출하했다.

원양 항해에 적합한 도거 선박이 개발되었다.
북해에 도거 뱅크라는 어장으로 유명한 해저 구릉이 있는데
도거 선박의 이름을 이 해역명에서 따왔다.

북해의 대구·청어 어장에서 사용되는 네덜란드 어선

아이슬란드는 스톡피시 주요 산지여서 잉글랜드는 아이슬란드와의 교역도 발전시켰다. 이러한 교역, 어업의 중심지는 잉글랜드 동해안 항구였다. 당시 서해안의 항구 중에서도 브리스틀만은 예외로 스톡피시와 소금에 절인 대구 생산지로 각광받으며 번영을 누렸다. 15세기 말 존 캐벗이 아메리카 대륙으로 건너갈 때 거점으로 삼은 지역이 브리스틀이다.

16. 북아메리카에서 존 캐벗이 발견한 '대구 떼'가 신항로 개척시대의 역사를 바꾸다

베네치아 시민이던 존 캐벗은 헨리 7세에게 특허를 얻어 브리스틀에서 서쪽을 향해 출항했다. 1496년 3월의 일이었으며, 이때 그는 브리스틀 상인들에게 지원받아 항해에 나선 것으로 알려졌다. 그러나 최근 연구로 런던 자본가들도 출자했다는 설이 제기된다. 존 캐벗이 출항지로 브리스틀을 선택한 이유도 어디까지나 추측의 범위 안에 머문다. 당시 브리스틀에는 아일랜드 서쪽 대서양에 있다고 전해지는 환상의 섬 '하이브라질(Hy-Brasil)'에 브리스틀 선원이 도달했다는 전설이 세간에 퍼져 있었다. 게다가 브리스틀은 1480년 이후 잉글랜드에서 유일하게 서쪽으로 가는 탐험에 자금을 지원한 역사가 있는 항구다. 존 캐벗은 그러한 브리스틀의 역사를 알고 나름대로 영리하게 이용한 게 아닌가 싶다.

그러나 존 캐벗의 목적지는 '하이브라질'이 아니었다. 서쪽으로 도는 아시아 항로, 좀 더 정확히 말하자면 일본으로 가는 항로였다. 존 캐벗의 항해와 목적, 항로에 관한 정보는 항해일지가 분실되어 동시대 편지에 나오는 내용으로 짐작하는 수밖에 없다. 그중 가장 중요한 제1차 자료가 밀라노 공국 외교관 라이몬도 디 손치노(Raimondo di Soncino)가 밀라노 대공에게 보낸 편지다. 존 캐벗은 헨리 7세에게 특허를 얻은 그해에 제1차 항해에 나선다. 이 항해는 실패로 끝나 그는 빈손으로 돌아왔다. 제2차 항해는 북아메리카 대륙행으로 같은 해 5월에 출항해 8월 6일에 귀항했다. 손치노는 제2차 항해에서 귀향한 뒤 존 캐벗과 그의 선원들에게 이야기를 직접 전해 듣고 편지를 썼다. 편지 내용을 잠시 살펴보자.

존 캐벗은 원대한 야망을 품고 있습니다. 상륙한 지점에서 해안선을 따라 서쪽으로 계속 항해해서 가다 보면 '지팡구'라는 섬에 다다른다고 합니다. 존 캐벗에 따르면, 그 섬은 적도 지역에 있고 금·은 보석이 넘쳐나며 다양한 향신료의 원산지라고 합니다.

존 캐벗은 '지팡구', 즉 일본이라는 나라를 어떻게 알게 되었을까? 그가 메카에 주재할 때 카라반(Caravane) 상인들에게 들은 정보를 종합 · 분석해 내린 결론이라고 한다. 당시 아시아 끝자락에 있는 일본은 서양인에게 자주 망상을 불러일으키는 기회의 땅으로 여겨졌다.

사실 존 캐벗이 북아메리카의 정확히 어느 지점에 상륙했는지는 알 길이 없다. 잉글랜드 정부와 캐나다 정부의 공식 견해에 따르면 뉴펀들랜드섬의 보나비스타(Bonavista)항이라고 한다. 그러나 이 역시 추정일 뿐 확실한 증거는 없다. 어쨌든 캐벗은 그곳에서 '지팡구'를 발견하지 못했다. 그가 그토록 손에 넣고 싶어 했던 보석이나 향신료도 찾지 못했다. 대신 그는 그곳에서 해수면이 불룩 솟아오른 것처럼 보이는 거대한 대구 떼를 발견했다. 손치노는 편지에 이렇게 적었다.

> 그들은 그 바다에 물고기가 차고 넘친다고 말합니다. 물고기가 많아도 너무 많아서 그걸 잡기 위해 그물을 칠 필요도 없을 정도라고 합니다. 물에 가라앉도록 돌을 매달아 내린 바구니로도 양껏 물고기를 건져 올릴 수 있을 정도니까요.…… 존 캐벗의 동료인 잉글랜드인들은 그 정도로 엄청난 양의 물고기를 잡을 수 있다면 잉글랜드에 아이슬란드는 이제 필요하지 않다고 말합니다. 대신 아이슬란드에서는 '스톡피시'라고 부르는 생선을 대량으로 들여올 수 있습니다.

이듬해 존 캐벗은 세 번째 항해에 나섰으나 상세한 항해 내용은 알려진 바가 없다. 일설에 따르면 안타깝게도 캐벗은 그 항해에서 조난되었다고 한다. 또한 1500년 잉글랜드로 귀항했다는 다른 설도 있다. 아무튼 존 캐벗은 세 번째 항해 이후 역사의 어둠 속으로 영원히 사라졌다.

일찍이 16세기 초반 뉴펀들랜드 연안에는 프랑스, 포르투갈 어선이 들어와 대구잡이에 열을 올렸다. 그런데 어찌된 영문인지 잉글랜드 어부들은 마치 아이슬란드에 꿀이라도 발라둔 듯 꼼짝도 하지 않았다. 참고로 존 캐벗의 아들 존 서배스천(John Sebastian)은 아버지의 유지를 이어받아 북미 대륙 북쪽을 가로질러 아시아에 이르는 '북서 항로'를 찾아 항해에 나섰다가 돌아왔다. 이는 1508~1509년의 일이다. 그 항해에서 서배스천은 허드슨강(Hudson River)을 발견했다고 전해진다.

17. 존 캐벗이 북아메리카를 발견하고 영지로 선언한 이후에도 잉글랜드가 아이슬란드에 집착한 이유

뉴펀들랜드산 대구는 즉시 유럽 시장에 출하되기 시작했다. 1504년에는 프랑스, 1506년에는 포르투갈 어선이 뉴펀들랜드에서 조업에 나섰다는 기록이 있다. 이후 1510년에는 프랑스 루앙(Rouen)에서 뉴펀들랜드산 대구가 거래되었다. 16세기 최초 15년

간은 프랑스와 포르투갈 두 나라 가운데 특히 프랑스가 뉴펀들랜드에서 확실한 우위를 차지했다. 그중에서도 비스케이만에 면한 어항 라로셸(La Rochelle)은 직접 어선을 파견했을 뿐 아니라 인근의 다른 어항에서 출항하는 어선에도 자금을 빌려주며 금융 중심지로 발전했다. 당시 프랑스와 포르투갈 모두 국내에 원양어업에 필요한 소금이 풍부했기에 가능한 일이었다. 게다가 이 두 나라는 피시 데이를 엄격히 지키는 가톨릭 신자가 많아 거대한 대구 시장이 형성되어 있었다. 해럴드 이니스는 『대구잡이』에서 두 나라가 존 캐벗의 발견에 특히 발 빠르게 대응한 비결로 '염전'과 '종교'를 꼽았다.

잉글랜드 어선은 왜 그토록 오랫동안 아이슬란드에 집착했을까? 심지어 존 캐벗이 북아메리카 대륙에 도달했을 뿐 아니라 그 지역을 잉글랜드 국왕의 영지로 선언한 이후에도 말이다. 정확한 이유는 알 수 없다.

1397년 무렵 아이슬란드는 덴마크의 통치를 받았고 경제적으로는 베르겐의 지배를 받았다. 이는 달리 말하자면 아이슬란드가 한자동맹의 입김이 강하게 작용하는 지역이라는 의미이기도 했다. 그러므로 아이슬란드 원양어업이 시작된 초기에 잉글랜드 어민과 무역상은 덴마크 왕국과 한자동맹 사이에서 아슬아슬하게 줄다리기를 해야 했다. 당시 덴마크는 아이슬란드 어업과 교역에서 발생하는 이익에 세금을 징수하려고 혈안이 돼 있었고 한자동맹은 교역 독점권을 내주지 않으려고 안간힘을 쓰는 상황이었다.

종교개혁 영향도 무시할 수 없다. 잉글랜드의 헨리 8세는 이혼 문제가 결정적 원인이 되어 로마와 관계가 틀어졌다. 1534년 헨리 8세는 수장령(Acts of Supremacy)을 공표하고 잉글랜드 교회의 수장이 된다. 이 사건으로 대륙의 프로테스탄트 운동의 영향이 잉글랜드 내에 급속히 확산되었다. 이로써 잉글랜드는 가톨릭의 전통적 관습인 피시 데이를 더는 고수하지 않게 되었다.

이런 상황 속에서 잉글랜드의 어업이 심각한 타격을 받았다. 그 탓에 뉴펀들랜드만이 아니라 어업 자체에 집중할 여력이 없었다.

> 1532년 140척의 어선이 아이슬란드로 향했으나 1550년대에 그 수가 43척까지 곤두박질쳤다. 또한 장미전쟁이 한창이던 와중에도 호조였던 아이슬란드 원양어업이 본격적으로 쇠퇴하기 시작했다.

찰스 L. 커팅이 『물고기: 가공과 보존』에 쓴 내용이다.

비참한 상황을 타개하기 위해 1548년 이후 다양한 어업 진흥책이 나왔다. 결과는 어땠을까? 일련의 진흥책이 전혀 효과가 없었다고는 할 수 없으나 회복 속도가 너무 더뎌서 의미가 적었다. 이는 잉글랜드가 벌인 프랑스(1549~1550), 스페인(1585~1604)과의 전쟁 여파로 인한 영향이 컸다. 런던 무역상 존 베컴 경은 1584년 무렵의 상황을 두고 이렇게 말한다.

최근 우리 왕국의 여러 장소에서 어업과 교역을 위해 선박이 건조되고 진수되고 있다. 그런데도 잉글랜드 어부의 선단이 잡아오는 생선만으로는 우리 잉글랜드 왕국 전체 소비의 4개월분에도 미치지 못한다.

잉글랜드 어업이 다시 기지개를 켜고 뉴펀들랜드의 패권을 장악하기 시작한 시기는 과연 언제부터였을까? 스페인의 무적함대를 격파하고 칼레 해전(Naval Battle of Calais, 1588)에서 대승을 얻은 바로 그 시점이다. 이는 캐나다의 정치 경제학자 해럴드 이니스의 주장이다.

1593에는 뉴펀들랜드로 항해한 선단만 이익을 챙겼다. 이듬해인 1594년에는 약 100척의 선박이 뉴펀들랜드를 향해 항해했다. 이후 1595년 잉글랜드 정부는 플리머스(Plymouth) 항구에서만 50척의 어선을 뉴펀들랜드로 파견했다. 월터 롤리 경(Sir Walter Raleigh)은 플리머스에서 출항한 이 50척의 배에 관해 윌리엄 세실 경의 아들인 로버트 세실 경(Sir Robert Cecil)에게 편지를 보냈다. 롤리 경은 과거 엘리자베스 1세의 총애를 받던 신하로 몸소 몇 번이나 아메리카 대륙을 다녀온 경험이 있었다.

만약 이 배들을 잃는다면 우리 잉글랜드는 사상 초유의 타격을 받게 될 것이다.

아이슬란드 원양어업은 브리스틀과 플리머스 등지의 서해안 항구가 중심지였다.

잉글랜드는 칼레 해전에서 스페인의 무적함대를 격파함으로써 해상 제해권을 장악했다. 그러나 그렇다고 해서 스페인이라는 거대 제국이 일거에 무너진 것은 아니었다. 오히려 스페인은 아직 건재한 편이었다. 실제로 칼레 해전 이후로도 몇 번씩 함대를 편성했으며 런던조약을 체결하기까지 여러 차례 잉글랜드 침공을 시도했다. 이는 1604년 즈음의 상황이었다. 그런 시도는 번번이 좌절되었으나 스페인은 이후로도 유럽과 신대륙의 패권을 거머쥔 채 놓으려 하지 않았다. 그러다가 1559년 이후에는 1494년부터 이탈리아 지배권을 놓고 벌어진 프랑스—이탈리아 전쟁이 끝난 뒤 뉴펀들랜드에서 스페인의 존재감이 커졌다.

뉴펀들랜드 어업의 잉글랜드 최대 기지인 브리스틀에서 상인으로 변신한 앤서니 파크허스트(Anthony Parkhurst)는 탐험가로 명성을 얻었다. 흥미롭게도 이전에 그는 무적함대를 격파했던 칼레 해전 당시 해군 지휘관 중 한 사람이던 존 호킨스(John Hawkins) 휘하에서 노예무역에 종사한 이력이 있었다. 파크허스트는 뉴펀들랜드 식민지화를 강력히 주장했다. 그 연장선에서 1578년 그는 뉴펀들랜드섬 내의 스페인 선박 수와 전력을 정밀 분석했다.

100척 이상의 스페인 배가 대구 조업에 나서고 있다.…… 비스케이

스페인 무적함대

만에서 20~30척의 배가 고래기름을 얻기 위해 포경에 열을 올리고 있다. 잉글랜드 선박을 제외하면 이 선박은 다른 어느 나라의 선박보다도 적재량이 많고 막강한 무장을 갖추고 있다.

한때 잘나가던 스페인 선박은 자국의 무적함대가 잉글랜드에 격파당한 후 뉴펀들랜드에서 기세가 한풀 꺾였다. 여기에는 물론 잉글랜드의 사략선 활동도 한몫했다.

그러나 잉글랜드 상황이 마냥 좋기만 한 것은 아니었다. 잉글랜드에는 여전히 소금 문제가 풀리지 않고 남아 있었다. 프랑스에서 비싼 값을 주고 소금을 들여와야 하는 상황을 달갑지 않게 여기던 잉글랜드는 포르투갈과 동맹 관계를 맺고 소금을 수입하기 시작했다.

1580년 포르투갈이 스페인에 합병되었다. 칼레 해전이 일어나기 8년 전이라 아직 스페인이 해상 제해권을 장악하고 있을 때였다. 당시 난폭하기로 소문난 데다 비교적 큰 적재량까지 갖춘 잉글랜드 어선은 무장도 잘 돼 있었다. 최강의 스페인 선박과 맞먹을 정도로 대단한 위용을 자랑했던 잉글랜드 무장 어선은 그때까지만 해도 주로 프랑스 어선을 표적으로 삼았다고 앤서니 파크허스트는 주장한다. 또 잉글랜드 어선은 동맹국인 포르투갈 어선을 프랑스 어선의 해적 행위로부터 보호해주기도 했다. 그러나 포르투갈이 스페인에 합병된 이후 포르투갈 어선도 잉글랜드 어선의

표적이 되었다. 그러나 이때에도 잉글랜드 어선은 포르투갈 어선으로부터 '보호료'라는 명목으로 소금을 받고 프랑스 어선이 해코지하지 못하게 지켜주었다고 한다. 아마도 오랫동안 유지된 동맹관계에서 쌓인 정이 잉글랜드 어선에 남아 있었던 것 같다. 이는 해럴드 이니스의 주장이다.

그러나 결국 잉글랜드는 프랑스에서 소금을 수입하게 되었다. 포르투갈 어선으로부터 받는 소금만으로는 충당할 수 없었기 때문이었다. 이 '소금 부족' 문제가 뉴펀들랜드에서 잉글랜드 어선의 방향성을 결정했다. 잉글랜드인은 궁여지책으로 생선을 절이는 소금 양을 줄여야 했다.

뉴펀들랜드섬 동쪽 연안부는 안개가 많고 일조 시간이 길지 않아 건어물 생산에 적합하지 않았다. 이 섬에서 건어물을 생산할 만한 지역은 남부의 애벌론반도(Avalon Peninsula)밖에 없었다. 잉글랜드 어선은 애벌론반도 해역에 집중했다. 그들은 강력한 무력을 동원하여 다른 나라의 어선을 모두 내쫓았다. 잉글랜드가 뉴펀들랜드섬에 건설한 첫 식민지가 애벌론반도라는 사실 뒤에는 이러한 배경이 자리하고 있다.

험프리 길버트 경(Sir Humphrey Gilbert)은 엘리자베스 1세에게 특허를 얻어 식민지 영주가 된 인물이다. 그는 월터 롤리 경의 이복형제이기도 했다. 롤리 경은 1584년과 1587년에 두 번 북아메리카 대륙의 버지니아 지역을 식민지로 만들려다 실패한 여왕의 총신

(寵臣)이었다. 1578년 길버트 경은 여왕에게 특허권을 얻은 뒤 같은 해에 신대륙에 도달한다는 거창한 계획을 세웠다. 비록 그는 그 계획을 실현하지는 못했으나 대신 애벌론반도의 세인트존스(Saint-John's)섬을 확보하고 자신에게 영유권이 있음을 선언했다. 이때 앞에서 소개한 앤서니 파크허스트도 이 계획에 자금을 댔다. 다만 이 식민지는 손안에 쥔 모래처럼 순식간에 사라지고 만다.

뉴펀들랜드섬 남부에서 내쫓긴 프랑스 어선은 이후 어떻게 했을까? 그들은 뉴펀들랜드섬 북쪽에 있는 노바스코샤(Nova Scotia)와 래브라도(Labrador), 세인트로렌스만(Gulf of Saint Lawrence) 그리고 뉴펀들랜드섬 남쪽에 펼쳐져 있는 대륙붕 '그랜드뱅크스(Grand Banks)'로 이동했다. 그랜드뱅크스에는 이루 헤아릴 수 없이 많은 대구가 서식하고 있었다. 한데 이곳의 대구는 뉴펀들랜드 대구보다 훨씬 크고 살집이 두툼해서 건어물로 만들기에는 적합하지 않았다. 그러므로 그들은 이곳에서 잡은 대구로 '그린 피시'를 만들 수밖에 없었다. 그랜드뱅크스는 만성적 소금 부족에 시달리던 잉글랜드 어선으로서는 입맛만 다셔야 하는 그림의 떡과 다름없는 어장이었다.

엘리자베스 1세에게 왕위를 물려받은 제임스 1세는 잉글랜드 왕위에 오르자마자 곧바로 스페인과의 강화 교섭에 나섰다. 그 결과 1640년 잉글랜드와 스페인 사이에 조약이 체결되었다. 유명한 런던조약이 바로 그것이다. 이 조약으로 스페인은 잉글랜드의 프로테스탄트 국왕을 승인했다. 그 대가로 잉글랜드는 네덜란드 독립전쟁 참전을 중단하고 스페인에 대한 해적 행위를 중지하기로 했다. 이 조약이 가져온 평화 덕분에 잉글랜드의 무역상과 어선은 직접 스페인과 거래할 수 있게 되었다. 런던조약의 중요성은 평화가 경제 발전과 공동 번영에 큰 보탬이 된다는 일차원적인 수준에 머물지 않는다.

스페인과 스페인에 합병된 포르투갈은 무적함대가 격파당한 후 뉴펀들랜드에서 급속히 존재감이 희미해져 갔다. 게다가 가톨릭 국가인 두 나라는 국내에 여전히 대규모 대구 시장을 유지하고 있었다. 이후 양국의 어업 쇠퇴로 만들어진 공백과 지중해에 접한 다른 가톨릭 국가의 수요를 뉴펀들랜드 지역의 승자인 잉글랜드와 프랑스가 메우게 되었다. 이 시대 삼각무역에는 몇 가지 유형이 있는데 그 삼각형의 한 축에 이베리아반도, 지중해 여러 국가라는 양질의 대구 시장이 잉글랜드와 프랑스 앞으로 호박이 넝쿨째 굴러들어오듯 들어왔다.

당시 잉글랜드에서도 어느 정도 대구 수요는 있었다. 게다가 전쟁이 오늘날보다 훨씬 일상화한 시대였기에 군대와 선박 내에서 소비되는 식량으로 많은 수요가 발생했다. 그러나 그 정도 수요로는 잉글랜드 내 대구 시장은 스페인, 포르투갈 같은 전통적 가톨릭 국가나 국내에 가톨릭 신자 수가 많은 프랑스와 비교하면 그리 크지 않았다. 이런 '약한 대구 수요'는 이후 잉글랜드가 미국 식민지를 제대로 통제할 수 없게 된 한 요인으로 작용했다.

18. 필그림 파더스는 왜 대구가 풍부한 지역에 식민지를 건설하고도 한동안 굶주림에 시달려야 했을까

뉴잉글랜드(New England, 미국 북동부의 메인주·뉴햄프셔주·버몬트주·매사추세츠주·코네티컷주·로드아일랜드주의 6개 주에 걸친 광대한 지역 — 옮긴이) 지역의 대구는 겨울이 오면 산란하기 위해 연안으로 접근해 왔다. 뉴펀들랜드와 그 남쪽으로 펼쳐진 '그랜드뱅크스' 대륙붕에서 대구잡이는 늦봄에서 여름에 걸쳐 절정을 맞이했다. 그리고 뉴펀들랜드에서는 겨울에도 대구잡이가 가능했다. 존 스미스(John Smith)의 『뉴잉글랜드 해설(A Description of New England)』(1616)에는 뉴잉글랜드 대구잡이에 관한 내용이 나온다.

> 뉴잉글랜드에서 잡히는 대구는 뉴펀들랜드 대구보다 두세 배는 더 살이 많다. 게다가 뉴펀들랜드 대구가 시장에 나오기 전 원하는 시장에 내다팔 수 있다. 뉴펀들랜드에서는 대구잡이가 주로 6월과 7월에 가능하지만 뉴잉글랜드에서는 3월, 4월, 5월, 9월, 10월, 11월에도 대구잡이가 가능하기 때문이다.

또 안개가 많은 뉴펀들랜드나 노바스코샤와 비교해 뉴잉글랜드는 겨우내 기온이 낮고 일조량도 풍부해 건어물 생산에 유리한 지역이었다.

뉴펀들랜드와 뉴잉글랜드 지역의 식민 역사는 전혀 다른 양상을 보인다. 그 이유는 '대구'에 있다. 좀 더 구체적으로 말하자면 대구잡이가 가능한 계절이 다르기 때문이다. 늦봄부터 여름까지만 대구잡이가 가능한 뉴펀들랜드에서는 겨울에 생산 활동이 저조해진다. 반면 뉴잉글랜드에서는 겨울에 대구잡이를 하고 여름에는 농업과 임업 등 다른 일에 종사할 수 있다. 그 밖에도 뉴펀들랜드로 원정을 나가 대구잡이하는 방법도 있다. 즉 뉴잉글랜드는 거의 일 년 내내 생산 활동이 가능한 지역으로 뉴펀들랜드보다 식민지로 성공할 훨씬 큰 잠재력을 갖추고 있었다.

1620년 11월 21일 메이플라워(Mayflower)호가 뉴잉글랜드의 케이프코드(Cape Cod)에 도착했다. 뉴잉글랜드 최초 잉글랜드 식민지인 플리머스에 정착한 필그림 파더스(Pilgrim Fathers, 1620년 북아메리카 식민지시대 뉴잉글랜드 최초의 잉글랜드 식민지가 된 매사추세츠주 플리머스에 정착한 사람들 — 옮긴이)의 목적지는 원래 뉴플리머스(New Plymouth)가 아니었다. 애초 그들은 오늘날 뉴욕 허드슨강 하구 부근에 식민지를 개척할 계획이었다. 그러나 항해 도중 풍랑을 만나 항로에서 크게 이탈하는 바람에 계획이 무산되었다. 메이플라워호 선장은 허드슨강 하구로 가는 길이 위험천만하다고 판단했다. 필그림 파더스는 한동안 케이프코드에 머물며 주변을 탐색하다가 최종적으로 뉴플리머스를 정착지로 선택했다.

메이플라워호가 잉글랜드 서부 대구잡이 중심 어항 중 하나인 플리머스에서 출항했다는 사실은 단순한 우연에 불과하다. 다만 필그림 파더스는 자신들이 선택한 땅이 '뉴플리머스'로 불린다는 사실을 이미 알고 있었다. 그들이 참고한 책 『뉴잉글랜드 해설』의 자세한 지도 덕분이었다. 그들은 자신들이 출항한 항구와 이름이 같은 곳에 정착했다는 사실에 묘한 감정과 애착을 느끼고 '뉴플리머스'라는 이름을 그대로 사용하기로 했다. 여기에는 자신들이 떠나온 잉글랜드 본토로부터의 지원을 기대하는 마음도 있었을 것이다.

초기 정착민은 우연히 대구가 풍부한 지역에 정착해 식민지를 건설하고도 한동안 굶주림에 시달려야 했다. 사실 이 지역이 대구 이외에도 식민지로 안성맞춤인 이유가 있었다. 몇 년 전 유럽에서 뱃사람들이 퍼뜨린 질병이 원인이 되어 이 지역에 살던 파투셋(Patuxet) 부족이 전멸하는 사태가 발생한 것이다. 이때 그 부족민이 경작하던 옥수수가 그대로 남아 있었다. 아무튼 초기 정착민이 이렇게나 축복받은 환경에서 굶주림에 시달렸다는 사실은 언뜻 이해가 가지 않을 뿐 아니라 창피한 일이었다. 나중에 플리머스 식민지 총독이 된 에드워드 윈슬로(Edward Winslow)는 자신들의 무능함을 이렇게 변명했다.

메이플라워호가 잉글랜드 서부
대구잡이 중심 어항 중 하나인 플리머스에서
출항했다는 사실은 단순한 우연에 불과하다.
다만 필그림 파더스는 자신들이 선택한 땅이
'뉴플리머스'로 불린다는 사실을 이미 알고 있었다.

플리머스 항구의 메이플라워호

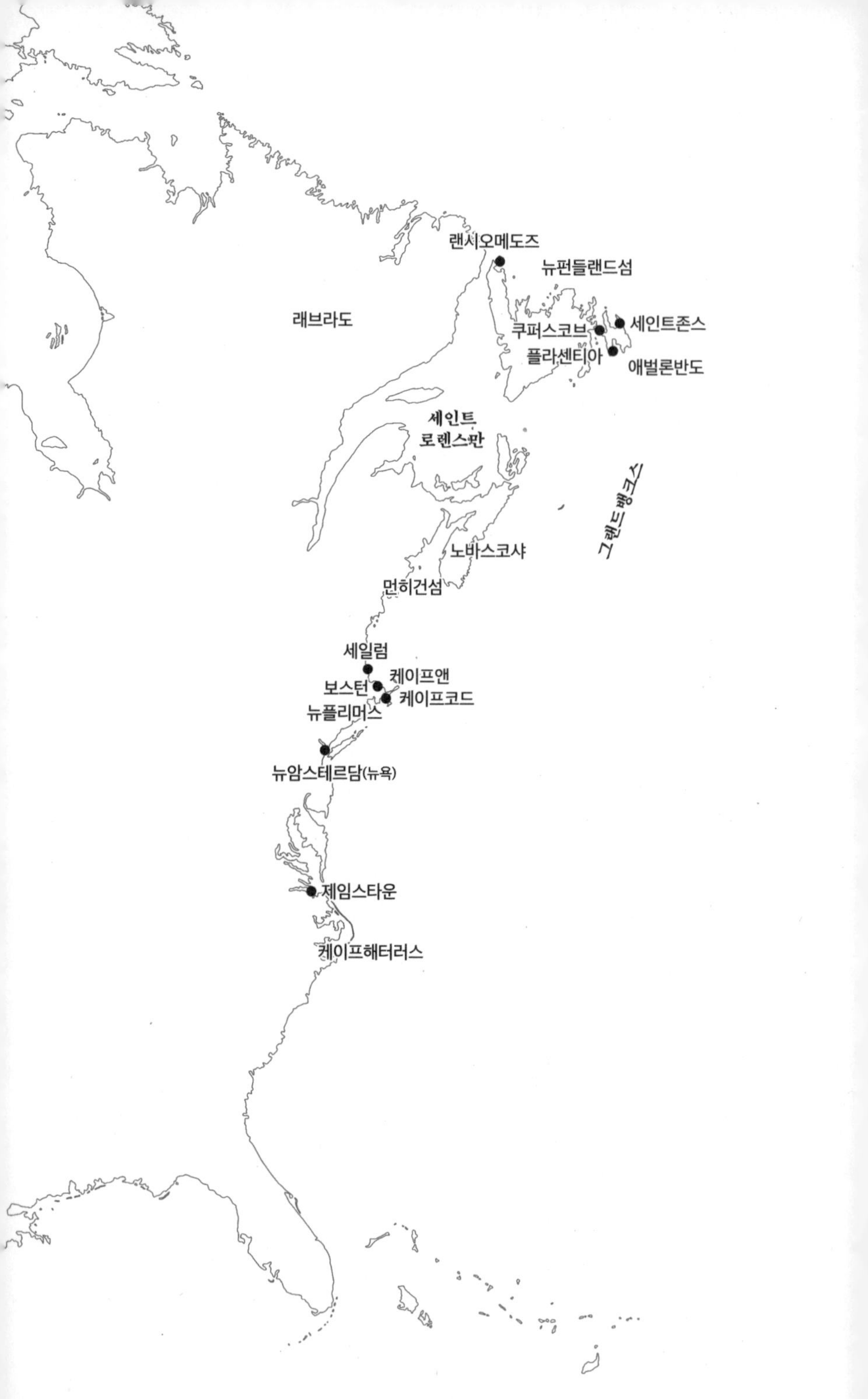

랜시오메도즈
뉴펀들랜드섬
래브라도
쿠퍼스코브
세인트존스
플라센티아
애벌론반도
세인트
로렌스만
그랜드뱅크스
노바스코샤
먼히건섬
세일럼
케이프앤
보스턴
케이프코드
뉴플리머스
뉴암스테르담(뉴욕)
제임스타운
케이프해터러스

가까운 만과 개천에 농어가 넘쳐났으나 우리에게는 튼튼한 그물이 없어 기껏 그물을 쳐도 물고기들이 그물을 찢고 달아나버렸다. 바다에는 대구가 넘쳐나는데도 우리의 작은 돛단배는 변변한 미끼나 그물이 없어 손 놓고 지켜볼 수밖에 없었다. 그나마 손으로 주워 모을 수 있는 조개가 있는 곳을 발견하지 못했더라면 우리는 굶어죽는 수밖에 없었을 것이다. 하느님이 일용할 양식으로 하늘에서 은혜로운 만나를 내려주시지 않는 한 말이다.

식민지 건설 초기에 정착민은 멀쩡한 농경지를 두고도 한동안 굶주림에 시달렸다. 독실한 신앙심 이외에 무엇 하나 변변히 가진 게 없었기 때문이다. 가장 비참한 때는 신대륙에 상륙한 첫해 겨울이었다. 하필 한겨울에 상륙하는 바람에 추위를 막을 주거 시설을 제대로 마련할 수 없었기 때문이다. 그 탓에 수많은 이민자와 선원이 메이플라워호 안에서 오들오들 떨며 추위를 견뎌야 했다. 결국 이민자 스무 명 중 절반 이상이 병에 걸려 죽고 말았다.

이때 추위와 굶주림으로 고통받던 정착민에게 구원의 손길을 내민 사람이 있다. 아메리카 선주민이 바로 그들이다. 이 이야기는 세상에 널리 알려졌다.

인근 지역을 지배하던 왐파노아그(Wampanoag) 부족과 초기 정착민 사이에 스콴토(Squanto)가 중재자로 나섰다. 스콴토는 왐파노아그 부족의 한 갈래로 뉴플리머스 원주민인 파투셋족의 최후 생존

자였다. 그는 동족 사이에 창궐한 외래 감염병에서 어떻게 살아남았을까? 이유와 사정이 다소 복잡하다.

1614년 존 스미스가 뉴잉글랜드를 탐험할 때 그의 부하로 함대에 소속되어 배 한 척을 이끈 인물이 있다. 바로 토머스 헌트(Thomas Hunt)라는 사람이었다.

> 탐험 도중에 야만인 부족을 만났다. 죄 없고 가엾은 이들 가운데 27명을 속여 스페인에 노예로 팔았다. 그런 이유로 그들은 우리를 증오하게 되었고 이번 탐험이 더욱더 힘들어졌다.
>
> —『뉴잉글랜드 해설』 중에서

스콴토는 이때 노예로 팔려간 사람 중 한 명이었다. 그는 전염병이 만연하던 시기에 유럽에서 지냈다. 이후 스콴토는 스페인을 탈출해 잉글랜드로 건너갔고 다시 뉴펀들랜드에 가서 대구잡이 등의 허드렛일에 종사하고 있었다. 그리고 그 후 천신만고 끝에 뉴잉글랜드로 돌아왔다. 이런 연유로 그는 영어에 능통했다.

뉴잉글랜드에 돌아온 뒤 스콴토는 왐파노아그족과 필그림 파더스 사이를 분주히 오가며 평화조약을 체결하기 위해 노력했다. 그는 필그림 파더스에게 장어 잡는 방법을 가르쳐주었다. 또 봄에 잡고 남은 물고기를 이용해 옥수수밭에 거름 주는 방법도 전수했다.

만약 그때 뉴잉글랜드에 스콴토가 없었다면 필그림 파더스의 운명은 어떻게 됐을까? 십중팔구 전멸했을 것이다. 그들이 잉글랜드를 떠날 때 챙겨 온 곡물 씨앗조차 토질이 맞지 않아 제대로 뿌리 내리지 못했기 때문이다. 그러나 초기 정착민은 뉴잉글랜드에 도착한 이듬해에 나름대로 수확에 성공을 거두었다. 스콴토와 아메리카 선주민이 성심성의껏 도우며 힘을 보탰기 때문이다. 1621년의 상황이었다. 필그림 파더스는 추수를 마치고 난 뒤 왐파노아그 부족을 초대해 추수감사제를 열었다. 이 행사가 최초의 추수감사절인 셈이었다.

아메리카 선주민이 굴러들어온 돌인 필그림 파더스를 아무런 대가도 바라지 않고 도와주었다는 훈훈한 미담은 널리 알려졌다. 그런데 그들이 그해 충분한 수확을 했음에도 이듬해에 여전히 심각한 식량 위기를 겪었다는 일화까지 알고 있는 사람은 많지 않은 것 같다.

1621년 1월 말 본국 잉글랜드에서 출항한 포춘(Fortune)호가 뉴잉글랜드항에 도착했다. 이 배는 사전에 아무 전갈도 없이 갑작스럽게 항구에 들어와 정박하고 닻을 내렸다. 배에는 35명의 새로운 이민자가 타고 있었다. 그들은 식량을 비롯한 변변한 보급물자 하나 없이 맨 몸으로 배에서 내렸다. 이렇듯 먹여야 할 입이 크게 늘어나자 식량 부족 사태가 더욱더 심해졌다. 이는 1622년 5월 즈음의 상황이었다.

아메리카 선주민과의 교섭을 맡은 신임 총독 에드워드 윈슬로는 식량을 구하기 위해 원정대를 파견했다. '북쪽으로 약 40리그' 거리에 있는 먼히건섬(Monhegan Island)의 대구 어업기지를 향해 떠난 원정이었다. 관대한 어민은 자신들이 나누어 줄 수 있는 만큼 최대한 기꺼이 나누어 주었다. 덕분에 옥수수를 수확할 때까지 정착민은 겨우 굶주림을 면할 수 있었다.

구세계 문명의 손길이 미치지 않는 신대륙 외딴 곳에서 고립된 채 절체절명의 위기를 맞은 기독교도가 어부들의 선의로 전멸의 위기를 극복했다. 물고기와 어부가 기독교라는 종교 안에서 지니는 의미를 고려할 때 이는 단순한 호의를 넘어 그로부터 1,600여 년 전 『신약성서』에 나오는 기적이 그대로 재현된 이야기라고 할 수 있다.

필그림 파더스가 세운 식민지가 사라지지 않고 미국이라는 나라로 성장한 사실은 그야말로 기적이나 다름없다. 사실 초기 잉글랜드의 식민지 계획은 실패의 연속이었다. 그때까지 벌써 몇 번이나 실패했으며 그나마 성공 사례로 꼽던 버지니아 식민지도 실제로는 기아로 인해 상당수 이민자가 사망하는 등 많은 우여곡절을 겪었다.

뉴플리머스에서의 실패 이후에도 잉글랜드인은 두 번에 걸쳐 식민지 건설을 시도했다. 그곳에서 그리 멀지 않은 웨이머스(Weymouth)에서 한 번, 케이프앤(Cape Ann)에서 또 한 번. 1622년과

1624년의 일이었다. 안타깝게도 이 시도들은 모두 실패로 끝났다. 그러나 그 모든 실패에도 불구하고 식민지 건설에 활용할 변변한 기술도, 심지어 충분한 식량조차 제대로 준비하지 않은 채 그저 신앙심만 돈독한 집단이 혹독한 한겨울에 도착해 기적적으로 살아남았다.

19. '뉴잉글랜드'를 탄생시킨 주인공 존 스미스의 파란만장한 인생 이야기

제임스타운(Jamestown)에서 잉글랜드로 홀연히 한 사람이 귀국했다. 셰익스피어의 작품 『템페스트』에 영향을 미쳤다고 추정되는 제임스타운의 새 총독 토머스 게이츠 경(Sir Thomas Gates)의 해난사고가 일어난 1609년의 일이었다. 그는 바로 이번 이야기의 주인공 존 스미스다.

존 스미스는 제임스타운 건설 초창기인 1607년 무렵 버지니아 의회에 몸담고 있었다. 그는 식량 부족과 지도력 부재로 무질서 상태에 빠져 있던 식민지를 새롭게 이끌 의회 의장으로 선출되었다. 이후 그는 강력한 지도력을 발휘하여 식민지를 안정적으로 이끌었다.

그러나 얼마 지나지 않아 문제가 발생했다. 토머스 게이츠 경을 덮친 폭풍우를 간신히 피한 잔존 함대가 그곳에 도착했고 그와 함께 존 스미스의 적대 세력이 돌아왔다. 그들의 거센 저항과 훼방으로 제임스타운은 다시 예전보다 더한 무질서 상태로 돌아갔다. 혼란의 도가니 속에서 존 스미스는 화약 폭발 사고로 부상당하는 불운을 겪었다. 결국 그는 잉글랜드 귀국길에 오를 수밖에 없었다.

버지니아 식민지 시대에 알곤킨족(Algonquian)의 추장 포와탄(Powhatan)과 존 스미스 사이에 긴밀한 협력 관계가 형성되었다. 포와탄은 과거에 그 지역을 지배하던 선주민의 우두머리였다. 포와탄 추장은 디즈니 애니메이션 〈포카혼타스(Pocahontas)〉의 주인공인 포카 혼타스의 아버지이기도 하다. 여담이지만 이 애니메이션에는 존 스미스도 주요 인물의 하나로 등장한다. 아무튼 스미스는 포와탄 추장의 지배를 받는 백인 추장이라는 입장에서 아메리카 선주민에게 영향력을 행사하며 그 독특한 관계를 식민지 경영에 적절히 활용했다.

1616년 포카혼타스는 존 롤프(John Rolfe)와 결혼한 뒤 잉글랜드로 건너가 제임스 1세를 알현했다. 롤프는 신대륙에서 버지니아 담배회사를 설립한 인물이었다. 이때 존 스미스는 앤 여왕(Queen Anne, 재위 1702~1714)에게 포카혼타스를 정중히 대우해 달라고 간청하는 편지를 썼다. 존 스미스가 포와탄에게 잡혔을 때 그의 목숨을 구해주었다는 일화가 처음으로 세상에 공개되었다.

버지니아 식민지 시대에 알곤킨족의 추장 포와탄과
존 스미스 사이에 협력 관계가 형성되었다.
포와탄은 과거에 그 지역을 지배하던 선주민의 우두머리였다.

포와탄과 존 스미스의 첫 만남

존 스미스는 버지니아 식민지에 관한 두 권의 책을 출간했다. 하나는 『버지니아에서 일어난 사건과 사고의 진정한 관계(A True Relation of Such Occurrences and Accidents of Note as Happened in Virginia)』(1608)이고 다른 하나는 『버지니아 지도(A Map of Virginia)』(1612)다. 이 두 책은 모두 1608년으로 추정되는 '그 사건' 이후 쓰인 것으로 보인다. 이 책들에는 존 스미스가 포와탄과 만난 일화는 실려 있지만 포카혼타스가 그의 목숨을 구해주었다는 이야기는 나오지 않는다. '진상'이 밝혀질 때까지 10년 가까운 세월이 흘렀고 그로 인해 존 스미스는 허풍쟁이라는 나쁜 평판이 자리 잡았다. 19세기 중반 포카혼타스에 관한 사건뿐 아니라 존 스미스가 쓴 책 내용 전반에 대한 의혹이 눈덩이처럼 커진 것이었다.

누가 들어도 허무맹랑한 이야기라는 생각이 들 정도로 존 스미스의 책에 나오는 그의 인생은 파란만장하다. 이민족 여성이 절체절명의 위기에서 목숨을 구해준다는 이야기는 한 번만 들어도 충격적인데, 놀랍게도 그는 포카혼타스를 만나기 전 비슷한 경험을 했다고 한다.

1602년 존 스미스는 트란실바니아(Transilvania)에서 터키군 장교 세 명의 결투 신청을 받아들여 그들 모두의 목을 벴다. 스미스는 스무 살이 되기도 전부터 호송부대에 적을 두고 있었다. 아무튼 그는 그 공을 인정받아 트란실바니아공 지그몬도 바토리(Zsigmond Báthory)에게 기사 작위를 수여받았다. 기사 문장에는 터키군 세 명의 목이 새겨졌다.

그러나 그해에 존 스미스는 포로가 되었고 노예로 터키인에게 팔려가는 신세로 전락했다. 그 터키인은 자신의 노예인 스미스를 이스탄불에 있는 그리스계 연인에게 선물로 보냈다. 그곳에서 스미스는 그녀와 사랑에 빠졌다. 그녀는 자신의 새로운 연인 존 스미스를 흑해 인근에 있는 자기 형제의 거처로 보내 터키어와 터키에 관한 전반적인 지식을 배우게 했다.

터키에서는 기독교 신자도 이슬람교로 개종하면 출세의 길이 열렸다. 그곳에서 존 스미스는 입신양명의 길을 차근차근 밟아나갔다. 그러던 그가 은혜를 원수로 갚는 사건이 발생했다. 자신의 목숨을 구해준 여인의 형제를 살해하고 러시아로 도망쳤다가 다시 폴란드로 망명한 것이다. 이후 그는 트란실바니아로 되돌아갔고 다시 버지니아로 떠났다.

존 스미스의 이력을 살펴보면 상당히 거친 삶을 산 황야의 무법자처럼 느껴진다. 본래 스미스는 자영농 집안 출신이었으나 그의 가족은 윌러비 디 어즈비 남작(Baron Willoughby de Eresby) 가문의 주요 인물과 혼인 관계로 엮인 명문가에 속했다. 어린 시절 그는 일족 중 한 명이 교장직에 있는 오늘날의 중등학교에 해당하는 그래머스쿨에 진학했다. 따지고 보면 그는 셰익스피어와 같은 높은 수준의 교육을 받은 셈이었다.

존 스미스는 나름대로 수준 높은 교육을 받은 덕분에 식민지에 관해 수많은 저작을 남길 수 있었다. 물론 그렇다고 해서 책 내용을 전적으로 신뢰해도 좋다는 의미는 아니다. 포카혼타스를 비롯한 존 스미스의 사생활에 관해서는 그가 쓴 책과 편지밖에 남아 있지 않기에 결국 밑도 끝도 없이 뱅뱅 도는 결론 없는 논쟁이 되고 만다. 그러나 그가 남긴 식민지 관련 기술과 지도는 상당히 자세하고 정밀해서 그를 대놓고 비판하는 사람들이 주장하듯 단순한 '허풍'으로 치부할 수는 없다.

『버지니아 지도』를 출간한 후 존 스미스는 뉴펀들랜드 어업의 중심지가 된 잉글랜드 서부 지방에서 후원을 받아 뉴잉글랜드 탐험에 나섰다. 여기서 깜짝 퀴즈 하나. 오늘날 미국 북동부의 6개 주를 합해서 부르는 '뉴잉글랜드'라는 용어는 어디서 유래했을까? 존 스미스가 쓴 책에 『뉴잉글랜드 해설』이 있는데 '뉴잉글랜드'는 바로 이 책에서 따온 것이다. 아무튼 이 책에는 뉴잉글랜드의 지형과 지리를 소개하는 상세 지도가 실려 있다. 한데 재미있게도 존 스미스가 직접 이름 붙인 신대륙의 지명 대부분이 찰스 황태자와 의논을 거치는 과정에 변경되었는데 뉴잉글랜드만은 살아남았다.

가장 주목할 만한 지명은 '케이프트라비잔다(Cape Trabigzanda)'다. 놀랍다고 해야 할까, 아니면 끔찍하다고 해야 할까. 위에 소개한 대로 스미스는 터키에 머무를 당시 자신을 노예 신분에서 해방시켜준 은인인데도 그 형제를 살해한 일이 있었다. 그 여성의 이름이 바로 '트라비잔다'다. 뻔뻔하게도 스미스는 뉴잉글랜드의 새 지명에 그녀의 이름을 붙인 것이다. 소름 끼치는 일 아닌가. 아무튼 "주요 곶은 케이프트라비잔다와 케이프코드뿐이다"라고 할 정도로 눈에 확 띄는 지형이다. '케이프트라비잔다'는 여왕의 이름에서 따온 '케이프앤'이라는 평범한 이름으로 바뀌었다. 케이프코드는 1602년 탐험 시 바르톨로 고스널드(Bartholomew Gosnold)가 붙인 이름을 존 스미스가 계승했다가 얼마 후 역시 국왕의 이름을 따서 '케이프제임스'로 변경되었다. 그러나 그곳 어민들은 우수한 대구 어장인 이 곶을 계속 '대구 곶', 즉 케이프코드라고 불렀다.

존 스미스의 인생에는 흥미로운 일화가 너무도 많아 그 역정을 부지런히 뒤쫓다 보면 우리는 그가 역사에 남긴 발자취에 담긴 의의를 종종 잊곤 한다. 존 스미스는 식민지에 관한 자세한 정보를 이해하기 쉽게 책과 보고서로 집필하여 동시대인에게 전달했다. 물론 그는 그 과정에 식민 활동의 정당성을 선전하는 데 지나치게 몰두하기도 했다.

당시는 잉글랜드에서 청교도 박해가 나날이 심해지는 시기였다. 청교도는 신대륙을 모진 탄압과 박해에서 벗어나 자유를 쟁취하기 위한 유일한 수단으로 보았다. 그 과정에 그들이 가장 중요하게 여기며 참고한 책이 바로 존 스미스의 『뉴잉글랜드 해설』이었다.

20. 셰익스피어에게 문학적 영감을 불어넣은 1609년 신대륙에서의 '시벤처호 해난사고'

『템페스트』라는 제목의 셰익스피어 작품이 있다. 그가 이 책을 집필한 해는 1611년으로 추정된다. 지중해 어딘가의 외딴 섬을 무대로 한 작품 내용은 이렇다.

나폴리 공주와 튀니지 왕의 결혼식 연회에 참석한 나폴리 왕과 밀라노 대공, 그리고 그 신하들이 탄 배가 귀국길에 폭풍우에 휘말려 외딴 섬에 표류한다. 이 폭풍은 추방된 전 밀라노 대공 프로스페로(Prospero)가 마법의 힘을 빌려 일으킨 것이었다. 프로스페로는 자신을 추방한 일행에게 복수하고 미랜더(Miranda)라는 자신의 딸을 유럽 세계에 복귀시킬 계획이었다.

줄거리를 훑어보면 이 작품은 얼핏 구세계를 무대로 한 이야기로 느껴진다. 그런데 등장인물의 대사에 담긴 신대륙에 관한 이미지와 프로스페로가 표류하기 전 섬을 지배하던 마녀 시코락스(Sycorax)의 아들로 지금은 프로스페로의 노예가 된 캘리반의 존재를 생각하면 이 외딴 섬이 지리적으로는 구세계에 속해 있다는 사실을 잊게 된다. 이 배가 어쩌다 난파하게 되었는지는 몇 줄밖에 나오지 않으면서 신대륙의 이미지와 캘리반의 존재감이 극 중 세계의 토포스(Topos, 그리스어로 '장소'를 뜻하는 말. 몇 개의 모티프가 반복되며 만들어지는 고정 문구나 설명 형식 — 옮긴이)를 완전히 지배하기 때문이다.

> 언젠가 주인님께서 한밤중에 저를 불러 늘 혼란 속에 있는 버뮤다섬에서 이슬을 가져오라는 분부를 내리셨던 바로 그 여울 깊숙한 곳에 그 배가 숨겨져 있습니다.
>
> —『템페스트』 제1막 제2장 「에어리얼」 중에서

> 잉글랜드인들은 절름발이 거지를 도우라면 동전 한 푼 안 내놓지만 죽은 인디언을 볼 수 있다면 열 푼도 선뜻 내놓으니 말이다.
>
> —『템페스트』 제2막 제2장 「트린큘로」 중에서

> 야만인과 인디언으로 나를 속이려고?
>
> —『템페스트』 제2막 제2장 「스테파노」 중에서

> 참으로 찬란한 신세계로구나!
>
> —『템페스트』 제5막 제1장 「미랜더」 중에서

미랜더의 대사가 그야말로 결정타를 날린다. 본래 이 대사는 현실의 구세계를 암시하는 말이었다. 한데 그 구세계적인 단어가 신세계와 동일시된 외딴섬에서 자란 미랜더의 입을 통해 나온 것이다.

당시 지리 감각으로는 구세계인 지중해에 신세계의 이미지를 부여한다는 것 자체가 과감하고도 획기적인 발상이었다. 이 작품에는 그런 참신한 발상에서 나온 비유적인 표현이 가득하다. 게다가 구조도 탄탄하다. 셰익스피어는 어떻게 이런 독특하고도 위대한 작품을 구상하게 되었을까? 신대륙에서 일어나 모든 잉글랜드인을 놀라게 한 해난사고에서 모티프를 얻었다는 설이 있다. 사고가 일어난 해는 1609년인데 이 작품이 집필된 해로 추정되는 1611년과 가깝다.

제임스강을 따라 제임스타운이 건설되었다. 1607년의 일이었다. 제임스타운으로 가는 제3차 보급부대가 조직되었다. 이는 그로부터 3년 후인 1609년의 일이었다. 이때 총 9척의 선박이 부대를 이루었다. 새로 건조한 시벤처호(Sea Venture)에는 함대를 이끄는 제독 존 스미스와 선장 크리스토퍼 뉴포트(Christopher Newport), 제임스타운의 새 총독 토머스 게이츠 경을 비롯한 이민자 150여 명이 탔다.

신대륙으로 가는 도중 배는 폭풍우를 만나 조난했다. 다행스럽게도 기함(旗艦)인 시벤처호는 스미스 제독의 빠르고 정확한 판단으로 가까스로 침몰을 면하고 버뮤다 제도에 좌초했다. 일행은 아홉 달 동안 그곳에 머물렀고 새로 만든 소형 선박 두 척에 나누어 타고 천신만고 끝에 제임스타운에 도착했다. 참고로 이 해난사고가 계기가 되어 잉글랜드는 버뮤다 제도를 신속하게 식민지화하는 데 성공했다.

이 모험담은 잉글랜드 본토에 보고되었다. 이후 버지니아 의회의 성명문과 시벤처호의 선원이던 실베스터 조르데인(Sylvester Jorudain)의 체험담을 담은 소책자 등이 널리 읽혔다. 정설은 아니지만 『템페스트』의 폭풍우 묘사가 이 소책자의 영향을 받아 나온 것이라고 주장하는 학자도 많다. 진위는 알 수 없으나 적어도 그 역사적 해난사고의 여파가 아직 선명히 남아 있는 분위기에서 셰익스피어가 이 작품을 집필한 셈이다.

21. 셰익스피어는 왜 잉글랜드 평민과 아메리카 대륙 선주민을 '말린 대구'에 비유했을까

'버뮤다 제도', '인디언', '신세계' 하면 머릿속에 무엇이 떠오르는가? 이 단어들은 공통적으로 '신대륙'을 연상시킨다. 이런 어휘가 중세 유럽의 연극 대사에 가득 채워졌다. 위의 단어 외에도 '신대륙' 분위기를 물씬 풍기는 단어가 있다. '대구'는 그중에서도 가장 대표적인 예다. '대구'라는 단어는 묘하게도 지중해 세계와 인연이 깊다.

셰익스피어의 작품으로 만든 연극 〈템페스트〉를 꼼꼼히 분석하고 음미하며 읽어가다 보면 한두 가지 흥미로운 점이 발견된다. 그중 하나는 어떤 의도에서였는지는 알 수 없으나 그가 대구를 활용하여 지중해에 신대륙의 이미지를 부여하고자 시도했다는 점이다. 다른 하나는 그가 이 작품에 '대구'와 관련된 소름 끼칠 정도로 의미심장하고도 암시적인 예언을 담고자 했다는 점이다.

『템페스트』의 내용을 잠시 살펴보자.

프로스페로의 마법에 힘에 의해 외딴 섬에 표류한 일행은 이리저리 뿔뿔이 흩어진다. 이후 그들은 프로스페로의 짓궂은 마법에 번번이 놀아난다. 하인장으로 요리를 맡은 스테파노, 어릿광대 트린큘로, 프로스페로의 노예 신세가 된 캘리반 이 세 사람이 일행 중 한 무리를 이룬다. 구세계의 평민과 신세계의 선주민이라는 이 별난 조합은 서로를 '생선'으로 낮춰 부르며 험한 말을 주고받는다.

난파선에서 탈출해 섬에 상륙한 트린큘로는 그의 눈에 띄지 않으려고 땅바닥에 납작 엎드려 있던 캘리반의 몸에 발이 걸리고 만다. 제2막 제2장의 내용이다. 이때 난생 처음 보는 이상하고 야릇한 존재에 놀란 트린큘로가 외치는 막말이나 다름없는 대사가 가관이다.

> 도대체 이게 뭐야? 인간이야, 물고기야? 죽었나? 살았나? 이크, 생선이군. 비린내가 나잖아. 오래 묵은 생선 비린내가 진동하는구나.

> 갓 절인 대구가 아니라 소금에 절인 지 오래된 대구 같구나. 참 기묘한 생선이다.

앞에서 설명한 대로 '푸어존'은 질이 떨어지고 크기가 작은 대구를 일컫는 이름이다. 좀 더 구체적으로 말하자면, 이는 잉글랜드 어부가 뉴펀들랜드 원양어업에서 고안해 훗날 스페인과 지중해 인근 여러 나라에서 크게 인기를 끈 소금에 절인 대구의 일종이다.

『템페스트』의 제3막 제2장에서 캘리반, 스테파노, 트린큘로 세 사람이 연회를 여는 도중 트린큘로가 캘리반에게 한 대사를 잠시 살펴보자.

> 이 부정한 생선아! 오늘 나만큼 마신 사람치고 겁쟁이를 본 적 있더냐? 반은 물고기 반은 사람이라고 해서 괴물 같은 거짓말을 할 셈이냐?

'부정한 생선'이라는 말은 물고기가 중세 기독교 사회에서 본래 지닌 성스러운 상징성을 생각하면 흥미롭고도 의미심장한 대사가 아닐 수 없다. 세 사람이 연회에서 마신 술은 색(Sack)이라는 이름의 술로 스페인산 셰리 와인(Sherry wine)과 카나리아산 화이트 와인을 말한다.

아리엘, 캘리반, 스테파노, 트린큘로

스테파노는 배에서 떨어진 '색'주가 담긴 술통에 매달려 표류했다. 당시 일반 선원용 배에 실린 주류는 맥주와 사이다였고 '색'주는 상급 선원용이었다. 바다 위에서 폭풍우를 만나 위기에 빠졌을 때 스테파노는 표류하게 되는 상황에 대비해서 제일 먼저 '색'주를 휴대하려고 술통부터 챙긴다. 여전히 캘리반을 생선 취급하는 트린큘로는 그를 싸고도는 스테파노에게 불호령을 듣고 오히려 생선 취급당한다.

이 괴물의 말을 한 번만 더 방해한다면 네놈을 문밖으로 내쫓고 스톡피시로 만들어버릴 테다.

스톡피시란 소금을 쓰지 않고 몇 개월에 걸쳐 햇빛에 말린 대구를 말한다. 스톡피시를 맨 처음 만든 이는 누구일까? 정확히 알 수는 없지만 10세기 이전 노르웨이 북서부의 어민들이 가장 먼저 만들기 시작했다고 알려졌다. 스톡피시는 딱딱하기로 유명하다. 아니, 단지 '유명하다'라기보다는 '악명이 높다'라고 말하는 편이 좀 더 맞지 않을까.

스톡피시로 음식을 만들려면 요리하기 전 망치로 한참 동안 두드려서 부드럽게 만든 다음 하룻밤 내내 물에 불려야 했다. 그러므로 스테파노는 트린큘로에게 '너를 흠씬 두들겨 패서 바다에 내동댕이치겠다'고 으름장을 놓은 셈이었다. 또 말 그대로 '네 뼈와 살을 발라서 포를 뜨겠다'라는 말로 해석할 수도 있다. 이 연극에 나오는 대구 이미지는 등장인물의 대사 차원으로 그치지 않는다.

세 사람은 연회에서 의기투합해 섬의 지배자인 프로스페로를 타도하자는 음모를 꾸민다. 그러나 프로스페로는 그런 음모를 재빨리 간파하고 그들 모두에게 마법을 걸어 따끔하게 혼을 내준다. 한데 흥미롭게도 프로스페로가 마법을 걸어 세 사람을 혼내주는 과정이 당시 청어나 대구를 소금에 절여 말려 포를 만드는 과정을 빼닮았다.

세 사람은 프로스페로의 마법에 걸려 구정물이 가득 찬 더러운 웅덩이에 빠지고 만다. 그 후로도 그들은 온갖 수모와 고초를 겪는다. 그들은 제5막 제1장에서 프로스페로와 적이 화해하는 자리에 불려 나간다. 세 사람의 모습을 본 프로스페로의 남동생 안토니오가 말한다.

한 놈은 물고기요, 확실히 팔 수 있겠는데요.

무슨 일이 있었는지 묻는 나폴리 왕에게 트린큘로가 이렇게 대답한다.

전하를 뵙고 난 후 줄곧 절이고 절여졌습니다. 아주 푹 절여져서 파리가 알을 슬 염려는 없을 듯하옵니다.

(Trin. I have been in such a pickle, since I saw you last, that, I fear me, will never out of my bones: I shall not fear fly-blowing.)

'절이다'라는 의미를 지닌 pickle은 '생선을 보존할 때 사용하는 절임 국물'이라는 의미로도 사용된다. 농도가 진한 소금물을 사용하기도 하고 생선을 소금에 절일 때 나오는 국물을 사용하기도 한다. 어쨌든 절여서 공기를 차단하고 생선의 부패를 방지하는 용도로 사용한다.

청어는 유난히 기름이 많은 생선이다. 어부들이 먼바다가 아닌 연안에서 고기잡이하던 시절부터 위의 보존 방법을 사용한 것은 그래서였다. 대구의 경우 살에 기름기는 거의 없지만 차츰 어업 기술이 발달하고 어부들이 원양어업에 나서게 되면서 항구까지 대구를 온전한 상태로 보존해 운반하기 위해 절이는 방법을 주로 사용했다.

셰익스피어의 작품 『템페스트』는 평민과 신세계 선주민을 생선 취급한다. 게다가 많고 많은 생선 중에서도 하필 '말린 대구'에 비유한다. '팔 수 있다'라는 안토니오의 대사는 캘리반을 철저히 상품 취급하는 말이다. 어쨌든 이 작품이 집필된 당시만 해도 말린 대구는 '인디언의 시신'보다 더 값비싼 상품이었으며 지중해가 아닌 신대륙에서 들어왔다.

22. 노예무역을 발전시킨 싸구려 대구, '웨스트 인디즈'

기적은 오래가지 못했다. 셰익스피어는 『템페스트』에서 일찍이 시인의 예리한 감성으로 노예 캘리반을 '말린 대구'에 비유하는 메타포를 사용했다. 한데 현실 세계에서 바야흐로 그 메타포가 실체를 띠고 구현되고 있었던 셈이다. 왜냐하면 그 과정에 구세계에서 독립한 세계로 걸음마 단계에 머물렀던 신세계는 구세계의 확대라는 형태로 대구를 매개 삼아 그 시스템 속으로 편입되어갔기 때문이다.

뉴플리머스 식민지는 눈 앞에 펼쳐진 막대한 자원, 즉 대구를 이용해 이익을 얻으려고 줄기차게 시도했으나 번번이 실패로 끝나고 말았다. 이는 1620년대의 상황이었다. 비록 뉴플리머스는 대구 어장에서 수익을 창출하지 못했으나 이민자들에게 도전정신을 심어 주었다. 신대륙으로 향하는 이민자들은 뉴플리머스에서 새로운 가능성을 발견했다. 당시 어업 경험이 있는 사람들은 식민지에서 상업적으로 성공할 수 있다는 '아메리칸드림'을 품고 신대륙으로 가는 배에 몸을 실었다. 존 화이트(John White)는 그 가능성을 실현하려고 일찍부터 부단히 노력한 인물이다. 그는 잉글랜드 도체스터 지방에서 청교도 교구 목사를 지내기도 했다. 그는 '이민과 어업이라는 두 마리 토끼를 모두 잡는다'는 목표로 도체스터 컴퍼니(Dorchester Company)를 설립했다. 이는 1623년의 상황이었다. 그는 케이프앤 식민지를 첫 이주지로 정했다.

그의 야심 찬 계획은 실패로 돌아갔다. 케이프앤에서 어떤 경위로 실패했는지 자세한 내막은 알 수 없다. 다만 적어도 성공을 기대했던 어업 분야에서 실패를 거듭했다는 점만은 분명한 것 같다. 그는 1623년에 1척, 1624년에 2척, 1625년에 3척의 어선을 보냈으나 사업적으로 모두 만족스러운 어획량을 얻지 못했다.

존 화이트는 쓰라린 실패를 통해 소중한 것을 얻었다. 케이프앤 식민지에서 모진 고생을 하며 실패를 성공으로 역전시킬 인재를 얻은 일이 그것이었다. 화이트가 발견한 대표적인 새로운 인재는 로저 코넌트(Roger Conant)였다. 화이트는 코넌트를 그곳의 새로운 지도자로 세웠다.

로저 코넌트는 원래 뉴플리머스로 배를 타고 건너온 이민자였는데 분리주의자인 동료와 의견이 맞지 않아 케이프앤 식민지로 이주한 인물이다. 어업도 정착도 모두 실패하고 실의에 빠진 이민자들을 로저 코넌트는 그곳으로부터 몇 마일 떨어진 남서쪽의 좀 더 안전한 곳으로 이끌었다. 그곳은 바로 나중에 세일럼 마녀재판으로 유명해져 오늘날까지 전 세계에서 관광객이 몰려드는 작은 마을이다.

한편 본국으로 일시 귀국한 존 화이트는 케이프앤 식민지보다 훨씬 장대한 식민지 계획을 세우고 온 힘을 쏟아 붓고 있었다. 그는 도체스터 컴퍼니를 흡수하는 형태로 매사추세츠만 식민지회사(Massachusetts Bay Company)를 설립했다. 그 연장선에서 그는 매사추세츠만 식민지(Massachusetts Bay Colony)를 건설했다.

뉴플리머스 식민지는 종교색만 강한 지역이었다. 반면 매사추세츠만 식민지는 종교와 경제가 균형을 이룬 지역이었다. 말하자면 '종교의 자유'와 '대구 어업'이라는 두 마리 토끼를 모두 잡을 수 있는 지역이라고 할 수 있었다. 초대 총독으로 취임한 존 윈스럽(John Winthrop)은 마을 회의를 통한 직접 민주주의의 기초를 닦았다. 동시에 그는 엄격한 신정 정치 체제도 수립했다. 나아가 그는 경제 문제를 해결하기 위해 어업 발전에 온 힘을 쏟았다.

1630년대에는 잉글랜드 본토에서 청교도 탄압이 심해졌다. 그 여파로 2만여 명의 청교도가 뉴잉글랜드로 이주해 왔다. 수천 년 전 히브리인이 지도자 모세를 따라 가나안 땅을 향했던 것처럼 그들은 종교의 자유가 있는 새로운 땅을 찾아 모험을 감행했다.

인구가 늘어나자 어업 인구도 많아지고 자연스럽게 대구잡이로 올리는 수익도 크게 늘어났다. 1630년대에는 경제적 이유로 뉴잉글랜드 이민을 선택하는 사람들은 대부분 겨울철 대구잡이를 목표로 했다. 이후 1640년대에 들어서자 잉글랜드 본국에서 청교도 혁명이 발발했다. 그 여파로 서부 지역 어업이 활기를 잃었고 잉글랜드 정부는 자급자족을 부추겼으나 이런 상황이 신대륙의 식민지 대구 어업에는 오히려 긍정적으로 작용했다.

그 무렵 매우 중요한 계기가 신대륙에서 만들어졌다. 서인도제도와 버지니아 식민지에서 노예 노동을 이용한 설탕과 담배 플랜테이션이 만들어진 것이었다. 뙤약볕 아래에서 중노동을 강요당하는 노예들은 대량의 염분이 필요했다. 그러나 플랜테이션 농장주는 노예를 위한 식량을 얻기 위해 굳이 토지를 개간할 필요를 느끼지 못했다. 노예를 이용한 설탕과 담배 재배로 이미 막대한 이익을 거둔 후였는데도 말이다. 대신 플랜테이션 농장주는 건어물 제조 과정에서 발생하는 품질이 떨어지는 대구를 헐값에 사들이기 시작했다. 이윽고 품질이 좋은 말린 대구는 지중해 시장으로, 품질이 떨어지는 상품은 버지니아와 서인도제도로 수출되는 구조가 만들어졌다.

> 1635년 네덜란드 상선이 담배와 소금 140톤을 서인도제도의 세인트키츠섬(Saint Kitts Island. 다른 말로 세인트크리스토퍼섬(Saint Christopher Island)이라고 부르기도 한다. — 옮긴이)에서 보스턴으로 운송했다.

해럴드 이니스가 『대구잡이』에 적은 내용이다.

이후 1638년 세일럼항을 7개월 전 출항한 배가 카리브해 뉴프로비던스섬(New Providence Island)에서 면화, 담배, 흑인 노예를, 서인도제도의 토르투가섬(Tortuga Island)에서 소금을 선적해 귀항했다. 1639년에는 서인도제도에서 다수의 선박이 청색 염료의 원료인

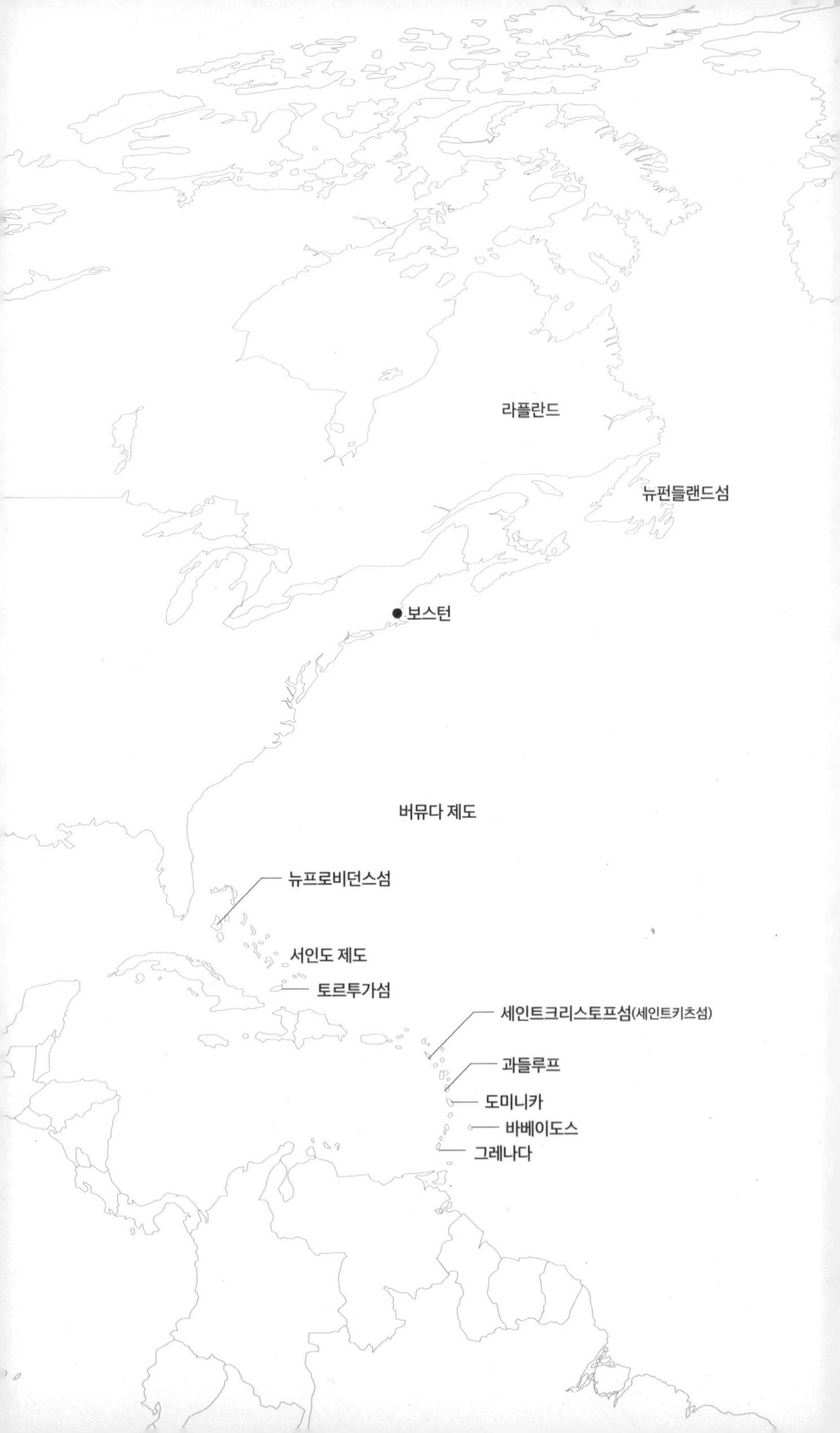
라플란드
뉴펀들랜드섬
보스턴
버뮤다 제도
뉴프로비던스섬
서인도 제도
토르투가섬
세인트크리스토프섬(세인트키츠섬)
과들루프
도미니카
바베이도스
그레나다

그린란드
아이슬란드
셰틀랜드 제도
오슬로
오크니 제도
암스테르담
더블린
런던
파리
마드리드
리스본
아조레스 제도
카보베르데 제도

인디고와 설탕 등을 싣고 도착한 뒤 뉴잉글랜드산 상품을 싣고 돌아왔다. 버지니아, 서인도제도와 무역이 확대됨에 따라 대구 어업도 발전했다. 1641년 30만 마리의 뉴잉글랜드산 말린 대구가 시장에 출하되었다.

품질이 떨어지는 대구는 '웨스트 인디즈(West Indies)'라는 이름으로 불렸다. 주로 서인도제도로 수출한다고 해서 붙여진 별명이었다. 뉴잉글랜도 뉴펀들랜드도 잽싸게 돈이 되는 '웨스트 인디즈' 생산에 뛰어들었다. 그런데 품질이 떨어지는 상품 생산에만 열을 올리다 보니 두 지역의 건어물 제조 능력이 현저히 떨어졌다. 아이슬란드나 노르웨이산 말린 대구와 비교해 상품 가치가 하락하면서 웨스트 인디즈는 시장에서 차츰 경쟁력을 상실했다. 물론 이는 한참 뒤의 일이다.

아무튼 웨스트 인디즈, 설탕, 담배, 인디고, 소금 등을 주요 품목으로 하는 서인도제도와의 교역은 노예무역으로 이어졌다. 그리고 한발 더 나아가 뉴잉글랜드, 서인도제도, 서아프리카를 연결하는 거대한 삼각무역으로 발전했다.

바이킹시대에 장기간 보존이 가능했던 스톡피시는 북유럽에서 수확량이 적은 밀가루 등의 곡물과 교환할 수 있는 대체 통화 수단으로 기능했다. 이 삼각무역에서도 말린 대구는 돈을 대체하는 수단으로 사용되어 화폐 대신 대구를 주고 흑인 노예를 사 오는 무역이 탄생했다.

캘리반을 '부정한 생선'이라고 모욕했던 『템페스트』의 등장인물 트린큘로 이야기로 돌아가 보자. 그의 대사를 가만히 곱씹어 보면 이중적인 의미를 느낄 수 있다. 프린스페로는 마법을 부려 은유적 의미에서 캘리반을 '말린 대구'로 둔갑시켰다. 이 지점에서 우리는 신세계 선주민을 먹잇감으로 삼은 구세계의 가혹한 식민지 정책을 싸늘한 시선으로 바라보는 셰익스피어의 비판적인 관점을 발견할 수 있다. 셰익스피어 시대에 거대한 경제 시스템이라는 마법 속에서 꾸덕꾸덕한 말린 대구를 먹으며 중도농에 시달리던 흑인 노예는 말린 대구와 동등한 취급을 받았다. 원래 신성한 의미를 지닌 물고기가 한때 필그림 파더스를 고난에서 구원하며 신대륙 땅에서 성스러움을 구현하다가 급기야 노예무역에 피를 공급하는 혈관의 하나로 전락하며 글자 그대로 '부정한 생선'이 되고 만 것이었다.

04

COD

식민지 미국이 잉글랜드에서 독립하고 강대국이 된 원동력, 대구

어느 시대에나 대구는 '자유'를 상징하는 생선이었다.
바이킹시대와 신항로 개척시대에는 뛰어난 보존식품으로
뱃사람들에게 '항해의 자유'를 선사했다.
또 뉴잉글랜드에서는 청교도에게 '종교의 자유'라는
추상적인 의미에서의 자유를 보장해주었다.

23. 미국 독립혁명 당시 매사추세츠주에서 대구가 '자유'의 상징이 된 까닭

1895년 1월 매사추세츠주 의회 하원이 소집되었다. 주 의회당 확장 공사에 따른 회의장 이전 계획을 논의하기 위해서였다. 이 자리에서 논의된 주요 안건은 의원들의 머리 위에서 100년 넘게 묵묵히 회의 장면을 지켜보던 대구 상 처리 문제였다. 의회는 대구 상의 역사를 조사하기 위한 위원회를 설치했다. 이후 2개월여 동안의 철저한 조사와 연구 끝에 위원회는 의원들에게 결과를 보고했다.

보고서에 따르면, 현재(당시)의 대구 상은 3대째 내려오는 것으로 세일럼 마녀재판(Salem Witch Trials, 매사추세츠주 세일럼 빌리지에서 일어난 마녀 재판 사건 — 옮긴이) 사건 당시 재판을 담당했던 새뮤얼 수얼(Samuel Sewall) 판사가 기증한 것이라고 한다. 보고서에는 풍문으로 전해져 내려오는 얘기라 진위는 확실히 알 수 없다는 취지의 말도 덧붙여져 있다. 사정이 이렇다 보니 이 이야기를 뒷받침하는 기록은 하나도 남아 있지 않다고 한다. 당시의 의회당은 화재로 소실되었다. 이는 1747년의 일이었다. 보고서에는 "대구 상이 실제로 존재했다면 화재 당시 의회당과 함께 불타버렸을 가능성이 크다"고 기록되어 있다.

2대째 대구 상이 의회당에 설치돼 있던 당시가 구체적으로 어떤 시대였는지는 분명하지 않다. 1773년 대구 상에 관한 기록이 오래된 청구서에 등장한다. 한데 그로부터 몇 년 지나지 않아 이 대구 상도 소실되고 만다. 보고서는 독립전쟁이 한창이던 무렵 식민지 군이 보스턴에서 농성 중이던 잉글랜드군을 포위했을 때 잉글랜드군에 의해 파괴되었을 가능성이 크다고 추정한다. 1775년에서 1776년 사이 어느 시점일 거라는 추측도 덧붙여졌다.

1895년 당시부터 오늘날까지 매사추세츠주 의회당에 걸려 있는 대구 상은 1784년 존 로(John Rowe)가 발의해 설치한 조형물이다. 보고서에 따르면 "매사추세츠주가 번영하는 일에 있어서 대구잡이가 가지는 중요성을 명확히 인식하고 기념하기 위해" 존 로가 당시 의회당에 대구 상을 설치해 달라고 정식으로 요청했다고 한다. 존 로는 매사추세츠주 첫 주지사를 지낸 존 핸콕(John Hancock), 새뮤얼 애덤스(Samuel Adams) 등과 함께 보스턴 차 사건(Boston Tea Party, 1773)의 발단이 된 집회에서 연설했다. 새뮤얼 애덤

1895년 당시부터 오늘날까지
매사추세츠주 의회당에 걸려 있는 대구 상은
1784년 존 로가 발의해 설치한 조형물이다.

'성스러운' 대구

스는 조지 워싱턴(George Washington, 1732~1799)과 함께 미국 건국의 아버지 중 한 사람으로 추앙받는 인물이다.

차와 소금물이 섞이면 어떻게 될까? 누가 그걸 알겠는가?

(Who knows how tea will mingle with sea water?)"

존 로는 미국인들 사이에 오늘날까지 생생히 기억되는 명대사를 남겼다. 1895년 의회는 그의 발의를 공식 승인했으며 의회당 이전 시 '3대째 대구 상'도 당시 의회당으로 옮겨 전시했다.

대구 상의 이력을 담은 내용을 보고받은 의회는 의회 정신을 계승하기 위해 이 대구 상을 새 의회장으로 이전하도록 조치했다. 의원들은 예전 의회당에 걸려 있던 대구 상을 정중히 국기로 감싼 다음 함대에 실어 새로 지은 의회당으로 옮겼다. 새로운 회의장에 이 행렬이 들어서자 군중은 우레와 같은 박수 소리로 대구 상을 맞이했다. 마침 그 무렵 발간된 《보스턴글로브(The Boston Globe)》라는 일간지 기사에서 이 상을 '성스러운 대구(Sacred Cod)'라는 이름으로 불렀고 이 이름으로 세상에 알려지게 된다.

대구는 뉴잉글랜드 역사의 다양한 장면에서 대활약을 펼쳤다. 노예무역에서 맡은 녀석의 비중은 단역배우의 역할에 그치지 않았다. 물론 오늘날의 잣대를 들이대자면 그것은 어쩌면 불명예스러운 역할일 수도 있다. 그러나 정부의 탄압을 두려워하던 청교도들이 대구잡이로 생계를 해결하며 신대륙으로 무사히 건너올 수 있었다는 역사적 사실은 엄연히 존재한다. 보고서는 대구 상의 유래를 간략히 설명한 뒤 대구잡이가 뉴잉글랜드에서 맡아온 중요한 역할에 관해 이야기한다. 그런 다음 플리머스 식민지 이전의 잉글랜드 어민의 경제생활을 간략히 살펴본다. 이어서 매사추세츠주 최초의 수출품이 대구였다는 사실, 굶주림으로 고통받던 이민자를 대구잡이 어부들이 구해낸 미담, 매사추세츠만 식민지 총독 존 윈스럽이 펼쳤던 대구잡이 우대 정책 등을 소개한다. 그러나 보고서는 서인도제도와의 무역까지 언급하면서도 '웨스트 인디즈'와 노예무역의 연관성 이야기는 슬쩍 얼버무리듯 지나간다.

보고서는 1775~1783년의 미국 독립혁명과 1812년 전쟁(War of 1812, 1812~1814) 기간에 있었던 강화회의는 물론이고 뉴잉글랜드에서 대구 어업 권리를 끝까지 지켜낸 존 애덤스(John Adams)·존 퀸시 애덤스(John Quincy Adams) 부자의 투쟁도 다룬다. 참고로 두 사람은 강화회의에서 활약한 후 각각 미국 제2대 대통령과 제6대 대통령으로 취임한다.

이 보고서가 제출된 1895년에는 이미 미국 공업화가 상당히 진전되어 대구 어업의 경제적 중요성은 상대적으로 줄어들어 있었다. 그런 가운데에서도 전국적인 철도망 건설로 내륙부에서 생선 수요가 눈에 띄게 확대되어 있었다. 이런 상황에서 어민의 수는 갑작스럽게 불어난 수요를 따라잡을 수 없었다. 당시 잉글랜드 자치령이던 캐나다에서 들여오는 값싼 어류 관세를 올려달라고 정부에 집요하게 요구하는 사태가 벌어졌다. 역사의 아이러니라고 말할 수밖에 없는 상황이었다.

어느 시대에나 대구는 '자유'를 상징하는 생선이었다. 바이킹 시대와 신항로 개척시대에는 뛰어난 보존식품으로 뱃사람들에게 '항해의 자유'를 선사했다. 또 뉴잉글랜드에서는 청교도에게 '종교의 자유'라는 추상적인 의미에서의 자유를 보장해주었다. 그러면서도 사람들은 대구의 상징성으로 근대 중상주의 보호 정책과 정면으로 맞부딪쳐 싸웠다. 여기에는 미국이 잉글랜드에 독립을 요구하는 배경에 자유롭게 물고기를 잡으며 경제활동을 하고 싶다는 대구잡이 어부들의 욕망이 짙게 깔려 있었다. 그리고 그 자유는 미국이 실현한 민주주의의 근간인 '자유'의 원류 중 하나를 형성했다.

24. 뉴잉글랜드에서 분탕질치는 잉글랜드 어민

잉글랜드 어민들의 횡포는 도를 넘어서는 수준이었다. 그들은 이미 아이슬란드 원양어업 시대부터 난폭함으로 사람들 사이에서 공포의 대명사가 되어 있었다. 아이슬란드 원양어업 초창기부터 잉글랜드 어민은 조업료를 징수하기 위한 덴마크 국왕의 압력을 받으면서도 순순히 굴복하지 않았다. 잉글랜드 어민은 덴마크에서 파견한 아이슬란드 관리와 수시로 분쟁을 일으켰다.

1491년 잉글랜드 국왕 헨리 7세는 옥스퍼드 백작이자 해군 지휘관인 존 드 비어(John de Vere) 앞으로 편지를 보냈다.

> 우리 국민이 권리와 도의를 저버리고 다른 나라 국민에게 훔치고 빼앗고 강탈한다는 덴마크 국왕의 불평이 접수되었다.

장소가 뉴잉글랜드로 바뀌어도 잉글랜드 어민의 거친 성향은 달라지지 않았다. 그들은 프랑스와 스페인, 포르투갈 어선을 습격해 뉴펀들랜드섬 남부에서 쫓겨나기도 했다. 잉글랜드 정부가 뉴펀들랜드섬에 식민지를 건설하려고 하면서 그곳 어민들과 거세게 충돌했다. 어민들은 의회를 통해 국왕에게 특허장을 발부받아 경영에 참여하려던 상인들의 특허회사(Chartered company)를 공격했다.

잉글랜드 대구 어업에는 어장 가까이에 건어물을 말릴 공간이 필요했다. 한데 이 나라의 어업이 확대됨에 따라 건어물을 말릴 덕장이 부족해졌다. 험프리 길버트 경이 뉴펀들랜드섬 애벌론반도에 건설한 목적도 이 덕장 부족 문제를 해결하기 위해서였다. 그는 엘리자베스 1세에게 특허를 얻어 식민지 영주가 된 인물이다.

험프리 길버트 경은 특정 지대를 내면 덕장을 계속 소유할 수 있도록 하는 영구 임대 절차를 마련했다. 처음에는 누구나 이 권리를 얻으려고 혈안이 되었으나 차츰 권리 교부가 이루어지지 않게 되었다. 『대구잡이』라는 책에서 해럴드 이니스는 잉글랜드 서부 지역의 어선이 덕장 영구 임대 권리에 반발한 결과가 아닐까 추정한다.

해럴드 이니스가 제시한 가설을 뒷받침하는 근거를 자세히 설명하기 전에 식민지가 건설된 사회 구조에 대해 잠깐 살펴보자. 식민지 건설은 통상 국왕이 한 명의 귀족이나 여러 명의 출자자가 모여 설립한 '회사'에 특허를 내주며 시작된다. 험프리 길버트 경은 국왕에게 특허를 얻었는데 그에게 특허를 내준 국왕은 엘리자베스 1세였다. 제임스 1세 시대에 들어서고 나서는 공동 출자 형태가 주류로 자리 잡았다. 이렇게 특별한 권리를 획득한 회사를 '특허회사'라고 부른다.

특허회사가 특허를 기반으로 얻은 권리는 본래 특정 지역과의 무역을 독점하는 권리였다. 머스커비 회사(Muscovy Company, 1555), 스페인 회사(Spanish Company, 1577), 레반트 회사(Levant Company, 1581), 동인도회사(East India Company, 1600) 등이 대표적인 예다. 1606년에 특허를 얻은 버지니아 회사(Virginia Company)는 이름으로도 짐작할 수 있듯 버지니아 식민지를 건설하고 운영하는 권리를 따냈다. 필그림 파더스는 이 버지니아 회사에서 허드슨강 연안에 식민지를 건설할 토지 권리를 따냈다.

제임스 1세 시대에 건설된 식민지도 이 특허회사를 통해 이루어졌다. 런던과 브리스틀 상인이 출자한 런던&브리스틀 회사(London and Bristol Company)에 특허가 발부되었다. 제임스 1세는 존 가이(John Guy)를 총독으로 세워 애벌론반도의 쿠퍼스코브(Cuper's Cove)에 식민지를 건설했다. 이는 1610년의 일이었다. 당연하게도 그들의 목적은 말린 대구를 이베리아반도, 지중해 시장에 수출해 삼각무역으로 이익을 챙기려는 것이었다. 그러나 그들은 불법을 일삼는 잉글랜드 어민의 횡포에 시달리다가 결국 목적을 달성하지 못했다. 1611년 존 가이는 뉴펀들랜드에서 어민이 지켜야 할 규칙을 공표했다. 그 내용을 살펴보면 당시 어민들이 얼마나 막무가내였는지 알 수 있다.

- 바닥짐과 건어물을 납작하게 펴서 누르는 돌, 그 밖에 항구에 해가 되는 모든 물건을 항구에 내던져서는 안 되고 연안까지 안전하게 가지고 와야 한다. 건어물 제조를 위한 덕장, 간유를 제조하는 오두막, 건조대, 대못, 못, 그 밖에 덕장에 딸린 모든 장비를 파괴하거나 손상을 입히는 행위, 특히 약탈하는 행위를 엄하게 금지한다.
- 덕장은 필요한 만큼만 사용하고 덕장을 수선할 때는 숲에서 베어낸 나무를 사용해야 한다.
- 다른 사람의 덕장을 마구잡이로 해체해서는 안 된다.

뉴펀들랜드섬의 케이프랜덤

이 규칙이 공표된 후에도 잉글랜드 어민들의 횡포는 좀처럼 사그라질 줄 몰랐다. 그러자 1615년 리처드 휘트번 경(Sir Richard Whitbourne)이 식민지 해사법원(Vice Admiralty Court)에 배속되어 어민의 악행을 조사하기 위해 뉴펀들랜드에 부임했다. 휘트번 경은 잉글랜드가 스페인의 무적함대를 무찌른 칼레 해전에서 네 척으로 이루어진 작은 함대를 지휘한 경험이 있는 해군 지휘관이었다. 이후 그는 뉴펀들랜드에서 어민으로 생활하며 대구잡이에 종사하기도 했다. 그는 어업으로 생계를 꾸려나가는 사람치고는 드물게 열렬한 식민지 옹호론자였다. 또한 그는 런던&브리스틀 회사를 통해 리뉴스—캐퍼헤이든(Renews—appahayden) 토지를 사들인 윌리엄 본(William Vaughan)의 부탁을 받고 한때 총독직을 수행하기도 했다. 이는 1618년부터 1620년의 상황이었다. 그런 휘트번 경이 1622년에 출간한 『뉴펀들랜드 담론과 발견(A Discourse and Discovery of New-found-land)』이라는 책에 온갖 해적 행위와 더불어 존 가이가 제정한 규칙을 위반하는 어민의 모습이 자세히 묘사되어 있다.

대니얼 우들리 프라우스(Daniel Woodley Prowse)가 집필한 『뉴펀들랜드 역사(A History of Newfoundland from the English, Colonial, and Foreign Records)』(1895)에 따르면 이 시기 "뉴펀들랜드 식민지는 사실상 법도 정부도 존재하지 않았다. 1만 5,000~2만 명에 달하는 그야말로 제멋대로인 어민 집단 사이에 질서를 확립할 만한 수준의 무력은 민간에도 군에도 없다"고 한다. 이 책에서 저자는 잉글랜드 어민이 얼마나 거칠고 무질서했는지를 다음과 같이 간결하면서도 명쾌하게 표현한다.

> 교역하러 오는 포르투갈인과 프랑스인, 기타 온갖 이방인이 잉글랜드 어민보다 고분고분하게 질서에 순종한다.

물론 이는 식민지를 경영하고 대구 교역에서 독점 상태를 확립하려고 애쓰던 특허회사의 관점에서 바라본 상황이므로 아무런 비판의식 없이 곧이곧대로 신뢰해서는 안 된다고 생각한다. 어민에게는 나름대로 할 말이 있다. 1618년 12월 서부 지역 어항이 잉글랜드 본국에 특허회사가 보내온 이민자를 비난하는 탄원서를 제출했다. 이민자들이 어업에서 가장 중요한 어장을 빼앗고 어민들이 남겨둔 소금과 통, 보트, 덕장, 기타 설비를 강탈하고 해적행위를 권장했다는 주장이다.

"고기잡이로 가장 바쁜 시기"에 해사법원을 소집해 "출석하지 않으면 간유와 물고기로 벌금을 매기겠다"고 엄포를 놓았다. 소송 후반 부분은 시시비비를 가리기 어려워 보인다. "이민자에게 내준 특허에 포함된 권리에는 우선적인 고기잡이 권리"가 포함되어 있지 않다는 어부들의 주장은 뉴펀들랜드 혼란의 배후에 자리한 사건의 진상을 적나라하게 보여준다. 보호무역으로 성립하는 중상주의와 '자유주의' 사이의 치열한 한판 싸움이었다. 험프리 길버트 경이 내세운 '덕장 영구 임대 정책'도 어민의 관점에서 보면 고기잡이의 자유를 빼앗는 중상주의를 반영한 정책으로 보였을 것이다.

자유주의를 신봉하는 어민들은 교역상 특권을 부여한 스페인 회사와 레반트 회사 등의 특허회사로 공격의 화살을 돌렸다. 어선은 특허회사의 반값으로 뉴펀들랜드 산 소금에 절인 대구를 스페인과 포르투갈, 이탈리아에 도매가로 내다 팔 수 있었다. 어민들은 스페인, 포르투갈, 프랑스와 교역의 자유를 인정받았다. 이는 1606년의 일이었다. 이후 특허회사가 대대적인 반격에 나섰으나 어민과 소규모 상인이 한 발짝도 물러서지 않고 투쟁하자 결국 철수했다.

애덤 스미스는 『국부론』(1766)에서 자유주의 경제에 관해 체계적으로 서술한다. 그는 "새로운 식민지의 자연스러운 경제발전을 고의로 저해하는 방편 중에서 배타적인 회사의 방침이 최악이다"라며 특허회사를 신랄하게 공격한다. 잉글랜드 어민은 『국부론』이 출간되기 수백 년 전부터 말 그대로 자유주의를 실천해왔다. 비교적 적은 자본으로 운영되고 국가 지배의 영향이 미치지 않는 바다 위에서의 상행위는 다소 거칠지언정 자유주의 정신을 기르는 밑거름이 되었다.

뉴펀들랜드를 식민지로 만들려는 노력은 이후로도 계속되었다. 그러나 노골적으로 적개심을 드러내는 어민의 거센 저항에

뉴펀들랜드섬에서 어부들이 잡은 대구를 손질하는 상황을 묘사한 그림

부딪혀 번번이 실패로 돌아갔다.

1638년에 총독으로 취임한 데이비드 커크 경은 1651년까지 자리를 지켰다. 그는 매년 어업 사용료를 징수하려고 잉글랜드 어민들과 충돌하다가 결국 본국으로 소환되었다. 뉴잉글랜드의 상황도 마찬가지였다. 1620년 뉴잉글랜드 평의회는 제임스 1세에게 북위 40도에서 48도까지 광대한 영역의 특허를 취득했으며 그 지역의 어업 독점권도 함께 확보했다. 필그림 파더스는 원래 허드슨강 연안에 식민지를 건설할 계획이었다. 초반에 그들은 버지니아 회사에서 토지 권리서를 발부받다가 뉴플리머스로 이주한 후인 1621년에 뉴잉글랜드 평의회에서 토지 권리서를 재발부받았다. 이 특허회사도 어민에게 사용 요금을 요구했고 위법 조업을 감시하기 위한 함대까지 파견했다. 그러나 이 회사 역시 어민들의 격렬한 저항으로 좌절의 쓴맛을 봐야 했다.

이러한 혼란은 본국 정부에도 소식이 전해져 이후 정책에 영향을 줄 수밖에 없었다. 찰스 1세의 불행은 즉위와 동시에 이러한 문제가 본국에서 불거지며 시작되었다고 볼 수 있다. 『뉴잉글랜드 어업사(A History of the New England Fisheries)』(1911)를 집필한 레이먼드 맥팔런드(Raymond McFarland)가 지적한 대로 청교도 혁명의 전제로 의회 해산을 꼽을 수 있다. 어업의 자유를 추구하는 어민들이 항의하는 목소리는 찰스 1세가 의회를 해산하는 한 요인으로 작용했다.

25. 잉글랜드의 서인도제도 사탕수수 재배가 '소금에 절인 대구' 수요를 폭발적으로 늘린 이유

뉴펀들랜드라는 작지만 중요한 섬에서 대서양을 둘러싼 남북 아메리카 대륙과 유럽 세계, 그리고 아프리카 대륙이라는 좀 더 넓은 세계로 시야를 넓혀보자. 그 드넓은 공간에서 무려 100여 년 동안 잉글랜드와 프랑스라는 두 패권국가가 좀 더 넓은 영역을 차지하고자 치열한 다툼을 벌이고 있었다. 17세기 중반부터 18세기 중반 사이에 벌어진 상황이었다.

17세기 중반에 두 패권국가는 뉴펀들랜드 인근 해역과 서인도제도라는 엇비슷한 지역에 포석을 놓고 판세를 뒤집을 기회를 호시탐탐 노리기 시작했다. 사뮈엘 드 샹플랭(Samuel de Champlain)이 세인트로렌스강 유역에 터를 잡고 식민지를 건설한 1608년 이래로 꿋꿋하게 버텨온 퀘벡 식민지였다. 그 후 1664년 루이 14세의 재무 총감으로 중상주의 정책을 추진했던 장 바티스트 콜베르(Jean-Baptiste Colbert)가 퀘벡 식민지에서 대대적으로 식민지 활동을 개시했다.

한편 잉글랜드 진영에서는 청교도 혁명으로 잉글랜드 어선의 세력이 눈에 띄게 쇠퇴했다. 그리고 1662년에는 뉴펀들랜드의 애벌론반도 플라센티아(Placentia)에 프랑스 식민지가 건설되었다.

1630년 이후 프랑스는 서인도제도로 진출해 플랜테이션 방식으로 설탕 생산에 몰두하기 시작했다. 콜베르는 대대적인 육성책을 펴서 설탕 생산에 힘을 실어주었다.

1641년 프랑스와 앙숙인 잉글랜드는 카리브해의 바베이도스(Barbados)에서 사탕수수를 재배하기 시작했다. 이는 그 무렵 본토에서 초콜릿 음료와 홍차가 크게 유행하며 설탕 소비가 급증한 탓이었다. 카리브해에서의 사탕수수 재배로 큰 재미를 본 잉글랜드는 이를 계기로 잉글랜드령 서인도제도에서도 설탕을 생산하기 시작했다. 그 바람에 사탕수수 농장에서 부릴 노예와 노예의 식량으로 쓸 소금에 절인 대구 수요가 덩달아 폭발적으로 늘어났다. 즉 '대구'와 '설탕'과 '노예'라는 똑같은 상품을 두고 잉글랜드와 프랑스라는 두 나라가 치열한 경쟁을 벌였다. 이 경쟁에서 잉글랜드의 패권 확립에 중요한 역할을 담당한 지역이 바로 뉴잉글랜드였다. 프랑스와의 경쟁 과정에 축적한 막대한 부를 밑천으로 삼아 잉글랜드의 미국 식민지는 독립을 위한 기반을 착실히 닦아 나갔다.

뉴잉글랜드가 크게 발돋움할 수 있었던 데에는 '항해 조례(The Navigation Act)'라는 뜻밖의 요인이 있었다. 청교도 혁명 시기에 의회를 통과한 이 조례는 잉글랜드와 그 식민지에 상품을 수입할 때 잉글랜드 또는 그 상품의 생산국 이외의 선박이 운송하는 것을 엄격히 금지했다. 누가 봐도 중상주의적인 이 조례는 당시 네덜란드의 중계무역 독점을 저지하려는 노림수였다. 이는 결과적으로 제1차(1652~1654), 제2차(1665~1667) 잉글랜드—네덜란드 전쟁(Anglo-Dutch Wars)의 원인이 되기도 했다.

왕정복고 후인 1660년에는 잉글랜드 식민지에서 생산된 설탕, 담배, 면, 인디고 등 일종의 '네거티브 리스트(Negative List)'인 특정 '열거 품목'을 잉글랜드와 잉글랜드 식민지 이외의 지역 운송을 금지했다. 그로부터 3년 후인 1663년 잉글랜드 정부는 유럽 상품을 식민지로 수입할 때 본국을 거쳐야 한다는 조례를 제정했다. 얼핏 보면 식민지인 뉴잉글랜드에 불리한 조례처럼 여겨질 수 있었으나 사실은 그렇지 않았다.

1661년부터 뉴잉글랜드는 각종 수산물을 잉글랜드 이외의 유럽 여러 나라에 판매하기 시작했다. 게다가 소금만 여타의 상품과 달리 다른 유럽 나라에서 잉글랜드를 거치지 않고 뉴펀들랜드와 뉴잉글랜드로 곧장 팔려나가는 일이 허용되었다. 이는 1663년의 상황이었다. 이 조치 탓에 뉴펀들랜드와 뉴잉글랜드에서는 밀수로 재화가 빠져나갈 구멍이 뚫린 셈이었다. 따라서 이 조례는 한편으로는 네덜란드의 중계무역 독점 체제를 타파하고 제2차 잉글랜드—네덜란드 전쟁을 통해 북미 대륙에서 네덜란드 식민지를 몰아냈다. 게다가 뉴펀들랜드를 비롯한 아메리카 식민지의 무역 상인에게 유리한 상황을 가져다주었을 뿐 아니라 그 조례의 불리한 부분에 관해서는 법망을 교묘히 빠져나가며 얼마든지 무력화할 수 있었다. 보스턴 의회당에 '3대째 대구 상'을 장식하도록 발의한 존 로도 독립전쟁 이전에는 밀무역으로 재력을 쌓은 거대 무역상이었다.

대구 어부로 출발한 뉴펀들랜드 무역상은 공격적인 상업주의 측면에서 잉글랜드 어민의 유전자를 확실히 물려받았다. 그들은 자신의 이익을 위해서라면 국익도 국법도 아랑곳하지 않았다. 그들은 잉글랜드령, 프랑스령 따위의 구별 없이 서인도제도에서 소금에 절인 대구를 적극적으로 판매했다. 또한 서로 짜고 상품 가격을 인위적으로 끌어올리는 바람에 잉글랜드 측 설탕 플랜테이션 소유자의 입에서 불평불만이 쏟아져 나올 정도였다.

한편에서는 값이 상대적으로 저렴한 프랑스령 설탕 밀수가 성행했다. 그로 인해 프랑스령에서 생산한 설탕이 잉글랜드 본토로 흘러 들어가기 시작했다. 프랑스는 뉴잉글랜드에서 소금에 절인 대구를 수입하지 않으면 설탕 플랜테이션 산업을 존속할 수 없는 상태였다. 남북 식민지의 경제적 통합이라는 의미에서 프랑스는 열세에 처했다. 그 때문에 원래 프랑스 무역상에게 돌아가야 할 이익을 뉴잉글랜드가 중간에서 가로채다시피 흡수해버렸다.

잉글랜드가 우세를 점한 이 상황은 1670년대에 이르러 북미를 무대로 한 전쟁으로 판세 굳히기에 들어갔다. 뉴잉글랜드의 대구 어선은 뉴펀들랜드섬 서쪽에 있는 노바스코샤로 진출했다. 또한 뒤늦게 뉴펀들랜드에서 증가한 이민자들이 대구잡이를 교역으로 지배하며 이들 지역에서 프랑스 세력을 압도해 나갔다. 유럽의 스페인 왕위 계승전쟁(Guerra de Sucesión Española, 1701~1714)과 연동한 앤 여왕 전쟁(Queen Anne's War, 1702~1713) 결과 체결된 위트레흐트 조약에서 이러한 상황이 확인되었다. 잉글랜드는 뉴펀들랜드, 노바스코샤, 허드슨만 지역의 영유권을 획득했다. 다만 뉴펀들랜드 북쪽 해안은 프랑스 어업권을 인정했다.

또 유럽에서 7년 전쟁과 연동해 프렌치 인디언 전쟁(French and Indian War, 1754~1763)으로 맺어진 파리 조약으로 잉글랜드는 캐나다, 미시시피강 동쪽 지역을 프랑스의 손아귀에서 낚아채 갔다. 반면 프랑스는 아바나와 교환하는 조건으로 스페인으로부터 동플로리다를 획득했다. 동시에 프랑스는 뉴펀들랜드 남단에 있는 생피에르 미클롱(Saint-Pierre et Miquelon)에 딸린 두 개의 작은 섬과 뉴펀들랜드 북쪽 해안에서의 어업권을 제외한 모든 권리를 빼앗긴 채 북미 전역에서 밀려났다.

26. 대구 어장을 지키기 위해
사탕수수 플랜테이션 농장주 · 잉글랜드 정부라는
거대 권력에 맞선 뉴잉글랜드 어민의 끈질긴 투쟁

대구잡이에서 프랑스의 열세가 굳어졌다. 그런데도 이후의 상황은 뉴잉글랜드에 유리하지 않았다. 뉴잉글랜드는 프랑스의 명의를 넘겨받은 영역에 제대로 뿌리 내리지 못했다. 옛 프랑스령 지역에는 프랑스 출신 이민자가 다수 남아 있었다. 잉글랜드 해협의 저지섬(Jersey Island) 등 채널 제도의 자본이 영어와 프랑스어를 모두 구사하는 자신의 강점을 살려 이 지역에 빠르게 침투했다. 엎친 데 덮친 격으로 뉴펀들랜드와 노바스코샤 자본이 급성장하며 뉴잉글랜드는 품질이 뛰어난 소금에 절인 대구를 취급하는 남유럽 시장 쟁탈 경쟁에서 열세에 놓였다.

뉴잉글랜드는 상업과 무역의 70퍼센트 이상을 서인도제도 시장에 의존했다. 그런데 서인도제도에는 프렌치-인디언 전쟁 이후로도 프랑스령이 여전히 남아 있었다. 당시 서인도제도의 설탕 플랜테이션 농장 소유주는 특권을 부여받아 강고한 독점 체제를 구축하고 있었다. 이런 상황에서 그들은 오래전부터 프랑스령 서인도제도에서 설탕을 사들이는 미국 식민지 무역상에게 불만을 품고 있었다. 이런 상황에서 1733년 그들은 적극적인 로비로 본국 의회를 움직여 당밀 조례를 통과시키는 데 성공했다. 이는 잉글랜드령 이외의 지역에서 생산된 설탕에 높은 관세를 부과하는 조례로 사실상 미국 식민지가 프랑스령 서인도제도의 설탕을 수입하지 못하도록 막는 조치의 하나였다. 그러나 이런 조치에도 불구하고 실제로는 밀무역이 오히려 증가하는 좋지 않은 결과를 낳았다.

1763년 파리조약이 체결된 이후 사태가 급변했다. 원래 파리조약에 따라 잉글랜드는 북미 프랑스 식민지를 취하거나 프랑스령 서인도제도를 취하거나 둘 중 하나를 선택해야 했다. 두 가지 안 중에서 잉글랜드는 북미 식민지를 선택했다. 왜 그런 선택을 했을까? 국내 경쟁 상대를 되도록 늘리지 않고 캐나다라는 새로운 독점시장을 차지하고자 하는 설탕 플랜테이션 농장주의 입김이 작용한 결과였다(다만 도미니카, 그레나다 등 몇몇 섬은 당시에도 잉글랜드령이었다).

서인도제도 총독부는 북미 대륙에서 자국 세력의 소금에 절인 대구 공급을 거의 완벽히 차단당하고 있었다. 같은 해에 총독부는 '설탕과 럼의 교환'이라는 조건을 붙여 소금에 절인 대구를 포함한 타국의 상품 수입을 허가했다. 당연하게도 이 조치는 잉글랜드령 서인도제도에서 자유경쟁이라는 허용하기 어려운 상황을 초래했다. 이후 1764년 전해에 이미 효력을 상실한 당밀 조례를 쇄신하는 형태로 설탕 조례가 만들어졌다. 이는 플랜테이션 농장주의 반발과 전쟁으로 피폐해진 국고를 회복시키려는 본국 정부의 이해가 맞아떨어지며 생겨난 이례적인 결과였다. 그로 인해 수입해오는 당밀에 부과되는 관세는 절반으로 줄었다. 그 연장선에서 잉글랜드 정부는 법을 좀 더 엄격히 집행하며 밀무역 업자들의 숨통을 바짝 조였다.

프랑스령 서인도제도 총독부는 당밀에서 럼을 증류하는 일뿐 아니라 소금에 절인 대구를 수입하는 방식의 설탕과 럼 교환을 조건으로 내걸었다. 서인도제도를 최대 거래처로 삼은 뉴잉글랜드의 대구 어업에 종사하는 어부들에게 이 일이 사활을 건 문제로 여겨질 수밖에 없었던 것은 그래서였다.

파리조약으로 서인도제도의 크고 작은 섬이 잉글랜드령으로 바뀌었다고는 하지만 상황은 크게 달라지지 않았다. 예컨대 프랑스령 과들루프(Guadelope) 한 곳에서만 잉글랜드령 서인도제도 전체의 설탕 생산량을 웃돌았다. 게다가 잉글랜드령 서인도제도 전체의 당밀 생산량 측면에서도 럼 제조가 활발한 로드아일랜드 당밀 수입량의 3분의 2 수준에도 못 미쳤다.

대구 어업과 럼 제조가 발달한 뉴잉글랜드는 설탕 조례에 거세게 반발했다. 잉글랜드 정부는 그에 아랑곳하지 않고 이듬해에 의회의 도움을 받아 인지 조례를 통과시켰다. 이는 오랜 전쟁으로 바닥을 드러낸 국고를 채우기 위한 고육책이었다. 잉글랜드 정부는 여기서 한발 더 나아가 타운센드법(Townshend Acts)과 100년 전에 제정된 항해 조례를 세수를 늘리기 위한 꼼수 수단으로 바꾸기 위한 조례까지 줄줄이 통과시켰다. 1767년의 상황이었다. 이러한 과격한 조치는 당연히 식민지 전체의 거센 반발을 불러왔고 독립전쟁으로 이어졌다. 아무튼 이 조례가 통과되며 "대표 없이 과세 없다(No taxation without representation)"라는 헌법 논의가 본격화한다. 이처럼 미국 독립전쟁의 본질은 정치보다는 '경제'에 초점이 맞춰져 있었다.

역사의 수레바퀴는 돌고 돌아 비슷한 사건이 반복된다. 이 시기에 북아메리카 대륙에서 일어난 일은 사실 15세기 초 아이슬란드 원양어업 시절부터 되풀이되어온 익숙한 싸움이었다. 뉴잉글랜드 어부는 자신의 어선을 사략선으로 개조해 맞불 작전을 펼치며 설탕 시장을 독점하려는 플랜테이션 농장주와 항해 조례를 개정해 중상주의적 압력을 가하려는 본국 정부에 격렬히 저항했다. 이는 잉글랜드 어민들이 자신들에게 세금을 징수하려는 덴마크 정부와 뉴펀들랜드에서 무역과 어업을 독점하려고 덤비는 특허회사에 맞서 싸운 것과 비슷한 상황이었다.

27. 뉴잉글랜드 대구 어부의 정치의식이 민주주의를 앞당겼다고?

1939년에 출간된 책 『양키 요리책(The Yankee Cookbook)』의 저자 이모진 울컷(Imogene Wolcott)은 잉글랜드 어부들 사이에 전해 내려오던 민간전승에 관해 이야기한다. 이 전승에 따르면 예수 그리스도가 『신약성서』에서 민중을 굶주림에서 구하기 위해 일으킨 오병이어의 기적에 나오는 물고기가 대구라고 한다. 그런 까닭에 이후 "대구는 '성스러운 대구'가 되었다"라는 주장이다. 물론 이는 터무니없는 주장이 아닐 수 없다. 왜냐하면 당시 지중해에 대구가 있었을 리 만무하기 때문이다.

그러나 대구가 뉴잉글랜드에서 해낸 지대한 역할을 고려하면 이러한 전승이 생겨날 만도 하다는 생각이 든다. 1895년의 〈성스러운 대구〉라는 보고서에 나오듯 대구는 뉴잉글랜드 번영의 상징과 같은 물고기였다. 대구는 뉴잉글랜드에서 그야말로 황금알을 낳는 거위 같은 존재였으며 그 밖에도 상징성이 컸다. 대구가 가져다준 부를 '자유'가 뒷받침해주었다고 할까. 애덤 스미스는 미국 독립전쟁이 한창이던 1776년에 『국부론』을 출간했는데 이 책을 통해 뉴잉글랜드 어업에 찬사를 보냈다.

잉글랜드 정부는 식민지에서의 어업 확장을 통해 무엇을 얻고자 했을까? 무엇보다 잉글랜드는 물론이고 스코틀랜드와 웨일스를 포괄한 전체 잉글랜드, 즉 그레이트브리튼(Great Britain)의 해운업을 확대하고 해군력을 강화하고자 했다. 그 결과 잉글랜드 식민지 어업은 '자유'의 기치 아래 많은 혜택을 얻었으며 번영을 누렸다. 그중에서도 특히 뉴잉글랜드 어업은 근대화 이전의 북아메리카 대륙에서 가장 중요한 산업 중 하나로 인정받았다.

이 자유를 정부가 보장해주었던 것은 아니다. 어부들이 피 터지게 싸워서 자유를 쟁취했다고 할 수 있었다. 물론 그들도 처음에는 원하는 만큼 벌고 싶다는 지극히 개인적인 욕망에서 행동에 나섰을 것이다. 그러나 특허회사나 정부에 맞선 치열한 다툼 과정에 차츰 정치적 권리 의식으로 승화되었다.

당연하게도 미국 독립전쟁은 뉴잉글랜드만의 문제는 아니었다. 그러나 적어도 뉴잉글랜드는 대구 어부의 정치의식이 민주주의가 점차 완전한 형태를 갖춰 나가는 흐름 속에서 하나의 원류로 작용했다고 말할 수 있다.

존 애덤스는 잉글랜드와의 강화조약 협상에서 이제는 남의 나라가 돼버린 뉴펀들랜드 인근의 어장에 커다란 애착을 보였다. 그는 1895년 의회 보고서에서 '미국 건국의 아버지'로 칭송받은 위인이자 독립운동을 주도한 인물이다. 애덤스는 그 어장을 되찾기 위한 방편으로 잉글랜드의 미시시피강 항행권을 인정했다.

존 애덤스의 아들 존 퀸시 애덤스는 여러 대표 중 한 사람으로 잉글랜드와의 교섭 자리에 참여했다. 아버지 존 애덤스가 활약하던 때로부터 30여 년 후인 1812년 영—미 전쟁 강화조약을 체결하기 위한 자리였다. 아버지와 마찬가지로 퀸시 애덤스는 뉴펀들랜드 어업권에 상당한 관심과 집착을 보였다. 아무튼 그는 미시시피강 항행권을 잉글랜드로부터 되찾아오고 싶어 하는 남부와 서부 여러 주의 반대에 부딪혀 해당 조약은 명기하지 않는 형태로 가까스로 어업권을 관철해냈다. 1895년 보고서에서 아버지 존 애덤스와 비교해 아들 존 퀸시 애덤스가 상대적으로 낮은 평가를 받은 것은 바로 이 때문이었다.

대구라는 생선에는 흑역사가 있다. 대구에는 '흑인 노예나 먹는 싸구려 생선'이라는 인식이 있었고 백인이 흑인을 착취하는

존 애덤스는 잉글랜드와의 강화조약 협상에서
이제는 남의 나라가 돼버린 뉴펀들랜드 인근의 어장에
커다란 애착을 보였다. 그는 1895년 의회 보고서에서
'미국 건국의 아버지'로 칭송받은 위인이자
독립운동을 주도한 인물이다.

제2대 미국 대통령 존 애덤스

구조로 거대한 경제 시스템의 한 축을 담당해왔다는 불명예스러운 역사가 스며 있다. 설령 흑인 노예가 고된 중노동에 내몰려 혹사당하며 설탕과 담배와 목화를 생산하지 않았다 해도, 노예무역에서 직접적인 이익을 얻지 않았다 해도 이 불명예는 대구에 영원히 오점으로 남게 될 것이다. 그러나 노예제도 폐지를 요구하는 민권 운동의 다양한 원류 중 하나에 대구 어업의 밑바탕이 된 자유에 관한 신념과 열망이 깔려 있었다는 사실만은 부정할 수 없다.

앞서 언급한 대로 새뮤얼 수얼 판사는 보스턴 의회당에 걸린 초대 대구 상을 기증한 사람으로 알려져 있다. 흥미롭게도 그는 노예제도 반대론자이기도 했다. 존 애덤스는 미국 독립 선언의 기초를 마련한 주인공 중 한 사람이다. 미국 독립 선언 원안에는 원래 노예제도를 "인간의 존엄을 해치는 학대 행위"라고 규정한 구절이 있었다. 이 원안을 놓고 대륙회의에서 오랜 논의를 거쳐 채택하려 할 때 남부 식민지 주의 격렬한 저항이 있었다. 결국 모든 미국 식민지 주의 단결을 위해 애덤스는 어쩔 수 없이 그 구절을 삭제하는 결단을 내렸다고 한다.

아들 존 퀸시 애덤스도 아버지의 정신을 이어 노예제 폐지를 위해 싸웠다. 또 만년(晩年)에 그는 일개 하원의원으로 일하며 노예선인 아미스타드호 선상 반란 사건(La Amistad Ship Rebellion)을 일으킨 흑인 노예들의 변호를 맡기도 했다. 존 퀸시 애덤스는 연방 대법원 벽에 걸린 독립선언문을 가리키며 "내 의뢰인의 사건에 효력을 미치는 법은 우리 아버지들이 우리나라 존재의 기초로 삼았던 자연법과 주님의 법 외에는 없다고 믿는다"라고 엄숙히 선언했다. 퀸시 애덤스는 독립선언문이 노예제도를 부정하는 충분한 근거를 내포하고 있다는 사실을 명확히 이해하고 있었다. 비록 독립선언서에서 노예제도를 부정하는 구절은 삭제되었지만 그 의미는 조금도 손상될 수 없다고 그는 믿었던 것으로 보인다. 그는 '생명, 자유, 행복 추구'라는 모든 인간이 신에게 부여받은 '천부적 권리'에 기초해 아미스타드호 흑인의 자유와 권리를 위해 당당히 싸웠다.

『신약성서』에 나오는 물고기는 '가난한 사람에게 하느님의 자비로운 마음을 베푼다'는 의미를 내포하고 있다. 물고기가 지닌 이 성스러움은 먼저 청어를 통해 드러났고 대구로 이어져 발현되었다.

만약 어업이 발전하지 않았다면 과연 서양 세계가 오늘날의 수준으로 인구를 늘릴 수 있었을까? 단언하건대 그렇지 않았을 가능성이 크다. 육류는 식민지가 급속히 확대되며 그와 비례하여 자연스럽게 생산량이 증가했다. 한편 청어와 대구는 가난한 사람도 식탁에 올릴 수 있는 소중한 단백질 공급원으로 『신약성서』에서 보여준 물고기의 의미를 끊임없이 세상에 드러내 보여준 셈이었다. '필그림 파더스'의 사례는 물고기의 상징성이 조금 특이한 형태로 표출된 사건에 불과하다.

오늘날 그 물고기에는 새로운 성스러움이 부여되었다. 바로 기독교에서 파생한 민주주의라는 정치사상에서 중핵적인 가치를 담당하는 '자유'의 개념이다. 애덤 스미스의 말대로 이 '자유'야말로 어부들의 행복과 뉴잉글랜드 번영의 주춧돌이 되었다. 뉴잉글랜드 어부들 사이에 구전되어 온 전승은 물고기가 지닌 이 두 가지 성스러움과 부합한 결과 탄생했다고 볼 수 있다. 매사추세츠주 의회당에서 지금도 의사 진행 과정을 두 눈 부릅뜨고 지켜보고 있는 성스러운 대구 조형물은 서양 세계에서 물고기가 맡은 종교적, 경제적, 군사적 역할의 연장선 위에 있다. 그리고 그 도착점 중 하나로 민주주의를 상징한다고 나는 생각한다.

국가와 대자본을 거느린 상인집단의 규제와 압박을 불편한 마음으로 바라보던 어부들에게 민주주의야말로 반드시 구현해야 할 정치 체제가 아니었을까. 그런 맥락에서 앞으로도 오랫동안 매사추세츠주의 성스러운 대구는 역사라는 바닷속을 유유히 헤엄쳐 다닐 것이다.

05

HERRING/COD

청어와 대구는 중세 유럽의 기독교 사회를 어떻게 지배했나

단식일이 '고기를 먹지 않는 날'에서
'생선을 적극적으로 먹는 날'로 탈바꿈함에 따라 생선은
기독교 세계 경제 시스템의 주인공으로 떠올랐다.
그리고 한발 더 나아가 기독교 세계의 역사를 좌우하는
주요 요인으로 작용했다.

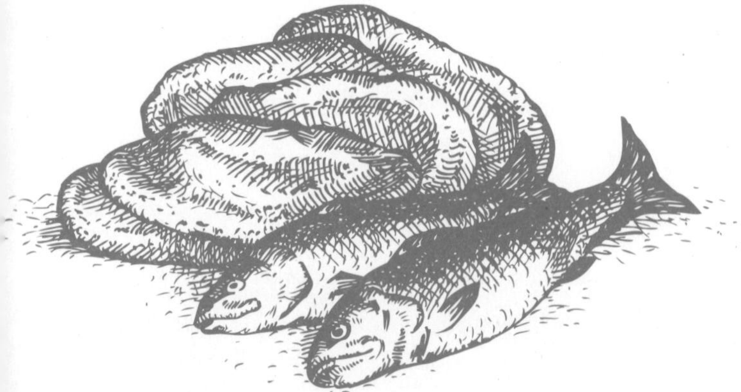

28. 중세 기독교는 왜 극단적으로 식욕을 금기시하고 억압했을까

기독교는 사람이 뭔가를 '먹은 행위'가 원죄가 되는 상당히 독특한 종교다. 아담과 이브는 에덴동산에서 영원히 추방되었다. 금지된 선악과를 먹어 신의 분노를 산 까닭이었다. 신은 자연에 저주를 걸었다. 그 탓에 아담과 이브는 에덴동산에서 살던 시절과는 전혀 다른 식생활을 할 수밖에 없었다. 잠시 『구약성서』의 한 구절을 살펴보자.

> 너는 네 아내의 말에 넘어가 따 먹지 말라고 내가 일찍이 일러둔 나무 열매를 따 먹었으니 땅 또한 너로 인해 저주를 받으리라. 너는 죽도록 고생해야 먹고 살리라.
>
> —「창세기」 제3장 제17절

에덴동산에 사는 동안 아담과 이브는 무엇을 먹고 살았을까? 일설에 따르면 과일과 허브만 먹으며 생활했다고 한다. 과연 사실일까? 글쎄, 사실 여부를 정확히 알 수는 없지만 사람이 과일과 허브만 먹고 살 수는 없는 노릇이다. 후세에는 과일을 지나치게 많이 섭취하면 오히려 몸에 좋지 않다는 믿음이 퍼져 나갔다. 로마제국의 그리스 출신 의학자 갈레노스(Galēnos, 129?~199년?)의 견해에 영향을 받은 결과였다. 다시 말해 태초에 인류가 주로 섭취했던 과일이 주식으로 적합하지 않다는 믿음이 자리 잡은 셈이다. 이에 관해 토머스 엘리엇 경(Sir Thomas Elyot)은 인류의 체질이 낙원을 상실한 이후 바뀌었기 때문이라고 주장했다. 『건강의 성(The Castle of Health)』(1541)이라는 책에서였다.

아담과 이브는 신이 정해놓은 음식에 관한 유일한 금기를 깼다. 주식인 과일과 허브가 넘쳐나는 에덴동산에서 '선악과를 먹어선 안 된다'라는 바로 그 금기였다. 그 죄로 두 사람은 에덴동산에서 쫓겨났다. 그들은 식생활의 자유가 없는 거칠고 냉혹한 세계로 내동댕이쳐졌다. 엘리엇의 주장대로 아담과 이브가 에덴동산에서 쫓겨나게 되면서 인류는 체질까지 바뀌고 말았을지 모를 일이다.

기독교 초기 교부들은 이 '사실'을 단식 의식을 주장하는 그럴듯한 논거로 삼았다. 테리사 M. 쇼(Teresa M. Shaw)의 『육식의 짐: 초기 기독교에서의 단식과 성행위(Burden of the Flesh: Fasting and Sexuality in

Early Christianity)』(1998)에는 그 저작물의 내용이 자세히 소개되어 있다.

예를 들어 "최초의 인류는 육체 안에 머물면서 육체의 속박 밖에 있었으며, 그들은 '고통에서 해방된 천사와 같은' 상태였다"라고 주장한 이가 있다. 그는 바로 요한네스 크리소스토무스(그리스어로, 영어로 John Chrysostom, 349년경~407년)로 4세기 후반에 교부로 활동한 사람이다. 또 그는 『창세기 강론(Homilies on Genesis)』에서 선악과라는 금지를 단식의 원형으로 보아야 한다고 목소리 높여 주장하기도 했다.

"만약 최초의 금욕 율법을 어기지 않았더라면 우리에게는 단식이라는 율법이 없었을 것이다"라는 주장도 있다. 이는 아마시아(Amasya)의 성 아스테리아(Saint Asterius)가 『설교집』에서 설파한 내용으로 4세기 후반의 일이다.

한 가지 주장만 더 살펴보자.

> 음식에 관한 욕구가 불복종을 유발했으며 혀의 쾌락이 낙원에서 우리를 추방되게 만들었다.

소아시아 폰토스(Pontos) 출신이며 4세기에 활약한 인물인 에우아그리오스 폰티코스(Euagrios Pontikos)가 한 말이다.

중세 교부들은 에덴동산과 그곳에서 살던 아담과 이브의 육체야말로 정상이라고 여겼다. 그들은 추방당한 이후의 인류는 자연의 저주를 받은 것이나 다름없다고 생각했다. 또 그들은 '먹는 행위'를 통해 인간의 육체에 문제가 생긴다고 보았다. 그러므로 단식을 저주받은 육체를 올바른 상태로 돌려놓고 완벽했던 에덴동산 시절로 되돌아가는 중요한 수단으로 인식했다.

> (우리 인류는) 단식을 하지 않아 낙원에서 추방당했다. 그러니 지금 당장 단식하자. 우리가 낙원으로 되돌아갈 수 있도록!

4세기 카이사레아(Kaisareia)의 주교였던 바실리오(Basil the Great)가 『금식에 관하여(De jejunio)』에서 한 말이다. 그는 『금욕주의(The Ascetica)』라는 다른 책에서 "식욕을 억누를 수 있다면 낙원에서 살 수 있고 식욕을 억제하지 못한다면 죽음의 희생자가 될 것이다"라고 주장하기도 했다.

325년 니케아 공의회(Councils of Nicaea)에서 부활절 일정을 정식으로 결정했다. 이 자리에서 단식 기간이 40일로 정해졌다. 이는 '사순절'이라는 이름으로 불렸다. 사실 부활절 전 단식하는 관습이 이때 처음 생겨난 것은 아니었다. 그 이전부터 이미 부활절이 되기 전 단식하는 행위가 오랫동안 이어져 오고 있었다. 그러다가 니케아 공의회의 결정을 계기로 '40일 단식'으로 자리 잡게 된 것이었다.

부활절 이전 금식 기간은 왜 40일로 정해졌을까? 예수 그리스도가 광야에서 40일 동안 단식했다는 일화에서 비롯된 것으로 보인다. 그런데 초기 기독교에서는 단식에 그 이상의 의미를 부여했다.

초기 기독교는 극단적으로 단식의 중요성을 강조했다. 위에 언급한 것과 같은 음식에 관한 엄격한 분위기 탓이지 않았을까. 이와 관련된 흥미로운 사례를 하나 살펴보자.

이집트에 거점을 둔 콥트 정교회(Coptic Orthodox Church of Alexandria)와 수도원에서 수도사에게 허용된 음식물은 '빵'과 '소금'과 '물'뿐이었다. 이 규율은 성 요한 카시아누스(Saint Joannes Cassianus)가 유럽에 맨 처음 들여왔다. 4~5세기에 활동한 카시아누스는 프랑스 마르세유(Marseille)에 수도원 두 개를 세웠다. 이는 베들레헴과 이집트에서 단식 수행을 하고 이집트 사막에서 에우아그리오스 폰티코스 등 고행하는 수도사의 제자로 수행한 뒤 한 일이었다. 테리사 M. 쇼는 "성 요한 카시아누스가 수도원에서 했던 평소 식사는 빵과 소금과 오일뿐으로 하루 섭취량이 930칼로리 정도였다"라고 썼다. 이 정도 열량이라면 가벼운 기아 상태나 다름없다. 그로 인해 후세에 '극단적인 단식을 피하라'는 가르침이 나오기도 했다. 지나치게 단식을 강조하는 풍조로 인한 부작용이 많은 탓이었다. 그러나 단식을 대하는 기본 사고방식과 태도는 유럽 수도원에서 맥이 끊이지 않고 꾸준히 이어져 내려왔다.

29. 초기 기독교가 '뜨거운 고기' 육류를 금하고 '차가운 고기' 생선 섭취를 권장한 까닭

기독교가 단식 기간에 특히 금기로 여겼던 음식이 있다. 먹으면 죄가 되는 음식이란 과연 무엇이었을까? 바로 '고기'다. 라틴어 번역 성서를 처음으로 완성한 성 히에로니무스(Eusebius Hieronymus, 345?~419년?)는 이렇게 말했다.

> 고기를 먹고, 와인을 마시고, 배가 두둑이 찰 때까지 먹는 행위는 육욕의 온상이다.

히에로니무스는 육욕이야말로 신이 금지한 선악과를 먹은 탓에 발현된 죄로 여겼다. 다시 말해 육욕은 기독교 낙원인 에덴동산에서 가장 불경스럽게 여겨지는 욕구인 셈이다. 그러므로 그는 기독교 신자라면 마땅히 최선을 다해 이 욕구를 물리쳐야 한다고 생각했다.

고기와 와인을 육욕과 결부 짓는 태도의 배경에는 그리스와 로마 세계에서 발달한 의학지식이 자리하고 있다. 이는 기독교가 성립하기 이전부터 발달한 지식이었다. 또한 고대 그리스·로마 시대의 히포크라테스(Hippocrates, BC 460?~BC 377년?)와 갈레노스가 주창한 체액 이론이 바로 그 지식의 요체였다.

히에로니무스는 육욕이야말로 신이 금지한 선악과를 먹은 탓에 발현된 죄로 여겼다. 다시 말해 육욕은 기독교 낙원인 에덴동산에서 가장 불경스럽게 여겨지는 욕구인 셈이다. 그러므로 그는 기독교 신자라면 마땅히 최선을 다해 이 욕구를 물리쳐야 한다고 생각했다.

히에로니무스를 그린 알브레히트 뒤러의 그림

체액 이론은 단순한 의학 이론을 뛰어넘는 심오한 이론이었다. 이 이론은 우주와 인간의 신체 관계를 설명하고 우리 몸과 인간 기질의 관계까지 설명한다. 당시 사람들은 우주 만물이 네 개의 원소로 구성되어 있다고 굳게 믿었다. 공기, 불, 흙, 물이라는 네 가지 원소에는 각각 두 가지 기본적인 특질이 있다. 공기는 따뜻하고 습하며 불은 따뜻하고 건조하다. 흙은 건조하고 차가우며 물은 차갑고 축축하다.

한편 인체에도 네 가지 체액, 즉 혈액, 황담즙, 흑담즙, 점액이 존재한다. 각각의 체액은 네 가지 원소와 대응 관계에 있다. 혈액은 따뜻하고 습한 공기와 대응한다. 황담즙은 따뜻하고 건조한 불과 대응한다. 흑담즙은 건조하고 차가운 흙과 대응한다. 점액은 차가운 물과 대응한다. 그리고 인체에서 비율이 가장 높은 체액이 있어 그 인물의 성격을 규정한다.

이는 각 사람에게 고유한 체액의 비율이 있는데 질병이란 그 비율의 균형이 무너진 상태라는 해석이다. 만물이 네 가지 원소로 이루어져 있기에 만물의 일부인 음식도 네 가지 요소로 구성된다. 이는 '의식동원(醫食同源)'이라는 한의학의 개념과도 일맥상통하는 이론이다. 말하자면 체액 이론은 오롯이 '의식동원'에서 비롯된 발상이다. 즉 체액 균형이 무너져 병에 걸리면 흐트러진 균형을 음식으로 바로잡을 수 있다는 뜻이다. 반대로 같은 음식만 먹으면 건강한 사람이라도 균형이 무너져 병에 걸리게 된다는 의미이기도 하다. 따라서 요리할 때는 항상 이 원칙을 염두에 두어야 한다. 예를 들어 이유식을 먹는 어린아이에게는 우유에 빵 부스러기를 섞어 먹이도록 권장하는 식이었다. 우유는 '따뜻하고 습한' 음식이다. 원소로 치면 '공기', 체액으로 말하자면 '혈액'에 대응하는 음식 재료다. 그러므로 '황담즙'과 '흑담즙'을 발생시키는 빵과 섞어 먹음으로써 균형을 맞춰야 한다.

서양 요리에는 유독 과일을 굽거나 졸이는 조리법이 많다. 과일은 익히지 않고 그대로 먹으면 '차갑고 축축한' 음식 재료다. 그러므로 한꺼번에 지나치게 많이 먹으면 몸에 나쁘다고 여겨 불을 사용하는 조리법이 발달했다.(식후 디저트로 아삭하고 새콤달콤한 과일을 생으로 깎아 먹으며 입가심하는 우리에게 '익힌 과일'은 낯선 음식이다. 동양과는 반대로 서양에서는 익힌 과일을 즐겨 먹는다. 예를 들어 프랑스에서는 콩피(Confi)라는 요리 기법을 활용해 각종 과일을 익혀 먹는데 설탕 등의 단 재료나 버터 등의 기름에 과일을 넣고 끓여서 만든다. 이렇게 요리하면 과일의 아삭한 식감이 사라지고 단맛은 더해진다. — 옮긴이)

의학자들은 인간의 성욕도 이 체액 이론을 바탕으로 설명했다. 갈레노스에 따르면 남성 성기나 여성 성기는 기본적으로 같다. 다만 남성은 선천적으로 열이 많아 성기가 더 완전하게 발달하여 육체 밖으로 돌출했으며 상대적으로 체온이 낮은 여성은 성기 발육이 불완전해 돌출하지 않았을 뿐이다. 남성과 여성 성기에서 모두 자멘(Samen, 독일어로 '씨앗', '정자' 또는 '정액')이 생성되는데 그

'자먼'을 생성하는 재료가 '프네우마(Pneuma)'와 혈액이다.

프네우마란 스토아학파가 상정한 영혼의 실체를 일컫는 말이다. 플라톤학파가 영혼을 비물질적 개념으로 규정한 데 반해 스토아학파는 영혼을 물질적 개념으로 규정했다. 갈레노스는 '영혼이 육체의 세 곳에 깃들어 있다'라는 플라톤학파의 견해에 동의했으나 영혼이 물질적 개념이라는 스토아학파의 주장도 받아들였다.

그러므로 성욕을 억누르고자 한다면 '자먼'과 자먼을 생성하는 혈액을 발생시키는 식품을 삼가거나 생성을 억제하는 식품을 먹어야 한다. 고기나 와인은 성질이 뜨겁고 습한 음식이므로 혈액을 생성한다. 오늘날 '핫 와인'이라고 하면 따뜻하게 데운 와인을 떠올리기 마련인데 체액 이론이 정통 의학 원리로 통용되던 시대에는 다른 의미로 사용되었다.

'핫 와인'이라고 하면 와인 중에서도 특히 '뜨거운 성질이 강하고 가격이 비싼 와인'을 말한다. 제프리 초서(Geoffrey Chaucer, 1343~1400)의 책 『캔터베리 이야기(The Canterbury Tales)』의 「상인 이야기」 편에는 늙은 기사가 '히포크라스(Hippocras)'라는 이름의 음료를 마시는 장면이 나온다. 작품 속에서 늙은 기사는 젊고 아리따운 아가씨를 아내로 맞이했는데 그가 마신 독특한 음료는 레드 와인에 각종 향신료를 넣어 만든 것이었다. 그는 왜 이 음료를 마셨을까? 새롭게 혈액을 형성해 '밤일'에 매진하고자 일종의 정력 효과를 얻기 위해서였던 것으로 보인다. 이와 반대로 성욕을 억제하고자 한다면 '차가운' 음식을 먹어야 한다. 물속에 사는 물고기, 즉 생선을 사람들은 '차가운' 음식의 대표 격으로 인식한다.(오늘날 사람들은 '핫 와인'을 영어로 '멀드 와인', 프랑스어로 '뱅쇼'라고 부른다. 와인에 시나몬 등의 향신료와 각종 과일 등을 첨가해 따뜻하게 끓여서 겨울에 주로 마시는데 잉글랜드·프랑스만 아니라 유럽의 거의 모든 나라에서 즐겨 마신다. — 옮긴이)

30. 단식일의 변화: 육식을 금하는 날에서 적극적으로 생선을 먹는 날로

기독교의 단식은 애초 식욕이라는 간접적 쾌락을 이김으로써 육체를 극복하고 성욕의 원천인 육식을 거부함으로써 성욕을 억제하려는 목적으로 이루어졌다. 그러던 것이 세월이 지남에 따라 단식일에 생선을 먹는 것이 허용되었고 한발 더 나아가 적극적으로 생선을 먹는 날로 변화해갔다. 그러더니 급기야 '피시 데이', 즉 '생선을 먹는 날'이라는 말까지 생겨났다.('피시 데이'는 우리나라 가톨릭에서는 고기를 먹지 않고 몸과 마음을 깨끗이 하는 기간이라 하여 '금육제(禁肉齋)'라는 이름으로 불렸다. — 옮긴이)

이러한 변화의 배경에 무엇이 있었는지는 정확히 알기 어렵다.

다만 몇 가지 가설이 거론되는데 일테면 이런 것이다. 고대 비너스 여신을 믿는 신자는 매주 금요일에 여신에게 물고기를 바쳤으며 생선을 요리해 먹는 문화가 있었다. 한데 로마 시대에 기독교가 전파되는 과정에 로마 가톨릭이 그 문화를 수용하면서 생선을 먹는 문화가 관습으로 자리 잡았다는 얘기다. 비너스를 찬미하던 금요일은 기독교에서는 예수 그리스도가 십자가에 못 박힌 날에 해당하며 사순절 기간 이외에도 확고부동한 단식일로 정해져 있었다.

C. 앤 윌슨은 『석기시대부터 현대까지 잉글랜드에서의 음식과 음료』에서 이 가설을 지지했다. 그러나 브리튼섬에서 맨 처음 기독교를 포교하기 시작한 켈트교회는 문란한 이교의 여신과 관련 있는 물고기를 꺼림칙하게 여겼다. 단식일에 생선을 먹는 풍습을 브리튼섬에 들여온 것은 좀 더 나중 일로 켈트교회가 아닌 로마 가톨릭에 의해서였을 것이라고 사람들은 주장한다. 다만 이 주장은 어디까지나 추정일 뿐 정확한 상황은 알 수 없다.

이렇듯 당시의 일은 구체적인 자료가 남아 있지 않은 탓에 상당 부분 추측과 상상력에 의존할 수밖에 없다. 그러나 '순수한 저녁식사'라는 의미를 가진 유대인의 '세나 푸라(Cena pura)'가 기독교로 계승되었을 가능성도 배제할 수는 없다고 본다. 아니, 어쩌면 굳이 비너스나 '세나 푸라'를 끄집어낼 필요가 없을 수도 있다. 초기 기독교 교부들은 아담과 이브가 에덴동산에서 추방된 사건을 단식의 근거로 들었다. 에덴동산에서 인류는 과일과 허브를 먹었고 생선은 낙원에서 추방되고 난 뒤에야 차츰 먹기 시작했다. 그런데 이 주장을 곧이곧대로 받아들인다면 콥트 정교회 소속의 고행하던 수도사들이 먹던 빵 역시 낙원에서 추방된 뒤에야 비로소 먹기 시작한 음식인 셈이다. 게다가 당시 물고기라는 상징은 이미 기독교 안에 깊숙이 자리 잡고 있었다.

『잉글랜드 교회사(Historia Ecclesiastica Gentis Anglorum)』(731)를 집필한 성 베다(Saint Beda, 674?~735)는 7세기 요크의 주교였던 성 윌프리드(Saint Wilfrid, 634~709)와 물고기에 얽힌 일화를 소개한다. 윌프리드가 서식스 국왕을 알현할 당시 서식스 일대는 3년간이나 지속한 가뭄으로 인한 굶주림으로 고통받고 있었다. 이때 윌프리드는 주민들에게 고기잡이로 생계를 꾸리는 방법을 가르쳤다고 한다. 바다나 강이나 어디든 물이 있는 곳이라면 물고기가 넘쳐났기 때문이다. 그런데 주민들은 장어잡이 이외에는 어업 기술을 이해하지 못했고 선뜻 받아들이려 하지도 않았다. 그러자 윌프리드 주교를 수행하던 사람들이 각지에서 장어잡이 그물을 모아와 바다에 던져 넣었다. 그러자 하느님께서 은총을 베푸신 덕분인지 순식간에 다양한 종류의 물고기가 300여 마리나 잡혔다. 주민들은 크게 기뻐하며 윌프리드 주교에게 다가와 기꺼이 세례를 받고 기독교 신자가 되었다. 그러자 그때 비로소 하늘에서 비가 내리기 시작했다고 한다.

이는 『신약성서』를 바탕으로 삼아 만들어진 얘기임을 단박에 알 수 있다. 물론 어느 정도 살을 보태가며 꾸며낸 이야기이겠지만 말이다. 이 이야기가 성 베다의 창작인지 그 지방의 전설처럼 전해져 내려오는 이야기인지는 정확히 알 수 없다. 아무튼 신기하게도 이교도에게 포교하는 과정에서 '예수 그리스도의 기적이 구현된 물고기'라는 성스러운 상징이 점점 더 강화되었다. 한데 흥미로운 것은 포교를 받은 이교도 사이에서뿐 아니라 포교하던 교회 쪽에도 한층 깊이 파고들었다는 점이다. 게다가 체액 이론에 따르면 '차가운' 음식인 물고기는 성욕을 억누르는 효과까지 덤으로 얻을 수 있다.

어쨌든 물고기는 수도원과 교회의 구미에 딱 맞는 먹을거리였다. 성 베다의 이야기에는 장어잡이가 나오지만 실제로 기아에 허덕이는 사람을 돕고자 한다면 굳이 장어잡이 그물을 바다에 던져 넣을 필요도 없다. 당시 유럽에서는 마음만 먹으면 얼마든지 손쉽게 장어를 잡을 수 있었기 때문이다. 아마도 『신약성서』에 나온 기적을 재현한 이야기를 역사적 사실에 스리슬쩍 버무려 넣다 만들어진 오류가 아닐까 싶다.

봄이 오면 장어의 치어 떼가 강을 거슬러 올라온다. 그러다가 가을이 되면 산란하기 위해 강을 따라 내려간다. 그 덕분에 온 나라 안의 보와 호수와 습지에 장어 떼가 넘쳐나 통발을 넣어두거나 그물을 쳐두면 일 년 내내 손쉽게 장어를 잡을 수 있었다. 여기에 더해 냉장고 같은 보관시설이 없던 시대에 장어는 몇 시간 정도 훈제만 해도 장기간 보관이 가능한 식품이라는 점도 중요했다. 위에서 언급한 대로 훈제하여 장어를 장기간 보존할 수도 있지만 파이로 만들어 오래 보관하는 방법도 있었다. 우리는 파이라고 하면 보통 식후에 먹는 달콤한 디저트를 떠올린다. 파이는 원래 식품을 신선한 상태로 오래 보존하기 위한 조리 기술로 개발되었다. 우선 파이 반죽으로 용기를 만들어 그 안에 장어 등의 생선을 넣어 녹인 버터를 넉넉히 첨가한 다음 공기를 차단하는 방식으로 만들었다. 그 밖에도 파이 중에는 향신료나 말린 과일을 넣는 종류도 있었다. 보존성이 뛰어난 훈제 장어와 장어 파이를 화폐처럼 사용하기도 했고 토지 사용료로 영주에게 바치기도 했다.

잉글랜드 수도원은 서로 앞다투어 장어를 확보하는 일에 열을 올렸다. 잉글랜드 서부를 남쪽으로 흐르는 세번강(Severn River)은 뱀장어와 칠성장어가 풍부한 지역이다. 셰익스피어 시대에도 윌리엄 캠던의 『브리타니아(Britannia)』에 이 지방의 특산물이 장어라고 기록되어 있다.

세번강에는 수도원이 소유한 보가 35개나 있어서 항행의 안전을 위협할 정도였다. 케임브리지셔에는 일리(Ely)라는 지역이 있다. 일리에 있던 수도원은 토지 사용료로 1만 마리 이상의 장어를 매년 징수했다. 성 베다가 말하듯 일리는 광대한 습지에 둘러싸 물고기는 수도원과 교회의 구미에 딱 맞는 먹을거리였다.
성 베다의 이야기에는 장어잡이가 나오지만
실제로 기아에 허덕이는 사람을 돕고자 한다면
굳이 장어잡이 그물을 바다에 던져 넣을 필요도 없다.
당시 유럽에서는 마음만 먹으면 얼마든지 손쉽게
장어를 잡을 수 있었기 때문이다.

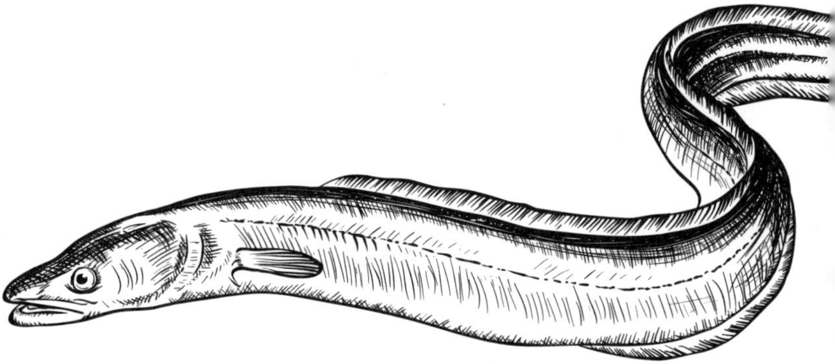

여 있는데 그 덕분에 "(이들 습지에서는) 장어를 많이 잡을 수 있어 그런 이름이 붙었다"라고 한다. 참고로 영어로 장어를 'eel'이라고 한다.

당시 단식일에 물고기를 먹는 행위에 전혀 거부감이 없었을까? 그렇지는 않았던 것 같다. 아마도 단식의 본래 의미를 생각하면 전혀 죄책감을 느끼지 않기는 어려웠을 것이다. 아무리 『신약성서』에서 성스러움을 부여하고 자면 생성을 억제하는 효과가 있다고 체액 이론이 뒷받침해준다 해도 말이다.

기독교가 널리 전파되고 수도원이 광대한 영지를 소유하게 되자 수도원의 규율 회복과 세속 권력에서 독립을 목표로 개혁 운동이 베네딕트회 수도원에서 일어났다. 이는 10~11세기 초의 일이다.

개혁 운동 과정에 쓰인 것으로 알려진 「단식의 계절」이라는 잉글랜드 시가 있다. 여러 가설이 분분하던 단식일의 기원에 관한 견해를 보여주는 종교시다. 이 시는 단식일에 생선을 먹는 행위를 다음과 같이 묘사한다.

> 과거의 고귀한 분들이 40일 단식을 얼마나 엄격히 지켰는지 우리는 알고 있다. 그와 마찬가지로 우리는 하느님의 사람을 통해 이 세상에 사는 모든 이가 주님이 부활하시기 전 40일 동안 9시까지 단식을 지켜 파문당하지 않기 위해서라도 고기와 생선을 먹지 말라고 명령

한다. 그리고 성직자이며 아침 미사 후 아직 단식해야 하는 동안 와인을 마시며 굴과 생선을 아귀아귀 먹어 치우는 족속이 있음을 개탄한다.

보라! 그들은 불경스럽고 거짓된 말로 시종을 설득했으며 먹기 위한 굴과 아침에 마실 고급 와인을 내왔다고 해서 죄가 되지 않는다고 이야기한다. 그리고 그들은 자리에 앉아 두둑하게 배를 채우기 시작한다. 와인을 축복하고 그 죄를 몇 번씩 용서하고 서로 '올바른 인생'이라며 소리 높여 추어올려 미사가 끝난 뒤에는 모두가 지치고 만다. 와인을 마시고…… 물속에 사는 굴과 여타 물고기를 먹어도 상관없다고 말한다.

이 시는 그 이전의 다른 어떤 시보다 더욱더 엄격한 잣대를 적용했다. 베네딕트파 개혁 운동이 한창이던 시기에 집필된 종교시이기 때문이었을 것이다.

반대로 이렇게 생각해볼 수도 있다. 이 시대까지 단식일에 생선을 먹는 행위는 성직자들 사이에 널리 퍼져 있었다. 성직자에게는 단식일에 생선을 먹는 행위를 정당화할 만큼의 충분한 변명거리가 마련되어 있었다. 안타깝게도 그 변명거리가 무엇이었는지는 이 시에 나오지 않는다. 『신약성서』에 등장하는 물고기 기적이든 윌프리드의 이야기든 아니면 체액 이론이든 어쨌든 변명거리는 차고도 넘쳤다.

31. '청어'와 '대구'가 중세 유럽의 기독교 세계 경제 시스템을 좌우할 수 있었던 이유

18세기 이전에 서민들은 싱싱한 날고기를 연중 사계절을 통틀어 여름에만 먹을 수 있었다. 여름이라도 형편이 넉넉하지 않은 서민에게 고기는 일상적으로 구할 엄두조차 내기 어려운 사치스러운 음식이었을 것이다. 겨울에는 초목이 자라지 않아 가축을 먹이는 데 필요한 여물을 구하기가 어려웠으므로 사실상 축산이 불가능했기 때문이다. 그런 까닭에 사람들은 가을이 오면 번식을 위한 가축을 제외한 거의 모든 가축을 도살한 뒤 고기를 소금에 절여 보관했다. 비단 고기만이 아니었다. 부활절이 지날 무렵까지 버터와 치즈, 달걀도 충분한 양을 얻지 못했다. 사순절 단식은 갈무리해둔 식량이 떨어져 고통받기 시작하는 때와 시기적으로 정확히 겹친다.

부활절은 유럽에서 사람들이 태음절을 주로 사용하던 시기에 정해진 축일이다. 그러므로 본격적으로 태양력을 사용하게 되고 나서는 해마다 날짜가 바뀔 수밖에 없다. 아무튼 매년 3월 21일부터 4월 25일 사이 중 어느 일요일이 부활절에 해당하는데 그 46일 전인 재의 수요일(Ash Wednesday)부터 사순절이 시작된다. 사순절 자체는 글자 그대로 40일이지만 그 기간에 일요일이 들어 있어 총 '46일'이라는 기간이 나온다. 부활절이 해마다 달라지면 사순절이 시작되는 시기도 덩달아 달라져서 2월 4일부터 3월 10일 중 어느 날부터 시작한다.

이런 맥락에서 이 시기에 고기를 먹지 않는 관습은 경제적으로도 합리적인 선택이었다고 볼 수 있다. 4세기 초 동로마 제국의 리키니우스(Valerius Licinianus Licinius, 270?~325) 황제는 특정한 날에 생선을 먹도록 명을 내렸다. 그는 왜 그런 명령을 내렸을까? 아마도 양에 제약이 있는 육류 소비를 억제하려는 경제적 이유에서였을 것이다. 이는 『석기 시대에서 최근까지 잉글랜드에서의 음식과 음료』에서 C. 앤 윌슨이 추정한 내용이다. 그러나 단식일이 지닌 경제적 의미와 가치는 단지 육류 소비의 절약에만 머물지 않았다.

단식일은 사순절 기간의 40일로 끝나지 않았다. 시대에 따라 달랐지만 그리스도가 십자가에 못 박힌 금요일과 수요일, 심지어 토요일이 단식일로 지정된 시기가 있었다. 또 주요 성인을 기리는 축일에도 사람들은 자주 단식했다. 심지어 각종 비용을 결산하는 날이던 '사분기 결산일(Quarter-day, 잉글랜드에서는 3월 25일 성모 영보 대축일, 6월 25일 세례자 요한 탄생 대축일인 미드 서머 데이, 9월 29일 성 미카엘 대천사 축일, 12월 25일 크리스마스)'도 단식일로 정해졌다. 그러고 보면 당시만 해도 1년의 거의 절반 가까이가 단식일이었던 셈이다.

경제학적 관점에서 볼 때 단식일은 '고기를 먹을 수 없는 날'이라는 약간 부정적이고 소극적인 날로 받아들여서는 안 된다고 본다. 그보다는 기독교 세계에서 모든 신자가 '생선을 먹는 날'이다. 그로 인해 1년의 절반 정도 기간 엄청난 양의 생선 수요가 발생한다. 이렇듯 단식일이 '고기를 먹지 않는 날'에서 '생선을 적극적으로 먹는 날'로 탈바꿈함에 따라 생선은 기독교 세계 경제 시스템의 주인공으로 떠올랐다. 그리고 한발 더 나아가 기독교 세계의 역사를 좌우하는 주요 요인으로 작용했다.

사람들이 단식일을 '생선 먹는 날'로 받아들이게 하는 데에는 몇 가지 필수조건이 있었다. 그게 무엇이었을까? 우선 아무리 생선을 먹고 싶어도 생선이 없으면 먹을 수 없다. 유통과 보존 기술이 발달한 오늘날과 달리 대량 운송 기관도 냉장고도 없던 시대에 생선을 먹어야 한다는 종교적 관습을 지키는 것은 말처럼 쉬운 일이 아니었다.

먼저, 많은 양의 생선을 한꺼번에 잡기 위해서는 고도의 어업 기술이 뒷받침되어야 했다. 또 여기에 더해 그렇게 잡은 대량의 생선을 장기간 보존하는 기술도 필요했다. 물론 장기간이라고는 하지만 요즘처럼 편의점이나 마트 같은 소매 형태 판매가 발달한 세상이 아니었다는 점을 염두에 두어야 한다. 게다가 유럽의 내륙부에 사는 주민까지 포함해 모든 기독교 신자에게 생선을 골고루 분배해야 한다. 이를 위해서는 당연히 효과적인 물류 시스템이 필수적이다. 사순절은 한 달이 넘는 긴 기간이므로 1~2주밖에 보관하지 못하는 생선이라면 무용지물이다. 마지막으로 대량의 상품을 운송하는 능력이 확립되어야 했다. 이 세 가지 조건을 모두 충족하지 못하면 자칫 심각한 사회 문제가 발생할 위험이 도사리고 있었다.

중세 전반기에는 장어가 생선 수요를 어느 정도 충족해주었다. 그러나 중세 후반기에 이르면 장어 대신 청어와 대구가 가장 중요한 주인공으로 급부상한다.

이런 흐름 속에서 청어와 대구 모두 대량의 어획이 이루어졌다. 14세기에 무려 1년간이나 보존할 수 있는 '소금에 절인 청어'라는 상품이 등장했다. '스톡피시'라는 이름의 상품도 탄생했는데 이는 대구로 만든 것이었다. 스톡피시는 소금에 절인 청어보다도 훨씬 오래 보존할 수 있었다. 놀랍게도 이 상품이 개발된 시기는 10세기 이전이었다.

이런 흐름의 연장선에서 등장한 것이 바로 그 유명한 '한자동맹'이다. 처음에 이 동맹은 '소금에 절인 청어'의 판로를 독점하여 엄청난 이익을 얻고 영향력을 확대했는데 나중에 '스톡피시'로 전략 상품을 바꾸었다. 그 과정에 한자동맹은 코그선이라는 이름의 중세시대 최초 대형 운송선을 동원하기도 했다. 청어는 한자동맹뿐 아니라 이후 네덜란드와 잉글랜드의 운명에 엄청난 영향을 미쳤다. 이에 질세라 대구도 북미 대륙 개발과 미국 독립에 적지 않은 영향을 끼쳤다.

32. 신분과 생활수준에 따라 천차만별이었던 단식일의 다양한 생선

같은 음식만 계속 먹으면 건강한 사람이라도 신체 균형이 무너진다. 이는 당시 주류 의학 이론인 체액 이론의 견해였다. 문제는 단식이라는 종교적 율법이 의학적 '상식'을 무시하도록 일반 신자들에게까지 강요되는 시대였다는 점이다. 당대인은 이런 상황을 어떻게 받아들였을까?

어느 라틴어 교사가 학생용 라틴어 작문 교재로 사용하기 위해 책을 집필했다. 이 책에는 잉글랜드의 일상생활을 소재로 한 400여 편의 산문이 실렸는데 그 교사는 구어 라틴어로 쓰인 모범답안도 함께 집필했다. 15세기 말 잉글랜드 옥스퍼드가 그 무대였다. 한데 흥미롭게도 이 산문 중 한 편에 사순절 직후 생선에 대한 라틴어 교사의 지긋지긋한 감정이 생생하고도 진솔하게 표현되어 있다.

> 너희들은 모를 수도 있겠으나 나는 생선이라면 아주 넌더리가 난다. 식탁에 고기가 오르기를 얼마나 간절히 기다리곤 했는지 너횐 절대로 이해할 수 없을 것이다. 그럴 수밖에 없는 것이 나는 사순절 기간 내내 소금에 절인 생선만 주야장천 신물 나게 먹었기 때문이다. 그 탓에 내 몸에는 점액이 충만하고 목이 메어 말도 나오지 않고 숨도

잘 쉬어지지 않는다.

체액 이론에 따르면 생선은 "성질이 차갑고 점액을 발생시키는 음식"이다. 위에 인용한 라틴어 교사의 글에 나오는 점액이란 체액 이론에서 말하는 바로 그 점액이다. 그러므로 그가 생선을 물리도록 먹어 진저리나는 감정을 표현하기 위한 일종의 메타포로만 '점액'이라는 단어를 사용하지는 않았다고 추정된다. 다시 말해 라틴어 교사가 쓴 그 문장은 같은 음식만 줄기차게 먹으면 영양 균형이 무너져 건강을 잃게 된다는 당대의 의학적 '상식'에 근거한 발언이었다고 볼 수 있다. 흥미로운 점은 종교가 사람들의 몸과 마음을 모두 지배하는 엄격한 시대에도 일종의 '숨구멍'은 있었던 것 같다. 왜냐하면 당대에는 의사의 진단이 있으면 단식일에도 고기를 먹을 수 있다는 식의 '빠져나갈 구멍'이 마련되어 있었기 때문이다.

물론 한 편의 산문만으로는 근거가 턱없이 부족할 수도 있다. 게다가 추측하기로는 라틴어 교사가 그 산문을 쓴 때가 사순절을 막 넘긴 시점이었던 터라 더더욱 생선에 진저리를 쳤을 개연성도 충분하다. 또 그는 박봉을 받는 교사 신분이라 '소금에 절인 생선' 밖에 사 먹을 수 없었던 게 아닐까 싶기도 하다. 재미있게도 생선이라면 꼴도 보기 싫다던 그는 (그때까지 먹어보지 못한) 고급 생선을 앞에서는 전혀 다른 반응을 보인다.

> 나는 오늘 지금껏 단 한 번도 맛본 적 없는 새롭고 신기한 먹을거리를 만났다. 그것은 바로 싱싱한 게다. 펄펄 살아 있는 게가 알이 꽉 찬 상태로 내가 사는 마을에 들어왔다. 내 생각에 이것은 아마도 왕후를 위한 음식 재료였을 것이다. 통통하게 살이 오르고 실하게 알이 찬 게를 보고 나니 눈에 들어오는 모든 생선이 사랑스러워 보일 지경이었다.

참고로 당시 사람들은 게뿐 아니라 조개류도 모두 '생선'으로 분류했다. 단식일에 겪는 고통은 어느 정도 보편적이었지만 생활수준에 따라 그 정도는 천양지차였다. 빈곤층에 속한 사람의 경우 단식일 이외에도 육류를 자유롭게 먹을 수 없었고 단식일 기간에 선택할 수 있는 생선 종류도 한정되어 있었다. 반면 생활수준이 올라갈수록 단식일 기간에 먹는 생선 종류도 선택의 폭이 넓어지고 조리법도 다채로워졌으며 식사 때마다 훨씬 많은 시간과 공을 들여 요리했다.

가웨인 경이 녹기사의 도전을 받아 여행하던 중 크리스마스이브를 맞이한다. 우여곡절 끝에 그는 숲속에 있는 성에 머물게 되는데 여기서 큰 환대를 받는다. 바로 그 장면에서 당시 상류계급의 단식일 식탁 풍경이 생생히 묘사된다. 이는 14세기 후반에 집필된 『가웨인 경과 녹기사(Sir Gawayn ande þe Grene Knyȝt)』라는 로망(Roman)에 나오는 내용이다.

시종들은 그를 정중히 대접했다. 최고급 재료에 정성을 들인 요리를 두 사람 몫이나 푸짐하게 차려냈다. 시종들은 어떤 생선은 빵 속에 넣어 구웠고 또 어떤 생선은 잉걸불 위에서 훈제했다. 어떤 생선은 조렸으며 또 다른 생선은 스튜로 만든 다음 향신료를 뿌렸다. 그들은 맛을 최대한 살리고자 가지각색 방법으로 정성껏 요리했다. 그는 대접받은 요리를 그야말로 최고의 진수성찬이라며 감탄하고 칭송했지만 시종들은 황송해하는 얼굴로 그에게 말했다.

위의 글은 사순절 모습과 비교해 부유층의 호사스러운 단식일 식탁을 풍자한다. 실제로 부유층과 서민을 비교하면 단식일 식탁의 차이가 명백해진다. 당시 귀족 영지와 수도원은 대부분 수조를 갖추고 있었다. 수조는 활어를 양식으로 기르기 위한 시설이 아니라 생선을 산 채로 보관하기 위한 시설이었다. 그 덕분에 귀족과 수도원장은 단식일에 신선한 생선을 맘껏 먹을 수 있었다.

싱싱한 물고기는 죽은 생선과는 비교도 안 될 정도로 값이 비쌌다. 실제로 싱싱한 물고기를 사려면 만만치 않은 값을 치러야 했기에 평범한 사람들은 감히 살 엄두도 못 냈다. 크리스토퍼 다이어(Christopher Charles Dyer)는 "돈을 내고 살 수 있는 담수어 종류는 지역에 따라 편차가 있다"라고 이야기한다. 『중세에서 살아가기: 850~1520년 영국인(Making a Living in the Middle Ages: The People of Britain 850~1520)』(2002)에서였다. 예를 들어 15세기 초에 세번강에서 주로 잡히던 평범한 잉엇과 물고기(Common Roach)는 한 마리에 4분의 1페니 정도로 소금에 절인 청어와 별반 차이가 없었다. 소형 뱀장어나 칠성장어는 그보다도 더 저렴했다. 하지만 대형 고급 어종은 사치품의 일종으로 인식될 만큼 가격이 비쌌다. 가령 다 자란 꼬치고기(Pike)는 2~3실링에 거래되었다. 이는 숙련된 장인의 일주일 치 임금과 맞먹을 정도의 큰 금액이었다. 그 밖에 미꾸라지는 한 마리에 6펜스 정도에 거래되었다. 이는 빵 24덩이나 질 좋은 잉글랜드 전통 맥주 에일(ale) 6갤런과 맞먹는 가격이다.

강과 호수 가까이에 사는 서민은 너무 까다롭게 고르지만 않는다면 시장에서 나름대로 괜찮은 생선을 얻을 수 있었다. 강에 나가 직접 낚시로 잡는 방법도 물론 있다. 그러나 지리적 이점을 누리지 못하는 지역에서는 옥스퍼드에 살던 그 라틴어 교사처럼 소금에 절인 청어나 말린 대구처럼 염장 생선을 질리도록 먹으며 하루하루를 보내야 했다.

33. 피시 데이 쇠퇴가 잉글랜드 어업 쇠퇴로, 어업 쇠퇴가 국방력(해군력) 쇠퇴로

종교개혁을 이끈 사람들은 피시 데이를 강하게 비판했다. 가톨릭의 허례허식을 드러내는 대표적인 사례라는 주장이었다. 당시다 자란 꼬치고기는 2~3실링에 거래되었다.
이는 숙련된 장인의 일주일 치 임금과
맞먹을 정도의 큰 금액이었다.

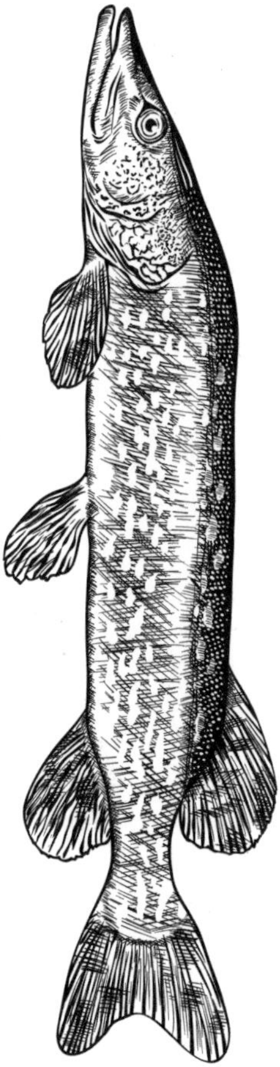

의 종교개혁은 커다란 변화를 일으키며 사회 전체에 변혁을 몰고 왔다. 그것은 단지 신앙적 측면만이 아니라 의식과 생활 전반(사람들의 생활 리듬, 그 리듬에서 파생되는 경제적 수요, 그 수요를 뒷받침하기 위한 경제활동 등 전반적 영역)에 이르는 거대한 운동이었다.

잉글랜드 교회 개혁 세력은 피시 데이에 애매모호한 태도를 보였다. 일테면 잉글랜드 교회는 공식적으로 피시 데이 폐지를 선언하지 않았다. 물론 가톨릭교회처럼 피시 데이 준수를 강요하지도 않았다. 그럼 그들은 어떻게 했을까? 그저 개인의 자율에 맡겼다.

잉글랜드 교회는 왜 이 문제에 이렇듯 어중간한 태도를 보였을까? 아마도 다른 나라에 비해 피시 데이에 대한 문제의식이 덜했던 게 아닌가 싶다. 여기에는 잉글랜드의 교회 개혁이 헨리 8세의 이혼 문제로 발단된 은밀한 정치적 배경이 있는 것 같다.

사실 헨리 8세 자신은 가톨릭을 믿었다. 그런데도 이후 대륙에서 프로테스탄트의 영향이 물밀 듯 밀려들었고 영향력도 점점 커졌다. 복잡한 정치 상황의 연장선에서 잉글랜드 정부가 울며 겨자 먹기 식으로 로마 가톨릭과 관계를 끊었기 때문에 일어난 현상이었다. 아무튼 그 과정에서 자연스럽게 피시 데이를 준수하는 마음가짐도 오래 사용한 허리띠처럼 느슨해졌다. 앞에서 소개한 라틴어 교사가 생선이라면 질색하던 감정을 고려하면 당연한 일이지 않았을까.

다소 느슨해지기는 했어도 이 시대에 여전히 생선을 고수하는 식단이 어느 정도 지켜졌던 것 같다. 피시 데이 풍습이 신앙의 증거로 여겨졌으며 이를 어기는 행위를 향한 주위의 따가운 눈총이 있었기 때문일 것이다.

어쨌든 이런 상황에서 그 라틴어 교사는 지긋지긋한 생선을 더는 억지로 먹지 않아도 되는 상황에 만세를 외치지 않았을까. 그러나 생선 소비가 크게 줄어들면서 국가 경제에 미친 영향을 생각하면 마냥 기뻐할 일만은 아니었다. 원래 종교적 요청에서 시작되었다고는 하나 종교 개혁 시대에 이미 피시 데이는 경제적 필요를 넘어 군사적 필요까지 충족시키고 있었다.

사람들이 피시 데이를 지키지 않자 어촌 항구가 한산해지고 쇠락해갔다. 이런 변화는 매우 급속히 이루어졌다. 얼마 지나지 않아 어촌 마을이 눈에 띄게 황폐해졌다. 이는 주요 생선 소비자였던 수도원을 헨리 8세가 폐쇄한 지 1~2년도 지나지 않아서 일어난 변화였다. 그 연장선에서 1541년 해외와 해상에서 사들인 생선을 판매 목적으로 잉글랜드에 반입하지 못하게 하는 법안이 의회에서 통과되었다.

어업이 쇠퇴하자 잉글랜드 정부는 다른 나라에서 더는 생선을 수입하지 않게 되었다. 윌리엄 세실 경은 런던에서 수산물 상인을 대상으로 어업 상황을 면밀히 조사했다. 헨리 8세의 뒤를 이어 국왕으로 즉위한 에드워드 6세(Edward Ⅵ, 재위 1547~1553) 시대의 일이었다. 당시 상인들의 보고에 따르면 헨리 8세 재위 20년째였던

1529년 무렵 440척의 어선이 조업에 나섰다고 한다. 그러던 것이 조사가 이루어진 1552년과 1553년에는 133척까지 곤두박질쳤다.

당시 어업 쇠퇴는 곧바로 해군력 쇠퇴로 이어졌다. 섬나라인 잉글랜드에게 해군력 쇠퇴는 곧 국방력 쇠퇴를 의미한다. 당시 어업 현장은 '해군 훈련소'나 다름없었다. 전쟁이 나면 어민은 기초 군사 훈련을 받고 즉시 해군으로 편성되어 복무했다. 그뿐만이 아니었다. 아직 전함이 충분히 갖추어지지 않은 당시만 해도 수시로 어선을 징발해 군함으로 사용했다. 사실 전시에 어선을 군함으로 활용하는 제도는 비교적 최근까지 지속하였다. 구체적인 예로 제2차 세계대전 당시 잉글랜드 정부는 대구잡이 트롤선을 소해정(Minesweeper, 기뢰를 찾아 제거하는 선박 — 옮긴이)으로 징발해 전장에 투입했다.

전쟁이 어업에 나쁜 영향만 미친 것은 아니었다. 전쟁 중에는 언제나 자연스럽게 대구 개체 수가 가파르게 증가했기 때문이다. 이는 많은 나라가 전쟁에 몰두하느라 대구잡이가 전면적으로 중단되다시피 한 덕분이었다. 전쟁이 끝나면 추운 겨울이 가고 따뜻한 봄이 오듯 어업도 회복되기 시작했으며 활황기를 맞이하곤 했다.

앞서 언급한 1541년 법령은 자국 어민 보호를 목적으로 한 것이었다. 그로부터 4년 후 이 법은 다시 한번 개정되었다. 그리고 에드워드 6세와 메리 여왕 시대에 이르러 또다시 개정이 이루어졌다. 이후 엘리자베스 1세 시대에 이르러서도 같은 취지에서 몇 번이나 법령이 만들어졌고 시행되었다. 이 시기 잉글랜드 어업 쇠퇴 현상을 두고 역사가들은 종교개혁이 가장 큰 원인이라는 주장에 대체로 찬성한다.

또 다른 원인으로는 이웃나라 네덜란드의 어업 발전을 꼽는다. 네덜란드는 잉글랜드와 중간에 바다를 두고 서로 마주 보고 있는 사이다. 이는 '역사의 아이러니'라고밖에 할 수 없는 현상이었다. 종교개혁이 네덜란드 사회에 미친 영향은 잉글랜드의 그것보다 훨씬 컸기 때문이다. 아무튼 결국 종교개혁의 불씨가 들불처럼 번져 나가 구교, 즉 가톨릭의 맹주였던 스페인에서 독립하는 네덜란드 독립전쟁으로 이어졌다.

소금에 절인 청어 제조 기술은 당시 네덜란드가 단연 세계 최고였다. 독보적 무기 청어를 앞세운 네덜란드가 승승장구하면서 한자동맹의 오랜 독무대가 드디어 막을 내렸다. 네덜란드는 탁월한 경쟁력을 기반으로 설령 국내 수요가 줄어들어도 나라 밖에서 얼마든지 그 수요를 대체할 수 있었고 판로를 확보할 수 있었다. 또한 생선 공급이 눈에 띄게 줄어든 잉글랜드 시장을 네덜란드산 청어가 야금야금 잠식하기 시작했다. 이 시기에 잉글랜드는 자국의 어업 부흥을 위해 철저한 보호무역 정책을 시행했다.

잉글랜드가 실행에 옮긴 또 다른 어업 부흥 정책은 '폴리티컬 피시 데이'였다. 에드워드 6세 시대인 1548년 잉글랜드 의회에서는 소금에 절인 청어 제조 기술은 당시 네덜란드가 단연 세계 최고였다. 독보적 무기 청어를 앞세운 네덜란드가 승승장구하면서 한자동맹의 오랜 독무대가 드디어 막을 내렸다.

통에 든 청어

'고기 절약을 위한 법안'이 통과되었다. 이 법안은 금요일과 토요일 주님 세례 축일, 사순절 등 기존의 피시 데이에 고기를 먹는 행위를 법적으로 금지하기 위해 제정되었다. 당연하게도 이후 잉글랜드 정부는 법을 위반하는 사람을 철저히 적발해서 벌금을 물리는 등 강력히 처벌했다.

모름지기 지켜야 할 성스러운 금욕은 덕에 이르는 수단이며 인간의 육체를 억제해 영혼과 정신의 지배하에 두는 방법이다.

여기까지만 보면 종교적 취지에서 발의한 법안으로 판단된다. 그러나 이어지는 구절을 보면 이 법의 의도가 전혀 다르게 보인다.

어부, 바다에서 어업을 생업으로 삼는 이들의 생계 보장과 지원을 고려한다.

잉글랜드의 폴리티컬 피시 데이는 종교에 정치적 필요성이 접목되어 탄생했다.

이러한 정치적 배경을 지닌 피시 데이가 16세기 후반 잉글랜드에서는 보호무역과 맞물리면서 주요 어업 진흥책으로 자리매김했다. 엘리자베스 1세의 충성스러운 신하 윌리엄 세실 경은 이 정책을 특히 열심히 추진한 인물이다. 그는 에드워드 6세 시절부터 어업 진흥을 중시해 어업 관련 조사를 주도해 실시하기도 했다. 한발 더 나아가 엘리자베스 1세 시대에 그는 수요일도 피시 데이로 지정해야 한다고 주장했다. 그는 청교도의 거센 반대를 물리치고 새로운 법안을 통과시켰다. 이 법안은 동시에 새로운 어업 보호무역을 목적으로 한 조항을 포함하고 있었다.

이 정책이 실제로 얼마나 성공적이었는지 평가하기는 어렵다. 그렇기는 하지만 1568년 노퍽과 서퍽 연안부의 주민은 1563년 법령 덕분에 지역 어획량이 눈에 띄게 증가했다고 보고했다. '4년 기한'이라는 조건을 달아 통과한 이 법령의 기한을 연장해 달라고 탄원했다. 그런데도 당시 북해 청어잡이에서는 잉글랜드 어업이 눈에 띄게 세력을 확장하지는 못했던 것 같다. 네덜란드 해상 세력이 너무도 거대하고 강력했기 때문이었다. 신대륙의 뉴펀들랜드는 발견 당시부터 대구 어장으로 많은 어선을 불러 모았다. 이후 잉글랜드 어선은 뉴펀들랜드 어장에서 확실한 우위를 점하게 된다. 이 모든 것은 16세기 말엽의 상황이었다. 그리고 이는 스페인 무적함대와 벌인 칼레 해전에서 잉글랜드가 승리한 이후의 이야기다.

수요일까지 피시 데이로 지정하자 잉글랜드 내부에서 반발이 거세졌다. 토머스 풀턴은 『해양주권』에서 피시 데이는 '효과가 없었다'고 주장했다. 풀턴은 어떤 근거로 그렇게 말했을까? '신앙심'이 그 근거였다. 원래는 신앙 문제가 걸려 있기에 사람들은 힘든 단식을 참고 견딜 수 있었다. 그러나 프로테스탄트의 영향으로 피시 데이에 지나치게 가톨릭 냄새가 난다는 부정적인 이미지가 따라붙게 되었다. 이런 분위기에서 사람들은 폴리티컬 피시 데이를 두고 '세실의 단식'이라고 수군거렸다. 어떤 사람들은 의사에게 부탁해 질병을 이유로 고기를 먹어야 한다는 허위 진단서를 발급받기까지 했다. 심지어 엘리자베스 1세에게 직접 '고기를 먹어도 좋다'는 허가를 받은 사람까지 있었다. 상황이 이렇다 보니 당연하게도 법을 위반하는 사람이 많았다. 실제로 법안이 통과된 그해에 런던에서 어떤 사람이 사순절 기간에 자신이 운영하는 술집에서 고기를 먹다가 적발되어 본보기로 처벌받는 일이 일어났다. 1571년 전국 치안판사가 같은 죄목으로 적발된 엄청난 수의 법 위반 사례를 추밀원에 보고하기도 했다.

폴리티컬 피시 데이는 대중에게 기피 대상이었다. 그러므로 1584년 '수요일의 피시 데이'는 다른 피시 데이를 어긴 경우 벌칙을 강화한다는 조건으로 폐지되었다. 이후 1593년 무렵에는 모든 벌칙이 큰 폭으로 경감되었다.

윌리엄 세실 경에게는 잉글랜드 국내의 반발을 공권력을 동원해 무력화해서라도 피시 데이를 강행해야 할 이유와 명분이 있었다. 스페인이라는 강력한 경쟁국이 버티고 서서 호시탐탐 기회만 노리고 있었기 때문이었다. 구교 국가의 맹주인 스페인은 프로테스탄트인 엘리자베스 1세의 왕위 계승을 인정하지 않았다. 대신 그는 가톨릭인 스코틀랜드 여왕 메리 스튜어트를 정통 잉글랜드 군주로 지지했다. 이런 상황에서 해군력 증강은 잉글랜드 정부가 시급히 해결해야 할 과제였다.

폴리티컬 피시 데이가 잉글랜드 해군력 증강에 얼마나 효과를 발휘했는지는 정확히 가늠할 수 없다. 아무튼 잉글랜드 국민은 스페인 무적함대와의 전쟁에서 승리하기 위해 비리고 냄새나는 생선을 코를 막고 억지로 먹어야 했다. 마치 춘추전국시대에 장작 위에서 자고 쓰디쓴 쓸개를 씹으며 수없이 복수를 다짐했던 '와신상담(臥薪嘗膽)' 고사처럼 말이다.

그 후로도 잉글랜드 정부는 폴리티컬 피시 데이 정책을 되풀이해서 채택하곤 했다. 제임스 1세도 찰스 1세도 예외는 아니었다. 왕정복고 후의 찰스 2세도 제임스 2세도 마찬가지였다. 이는 17세기의 상황이었다. 그러나 이 정책이 과연 어느 정도나 효과가 있었는지, 또 얼마나 성실하게 지켜졌는지는 의문이다. 청교도들은 이 정책을 '로마의 누더기'라고 부르며 조롱했다. 그런 분위기에서 폴리티컬 피시 데이 정책은 꽤 오랫동안 완전히 폐지되기도 했다. 1540년부터 청교도 혁명이 끝난 1660년까지 120여 년 기간의 상황이었다.

찰스 2세는 왕정복고로 잉글랜드로 돌아왔고, 사순절에 생선을 먹어야 하는 관례도 자연스럽게 부활했다. 새뮤얼 피프스는 이러한 상황을 『일기(The Diary)』에 기록했다. 훗날 '잉글랜드 해군의 아버지'라는 칭호를 얻게 되는 피프스는 찰스 2세가 어업 진흥을 위해 1664년 설립한 '왕실 어업회사(The Royal Fishery Companies)'에서 이사를 맡기도 한 인물이다. 왕정복고 후 첫 사순절이 시작되었을 때 그는 이미 해군 사무작업을 총괄하는 해군 이사회(Navy board)에서 요직을 맡고 있었다. 1661년 2월 14일 그의 일기에 이런 내용이 나온다.

항구에서 소문이 돌고 있다. '사순절을 국왕의 명령대로 엄격하게 지키는 사람이 얼마나 있을까'라는 것이다. 아마도 제대로 지켜지지 않고 있을 거라는 추측이 많은 것 같다. 그럴 만도 한 것이 가난한 사람들은 생선을 살 여유조차 없기 때문이다.

그해에는 사순절이 2월 27일에 시작되었다. 피프스는 마음을 굳게 먹었다.

나는 저녁으로 생선 요리를 차려 달라고 부탁했다. 오늘은 사순절 첫날이다. 내가 다짐을 지킬 수 있을지 시험해보고 싶다.

그런데 그의 다짐은 작심삼일은커녕 고작 하루 만에 무너지고 만다. 해군 소속 인사를 포함한 몇 명의 지인과 외식하러 나갔다가 벌어진 사건이다.

내 결심과는 반대로 달리 부탁할 만한 요리가 없기도 했거니와 나는 이번 사순절에 고기를 먹고 말았다. 그래도 앞으로는 최대한 먹지 않겠다고 다짐한다.

물론 가톨릭이 국교이거나 대세인 나라에서는 피시 데이가 신앙의 증거로서 엄격히 지켜졌다. 오늘날에 이르기까지 세부 규칙과 기간이 지나치게 엄격하다고 느끼면서도 신앙에 따라 사순절 식단을 고수하는 독실한 가톨릭 신자가 많다.

미국의 극작가 테네시 윌리엄스(Tennessee Williams)의 『유리 동물원(The Glass Menagerie)』(1944)에서 톰은 누나인 로라에게 소개하려고 직장 동료를 집으로 초대하기로 한다. 어머니인 어맨다(Amanda)가 동료의 이름을 묻자 톰이 대답한다.

"그 녀석 이름은 오코너(O'Connor)예요."

오코너는 전형적인 아일랜드 이름이라 당연히 가톨릭 신자라고 지레짐작한 어맨다는 이렇게 대꾸한다.

"그럼 당연히 생선을 준비해야겠네. 내일이 금요일이니까."

종교개혁 이후에도 구교 국가에서는 생선을 계속 열심히 먹었다. 반대로 신교 국가에서는 피시 데이가 완전히 폐지되거나 폴리티컬 피시 데이로 제정되어 국가가 강제하더라도 국민이 성실하게 지키려 하지 않았다. 그런데 흥미로운 것은 신교 국가인 네덜란드가 구교 국가들의 종교적 요청에 따라 탄생한 생선 수요를 경제적으로 뒷받침했고 그 대가로 거대한 부를 축적했다는 점이다. 이는 '역사의 아이러니'가 아닐 수 없다. 네덜란드의 뒤를 이어 어업 강국으로 부상한 나라 역시 구교 국가가 아닌 신교 국가였다. 그 나라는 바로 잉글랜드다.

06

FISH/CHRISTIANITY

물고기는 어떻게 기독교에 스며들고 강력한 영향을 미쳤을까

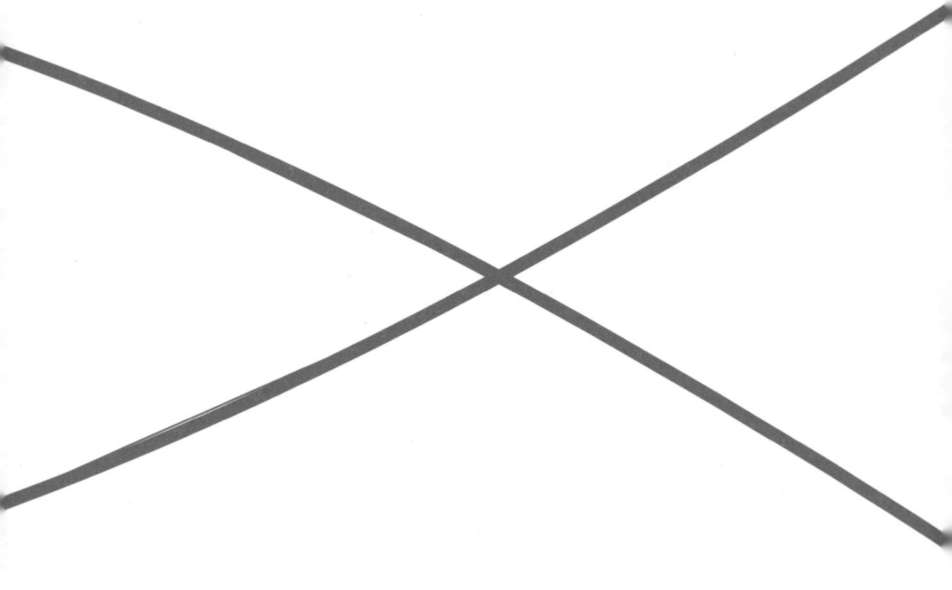

물고기는 '농경'과 '생명'을 상징한다. 이 의미를 좀 더 확장하면 생명의 원천인 '남근'에 도달한다. 본래 농경과 생명은 서로 떼려야 뗄 수 없는 관계를 맺고 있다. 이 시점에 의문이 생긴다. 기독교는 사랑을 '아가페'와 '에로스'로 나누고 확실히 선을 그었다. 그러고는 전자를 '성스러운 사랑'으로 찬사를 보내고 후자를 '퇴폐한 사랑'이라며 비난을 퍼붓는다. 그런 기독교가 어떻게 아가페와 에로스가 혼재한 물고기라는 상징을 거부감 없이 온전히 흡수할 수 있었을까?

34. 기독교에서 물고기는 왜 예수 그리스도를 상징할까

이크티스($IX\Theta Y\Sigma$)인 우리 주 예수 그리스도를 따르는, 물속에서 태어난 우리 작은 물고기들이 물속에 머물러 있는 것 이외에 안전하게 지낼 수 있는 장소란 없다.

—『중세 사상 원전집 4: 초기 라틴교부』, 헤이본샤

위의 내용은 테르툴리아누스(Quintus Septimius Florens Tertullianus)가 쓴 책 『세례(De Baptismo)』에서 인용한 문장이다. 테르툴리아누스는 2~3세기에 카르타고에서 활동한 교부다. 그노시스주의 일파인 '카인파라는 이단에서 개종한 뱀'이 세례의 정당성을 부정하자 이를 비판하기 위해 한 말이다. 무슨 귀신 씻나락 까먹는 소리를 이리도 장황하게 늘어놓느냐는 독자 여러분의 볼멘소리를 잠재우기 위해 잠깐 설명을 덧붙일까 한다.(카인파 또는 카인주의는 인류 첫 살인자로 낙인찍힌 카인이 아벨을 죽임으로써 오히려 원죄에서 구원받는 일이 가능해졌다고 믿으며 카인을 숭배한다. — 옮긴이)

그리스어 이크티스는 '물고기'를 의미한다. 테르툴리아누스는 『세례』를 라틴어로 집필하면서 굳이 이 부분에만 그리스어를 사용했다. 아무튼 신자는 '큰 물고기'인 예수 그리스도를 따르는 '작은 물고기'이며 세례의 '물'에서 벗어나면 구원으로 가는 길에서 벗어나게 된다는 의미로 이해할 수 있겠다.

초기 기독교 시대에 신자들 사이에서 '이크티스'는 '물고기' 이상의 의미를 지닌 어휘로 통용되었다. '이크티스'를 그리스어로 표기하면 '*ΙΧΘΥΣ*'가 된다. 물론 이 단어는 기본적으로 '물고기'를 의미하는 동시에 '*Ιησουζ Χριστοζ Θεου Υιοζ Σωτηρ*', 즉 '하느님의 아들 구세주 예수 그리스도'라는 다섯 단어의 머리글자를 늘어놓은 것이기도 하다. 또 물고기를 기하학적으로 표현한 기독교 신자들을 상징하기도 했다. 이 상징은 오늘날에도 '지저스 피시(Jesus fish)'라고 부르며 전쟁터로 달려가는 군인들의 무사 귀환을 기원하는 노란 리본 형태로 자주 눈에 띈다. 심지어 최근에는 기독교 신자 수가 적은 나라에서도 다양한 디자인과 색상의 열쇠고리 등 각종 장신구로 만들어져 판매되고 활용된다. 아마도 초기 기독교 신자들은 혹독한 박해를 받았기에 서로의 신앙을 확인하기 위한 암호로 이 상징을 활용하지 않았을까.

오늘날에도 '지저스 피시'라고 부르며
전쟁터로 달려가는 군인들의 무사 귀환을 기원하는
노란 리본 형태로 자주 눈에 띈다. 심지어 최근에는
기독교 신자 수가 적은 나라에서도 다양한 디자인과 색상의
열쇠고리 등 각종 장신구로 만들어져 판매되고 활용된다.

테르툴리아누스는 왜 라틴어로 집필한 문헌 속에서 굳이 한 단어만 그리스어로 표현했을까? 이에 대해서는 다양한 의견이 있다. 그 자신이 이 상징을 알았다는 견해도 있지만 실제로 그랬는지는 확인할 길이 없다.

나는 그가 물고기 상징의 의미를 어느 정도 이해했을 것이라고 생각한다. 왜냐하면 '이크티스'가 물고기라는 점을 그가 잘 알고 있었고 초기 기독교 시대에 예수 그리스도를 물고기에 비유하는 메타포가 광범위하게 사용되었기 때문이다. 그러나 당대에 왜 사람들이 예수 그리스도와 그를 따르는 신자를 '물고기'로 표현했는지 그 이유는 문헌으로는 확인할 수 없다.

35. 고대 페니키아의 신관이 금기로 여겨졌던 물고기를 먹은 진짜 이유

물고기는 다산(多産)한다. 인류는 아주 오랜 옛날부터 물고기를 귀중한 동물성 단백질원으로 여겨왔다. 기독교가 성립한 시기 지중해 세계에서는 기독교와 무관한 영역에서도 물고기를 광범위하게 상징으로 활용했다. 예수 그리스도와 그를 따르는 신자들은 어떻게 물고기가 되었을까? 문헌 속에서는 명확한 이유를 확인할 수 없지만 지중해 세계에서 보편적으로 퍼져 있던 물고기 상징

연구를 통해 어느 정도 체계적인 이론으로 정립돼 있다.

메소포타미아 문명은 티그리스와 유프라테스강의 넘치는 은혜를 받아 세워지고 발전했다. 이 문명에서는 물고기와 물고기를 쪼아 먹는 새 문양이 그려진 도기가 만들어졌다. 놀랍게도 이 도기들이 발견된 곳은 아직 신석기시대였던 하수나(Hassuna, 기원전 6000년경) 문화에서였다. 이후 기원전 4000년~기원전 3500년에 등장한 청동기 문명은 '우바이드기(Ubaid period)'라는 이름으로 불렸다. 먼 훗날 고고학자들은 이 시기 신전에 공물로 바쳐진 물고기와 새 뼈를 발굴했다.

인류 문명의 초기에 물고기는 나름대로 광범위하게 사용되었다. 예를 들어 기원전 2900년 무렵 번성한 젬데트 나스르기(Jemdet Nasr period)에 물고기는 원통 인장의 모티프 중 하나로 이용되었다. 그 시대에 왜 물고기가 널리 사용되었을까? 정확히는 알 수 없으나 물고기가 풍부한 바다와 강에 둘러싸인 지역이기 때문이었을 가능성이 크다. 신전에 공물로 바쳐졌다는 대목에서 알 수 있듯 물고기는 그들 종교에서 중요한 의미를 지녔다.

메소포타미아 문명에서는 아주 이른 시기부터 물고기가 농경의 여신과 밀접하게 연관되어 있었다. 이는 엘리자베스 더글러스 밴 뷰런(Elizabeth Douglas Van Buren)의 주장이다. 그는 1948년 《이라크(Iraq)》라는 학술지에 〈고대 메소포타미아 물고기 공물(Fish-Offerings in Ancient Mesopotamia)〉이라는 제목으로 논문을 게재했다.

메소포타미아 문명은 티그리스와 유프라테스강의
넘치는 은혜를 받아 세워지고 발전했다.

오늘날 튀니지의 우티카에서 발견된 낚시 장면을 묘사한 바닥 모자이크

공물 목록을 살펴보다 보면 흥미로운 점이 발견된다. 즉 고대 유물에 등장하는 대다수 신이 '물고기 한 광주리'를 들고 있다는 사실이다.

또 그는 "믿을 수 없을 정도로 많은 양의 물고기를 들고 있는 신"을 발견하고 여기에 주목한다. 그는 이렇게 말한다.

이 신들이 무조건 물과 뭔가 깊은 관계를 맺고 있다고 단정할 수는 없다. 아무튼 중요한 점은 그 신이 대부분 '농경'과 관계있는 신이었다는 점이다.

수메르 제국의 '이난나(Inanna)'와 아카드(Akkad) 제국의 '이슈타르(Ishtar)'는 전쟁과 농경의 여신이다. 밴 뷰런의 설명이 이어진다.

이 여신은 물고기 껍질을 몸에 걸치고 발에는 물고기를 샌들처럼 신고 손에는 물고기 홀을 들고 물고기 왕좌에 앉아 기쁨에 넘치는 빛나는 배에 은혜를 가득 싣고 물 위를 여행한다. 한편 물고기들은 떼를 지어 몰려들어 여신에게 경의를 표하고 여신이 가는 길에 길잡이로 나선다.

물고기는 얼핏 농경과 무관하게 여겨지는 의식에도 등장한다. 또 묘석에 물고기를 새기는 등 장례식과도 깊은 연관이 있다. 나는 인류 역사의 아주 이른 시기부터 물고기가 '생명'을 상징했으며 여기에 더해 후세에 '부활'의 개념이 덧붙여지면서 장례식에도 사용되게 되었다는 가설은 충분히 설득력이 있다고 본다. 밴 뷰런은 메소포타미아 문명이 번영한 수천 년 동안 물고기는 농경의 상징이었으며 동시에 장례식의 상징이었다고 주장한다. 두 상황에서 모두 생명의 상징으로 사용되었다는 것이다.

이 이슈타르 여신이 시리아로 건너가 아타르가티스(Atargatis)가 된다. 이 여신도 이슈타르와 마찬가지로 농경을 관장했다.

오늘날 시리아의 알레포(Aleppo) 북동부 90킬로미터에 있었던 히에라폴리스(Hierapolis)는 아르가티스 여신 숭배의 중심지였다. 2세기 시리아에서 태어난 그리스 풍자작가 루키아노스(Lukianos)는 『시리아 여신(De Dea Syria)』을 통해 아타르가티스 여신과 그녀를 섬기는 장면을 세밀히 묘사해 오늘날에 전한다.

루키아노스에 따르면 히에라폴리스에 있는 아타르가티스 신전은 시리아에서 가장 큰 신전으로 당대 최고의 '부의 원천'이자 순례자들이 모여드는 '주 수입원'이었다. 당시 아라비아인과 페니키아인, 바빌로니아인은 물론이고 시칠리아인도 찾아와 어마어마한 양의 금을 바쳤다. 게다가 심지어 아시리아인까지 찾아와 여신에게 공물을 바칠 정도였다.

신전 부근에는 깊은 호수가 있었는데 그곳에서 다양한 종류의 물고기를 길렀다. 호수에 사는 물고기 중 특히 몸집이 거대한 물고기에 이름을 붙였는데 사람들이 다가가 이름을 부르면 알아듣고 다가올 정도였다고 한다.

크세노폰(Xenophon)도 "히에라폴리스 부근을 흐르는 리쿠스강(Lycus River) 지류에 사람을 무서워하지 않는 거대한 물고기가 수없이 노닐었고 인근 사람들은 그 물고기들을 신으로 여겨 함부로 해를 끼치거나 손을 대는 일이 없었다"라고 이야기한 적이 있다. 크세노폰은 기원전 5세기~기원전 4세기에 활약했던 저명한 그리스 역사가다.

아타르가티스 여신은 하반신이 물고기 꼬리인 페니키아의 아스타르테(Astarte) 여신과도 관련이 깊다. 전설에 따르면, 이 여신을 주신으로 모신 신전에는 성스러운 물고기를 모시는 연못이 있었다고 한다.

미국의 종교사학자 어윈 R. 구디너프(Erwin Ramsdell Goodenough)는 방대한 분량의 책 『그리스 로마 시대의 유대교 상징(Jewish Symbols in the Greco-Roman Period)』(1953~1968)을 집필한 저명한 학자다. 그에 따르면 전설에서는 아타르가티스가 커다란 알에서 태어났다고 한다. 그 알이 유프라테스강에서 길러져 비둘기가 날개로 품어 부화시켰다는 것이다. 여신을 믿는 신자들이 물고기와 비둘기를 먹지 않은 것은 그래서였다고 한다.

당연히 신자들은 평소 식탁에 생선을 올리지 않았다. 물고기는 아타르가티스 여신의 부하나 신하로 여겨졌다. 그런데 이 금단의 물고기를 신관들은 종교의식의 차원에서 먹었다.

그들은 왜 금기로 여겨지던 물고기를 먹었을까? 프란츠 퀴몽(Franz Cumont)은 『로마 우상숭배에서의 동양의 종교(Recherches sur le symbolisme funeraire des Romains)』(1911)에서 "물고기를 먹음으로써 여신의 육체를 흡수할 수 있다고 믿었기 때문"이라고 추정한다.

페니키아의 이슈타르 여신이 그리스로 건너가 바야흐로 풍요와 다산의 여신인 아프로디테(Aphrodite), 즉 로마의 베누스(Venus)와 융합했다고 추정된다. 다만 가룸(Garum)이라는 생선으로 만든 액젓을 조미료로 사용할 정도로 생선을 즐겨 먹던 그리스에서는 생선 섭취를 금지하는 풍습까지는 받아들이지 않은 것 같다. 대신 여신이 상징하는 다산을 기원하고자 생선을 먹는 풍습으로 탈바꿈했다. 금성의 여신이기도 한 아프로디테에게 금요일은 신성한 날이기 때문이다.

로마 시대에 들어서면 죽은 이에게 물고기를 바치는 풍습이 유입된다. 이는 애초 메소포타미아에서 생겨난 풍습이었다. 구디너프에 따르면 물고기에 관한 상징은 특히 페니키아 본국 사람과 북아프리카 식민지에 살던 페니키아인 사이에 널리 퍼져 나갔다고 한다. 즉 로마 시대에 접어들었을 무렵 물고기는 장례식과 관련되면서 '부활'의 상징으로 자리 잡았다. 다시 말해 물고기가 농경과 생명의 상징이자 영원한 생명을 염원하는 의미로 받아들여지기 시작한 것이었다. 당시에는 농경을 관장하는 여신의 상징으로 물고기를 숭배하는 사람들이 있었다. 그들은 여신과 한 몸이 되기 위한 의식 차원에서 생선을 먹었다. 어딘가에서 한 번쯤 들어본 이야기라는 생각이 들지 않는가? 여신을 예수 그리스도로 바꾸면 이는 기독교 성찬식과 무척 닮았다. 예수 그리스도를 이크티스, 즉 '물고기'라고 불렀다.

36. 베드로를 독실한 신자로 변화시킨 기적의 물고기

아스타르테는 『구약성서』에 나오는 "시돈 사람들의 혐오스러운 우상 '아스타롯'"(개신교 성경에서는 '아스다롯'으로 표기함_옮긴이)으로 추정된다. 영웅인 솔로몬왕을 현혹하고 유대인을 올바른 신앙에서 멀어지게 한 혐오스러운 이교의 신들의 주축인 셈이다. 프란츠 퀴몽과 마찬가지로 프란츠 요제프 될거(Franz Joseph Dölger)는 『이크티스—초기 기독교에서 물고기 상징(Ichthys–as Fischsymbol in Fruhchristlicher)』(1910)에서 초기 기독교가 물고기라는 상징을 시리아의 아타르가티스 신앙에서 흡수했다고 추정한다.

실제로 초기 기독교에서 물고기 상징은 '이크티스'라는 애너그램과 교부 테르툴리아누스의 비유 표현으로만 사용되지는 않았다. 기독교도의 지하 묘지인 카타콤 벽에는 때때로 물고기가 그려져 있다. 물론 메소포타미아 시대부터 면면히 이어져 내려온 물고기라는 상징이 지닌 부활의 의미를 새롭게 구현했다고 볼 수는 있을 것이다. 그러나 그보다도 기독교 의식을 바탕으로 물고기 상징을 재해석했다는 주장이 좀 더 설득력 있어 보인다. 다시 말해 초기 기독교에서 물고기는 성찬이며 빵과 포도주와 동등한 지위를 차지했다.

본래 『신약성서』에는 물고기가 자주 등장한다. 열두 사도 중 베드로와 동생 안드레아, 세베대의 아들 야고보, 동생 요한까지 네 명 모두 어부였다. 예수는 베드로에게 "너는 이제부터 사람들을 낚는 어부가 될 것이다"(「누가복음」 제5장 제1~11절)라며 기독교에 귀의하는 사람을 물고기에 비유했다.

『신약성서』에는 예수와 물고기가 함께 등장하는 기적도 몇 가지 묘사된다. 사복음서 중에서도 「누가복음」에만 나오는 베드로가 독실한 신자가 되는 계기를 마련한다. 밤새도록 바다에 그물을 던졌으나 한 마리의 물고기도 잡지 못하던 어부 시몬(나중에 베드로로 이름이 바뀜)에게 예수는 깊은 데로 가서 그물을 던져 고기를 잡으라고 지시한다. 시몬이 그 지시에 따르자 "엄청나게 많은 물고기가 걸려 그물이 찢어질 지경이 되었다"(「누가복음」 제5장 제1~11절)라고 한다.

사복음서에 모두 등장하는 물고기와 관련된 기적이 있다. 바로 '오병이어(五餠二魚)의 기적'이다. 예수 그리스도 주위에 모여

밤새도록 바다에 그물을 던졌으나 한 마리의 물고기도
잡지 못하던 어부 시몬에게 예수는 깊은 데로 가서
그물을 던져 고기를 잡으라고 지시한다. 시몬이 그 지시에 따르자
"엄청나게 많은 물고기가 걸려 그물이 찢어질 지경이 되었다."

15세기에 콘라드 비츠가 예수 그리스도와 그물로 물고기를 낚는 제자들을 묘사한 그림

든 5,000여 명의 군중을 보리떡 5개와 물고기 2마리로 배불리 먹였다는 그 사건이다. 『신약성서』의 또 다른 장면에서 물고기가 다시 등장한다. 예수 그리스도가 십자가에 못 박혀 죽고 사흘 만에 부활한 뒤 물고기를 낚던 베드로와 제자들 앞에 홀연히 나타나는 장면이다. 여기서 예수는 사랑하는 제자들의 텅 빈 그물을 153마리의 큰 물고기로 가득 채워주고 물고기와 빵으로 함께 식사한다.(요한복음 제21장 제5~13절)

초기 기독교도는 카타콤의 예배당에서 주로 성찬식을 했다. 그들은 사복음서에 모두 나오는 '예수 그리스도가 빵 5개와 물고기 2마리로 5,000명의 군중을 먹이는 장면'을 특히 좋아했다(반면 후세의 기독교도가 가장 좋아하는 장면은 '최후의 만찬'이다).

로마 프리실라 카타콤(Catacombe di Priscilla)과 산 칼리스토 카타콤(Catacombe di San Callisto)에 이 장면을 묘사한 유명한 프레스코화가 남아 있다. 이 그림들은 예수의 기적을 일관되게 빵과 물고기가 차려진 만찬으로 묘사한다. 한데 그림에는 만찬에 참가한 사람이 7명으로 나온다. 만찬을 묘사한 방식은 『신약성서』의 기술에서 크게 벗어나지 않았다. 「마태복음」, 「마가복음」, 「누가복음」의 삼복음서에는 이후 예수가 제자들에게 성찬식을 준비하라는 지시를 내리는 장면이 나온다. 그 유명한 〈최후의 만찬〉이 바로 그 성찬식이다. 사복음서 중 왜 「요한복음」만 빠졌을까? 「요한복음」에서는 시점 면에서 빵과 물고기 기적이 나온 직후이기 때문이다.

"하늘에서 내려온 이 빵을 먹는 사람은 죽지 않는다"(「요한복음」 제6장 제50절)라는 구절이 있다. 성찬은 의식을 통해 예수 그리스도의 육체를 우리 몸 안으로 받아들여 영원한 생명을 얻기 위해 치러진다. 초기 기독교에서는 빵과 와인뿐 아니라 물고기도 예수 그리스도의 육신을 상징하는 개념으로 여겨졌다. '이크티스'라는 애너그램의 존재를 생각하면 확실히 아타르가티스 신앙과 일맥 상통하는 요소를 물고기에서 찾을 수 있다. 이런 맥락에서 퀴몽과 될거의 주장이 좀 더 강력한 설득력을 얻는 것 같다.

37. 기독교는 어떻게 '아가페'와 '에로스'가 혼재한 물고기라는 상징을 거부감 없이 받아들였을까

물고기는 '농경'과 '생명'을 상징한다. 이 의미를 좀 더 확장하면 생명의 원천인 '남근'에 도달한다. 본래 농경과 생명은 서로 떼려야 뗄 수 없는 관계를 맺고 있다. 이 시점에 의문이 생긴다. 기독교는 사랑을 '아가페'와 '에로스'로 나누고 확실히 선을 그었다. 그러고는 전자를 '성스러운 사랑'으로 찬사를 보내고 후자를 '퇴폐한 사랑'이라며 비난을 퍼붓는다. 그런 기독교가 어떻게 아가페와 에로스가 혼재한 물고기라는 상징을 거부감 없이 온전히 흡수할 수 있었을까?

어윈 R. 구디너프는 『그리스 로마 시대의 유대교 상징』에서 될거와 퀴몽의 주장에 반론을 제기하는데 그의 핵심 요지도 이 부분에 있다.

> 노골적으로 에로틱한 상징은 기독교 신자와 유대인 모두에게 마땅히 혐오 대상이었을 것이다. 기독교와 유대교는 모두 이 상징을 순화했다. 실제로 기독교가 이 상징을 받아들이기 전 이미 순화 작업이 이루어졌다고 추정할 수 있다.

구디너프는 될거, 퀴몽과 달리 에로스가 충만한 물고기라는 심볼리즘이 유대교에 먼저 도입되었다고 주장한다. 좀 더 부연하자면 유대교가 에로스를 배제하는 필터 역할을 하고 난 뒤 기독교에 흡수되었다는 주장이다.

구디너프는 교부 테르툴리아누스의 '작은 물고기'를 기독교 신자로 보는 메타포와 유사한 메타포를 『탈무드(Talmud)』와 『미드라시(Midrash)』에서 찾아내 근거로 제시했다. 『탈무드』는 유대교도에게 성서에 버금가는 권위를 지닌 책이며 『미드라시』는 신의 뜻을 알기 위해 집필된 성서 해석이다. 모든 사례를 일일이 열거할 수는 없겠기에 여기에서는 간략히 두 가지만 소개해볼까 한다.

먼저 『구약성서』의 「하박국서」에서 칼데아 사람들의 압제에서 해방되기를 갈망하는 예언자 하박국이 "어찌하여 사람을 바다 고기로 만드시고 왕초 없는 벌레로 만드시어……"라고 신에게 탄원하는 대목이 나온다. 『탈무드』는 이렇게 설명한다.

> 무릇 물고기가 물을 떠나 살 수 없듯 우리 인간도 마찬가지다. 하느님의 선물인 『토라(Torah)』를 배워도 이러한 위험이 따르는데 『토라』를 배우지 않는다면 얼마나 큰 위험이 따르겠는가.

요컨대 유대인은 그들의 신이 제시한 율법인 『토라』라는 물속에서 사는 물고기이며 그 안에서밖에 살 수 없다는 의미다.

로마 정부는 『토라』를 금서로 지정해 탄압했다. 그러나 랍비 아키바 벤 요셉(Akiba ben Joseph)은 유대인에게 계속 『토라』를 가르쳤다. 그의 안위를 걱정해 로마의 명에 따르는 것이 어떻겠느냐고 조언해주는 지인에게 그는 우화 한 편을 들려준다. 인간의 그물을 피하고자 떼를 지어 도망치는 작은 물고기를 보고 한 여우가 뭍에 올라와 함께 살자고 말한다. 그러자 물고기가 대답한다.

"우리가 사는 물속에서도 이렇게 불안에 떨어야 하는데 뭍에 올라가면 도대체 얼마나 더 무서운 일이 생기겠니?"

테르툴리아누스가 말하는 물이 신자가 되기 위한 세례의 물이라면 이 물은 일상생활 속의 물이라는 차이가 있다. 그러나 독실한 신자를 작은 물고기에 비유하는 부분은 일맥상통한다. 이어서 구디너프는 『구약성서』 「욥기」의 '레비아단'을 언급한다. 그는 '레비아단'의 원형을 우가리트 신화에 나오는 머리 일곱 개 달린 로탄(Lotan)으로 본다.

『탈무드』에서는 이 무시무시한 괴물 뱀 '레비아단'이 메시아의 도래를 알리는 중요한 역할을 맡는다. 메시아가 올 때 큰 잔치가 열리는데 잔칫상에 레비아단 고기가 올라온다. 구디너프는 연회를 묘사하는 장면을 『탈무드』에서 찾아 인용한다.

> 성스러운 주님을 축복하라. 언젠가 마음이 바른 자를 위해 레비아단의 고기로 잔치를 여시리라……. 레비아단의 남은 부분은 분배되고 예루살렘 시장에서 팔리리라……. 성스러운 주님은 복되도다. 언젠가 마음이 바를 자를 위해 레비아단의 가죽으로 막사를 지으시리라……. 남은 부분은 성스러운 주님께서 축복하시어 예루살렘 성벽 위에 펼치시니…….

아프로디테 여신을 숭배하는 신자들이 금요일에 물고기를 먹는 문화를 앞에서 소개했다. 유대인도 그들과 마찬가지로 금요일에 생선을 먹는 문화가 있다. 그러나 사실 정확히 말하자면 그날은 금요일이 아니다. 유대인에게 안식일은 일요일이 아닌 토요일이다. 또 하루의 시작은 오전 0시가 아닌 일몰부터다. 그러므로 유대교 안식일은 금요일 일몰부터 토요일 일몰까지다. 유대인은 아주 오랜 옛날부터 금요일 저녁에 생선 요리를 먹으며 안식일의 시작을 축하했다.

> 유대인의 왕 헤롯의 생일 잔칫날이 다가왔다. 기름먹인 창가 자리에 제비꽃으로 장식한 등불이 기름내 진동하는 연무를 내뿜고 커다란 붕어 꼬리가 붉은 대접을 감싸고 헤엄친다. 이윽고 하얀 토기 술독이 술로 남실남실 넘쳐날 때 너는 조용히 기도를 드린다. 그리고 할례받은 자들의 안식일에 겁을 먹는다.

이 대목에서 '붕어 꼬리'와 '술(와인)'이 나온다. 『탈무드』가 정리되고 완성되는 시기인 기원전 2세기부터 기원후 5세기 동안 이미 유대인의 금요일 저녁 식탁에 빵과 와인과 생선 요리가 올라와 중요한 의식으로 자리 잡고 있었던 것 같다. 이 금요일의 저녁 식사는 테르툴리아누스 시대에는 '세나 푸라'라고 불렸다. 테르툴리아누스는 『모든 국민에게』에서 유대인의 축제와 안식일의 의식 이야기에 이 '세나 푸라' 관련 내용을 삽입했다.

세나(Cena)는 '저녁 식사'라는 뜻이다. 한데 '푸라(Pura)'가 정확히 무엇을 의미하는가에 대해서는 학자들 사이에서 의견이 분분하다. 구디너프는 이교와 유대교에서 물고기라는 상징이 중요한 지위를 확립했다는 사실로 미루어 볼 때 '푸라'라는 단어가 물고기의 성스러움을 의미한다고 주장한다. 그리고 안식일이 왔음을 축하하는 '세나 푸라'는 메시아 시대의 도래를 축하하는 '레비아단 요리'를 암시한다고 주장한다.

구디너프는 아가페와 에로스가 뒤섞인 물고기라는 상징을 기독교에 접목하는 필터로 유대교가 기능했을 것으로 추정한다. 충분히 설득력이 있는 견해라고 생각한다. 적어도 그는 메소포타미아에서 탄생한 물고기 상징이 어떻게 유대교 안에 스며들게 됐는지 입증하는 데는 어느 정도 성공한 것으로 보인다.

앞에서도 얘기했지만 '아타르가티스' 신앙에서 생선을 먹는 의식과 초기 기독교의 성찬식은 매우 유사하다. 그와 비슷하게 초기 기독교의 성찬식과 유대교의 레비아단 전설과 상징 사이에도 유사성이 있어 보이기는 하지만 단언하기는 어렵다. 그러나 물고기라는 상징이 아타르가티스 신앙이 초기 기독교에 흡수되었다는 식으로 너무 단순하게 패턴화하는 주장은 위험하다는 점만은 분명하다. 그만큼 지중해 세계에는 물고기의 상징이 차고 넘쳤다. 상징 유입 경로는 우리가 상상하는 것보다 훨씬 많지 않았을까.

2세기 소아시아 히에라폴리스(시리아의 히에라폴리스와는 다른 도시) 주교였던 성 아베르키우스 마르첼루스(Abercius Marcellus, 또는 아베르치오)가 남긴 비문에는 당시 성찬식에 빼놓을 수 없는 음식 생선과 와인과 빵이 나온다.

어디에 있어도 믿음이 우리에게 길을 보여주시고 어디에 있어도 믿음이 우리 앞에 일용할 양식을 내려주신다. 그것은 성처녀가 샘에서 건져 올린 큼직하고 완벽한 자태의 물고기였다. 그 물고기야말로 믿음이 우리에게 내려주신 일용할 양식이다. 믿음은 최고의 와인을 내려주고 그 와인을 빵과 함께 내어주신다.

이 비문은 카타콤에 그려진 당시 성찬 모습을 문헌의 형태로 확인해준다. 그렇다면 이 비문에 있는 상징은 어떻게 해석해야 할까? 가령 구디너프의 손을 들어주어 유대교라는 필터를 통해 기독교에 물고기 상징이 들어왔다 하더라도 상징 그 자체가 지닌 힘을 완전히 제거할 수는 없다. 성찬식에 물고기가 빠진 이유를 정확히 알 수는 없다. 그러나 어쩌면 이 비문에 담긴 상징이 그 이유일 수도 있지 않을까 조심스럽게 추정해본다. 훗날 물고기는 기독교 안에서 다시 중요한 지위를 차지하게 되는데 그 자리에 이르기까지 또 다른 장치가 필요하지 않았을까.

'피시 앤드 칩스'가 이 책에 등장하지 못한 이유

『세계사를 바꾼 37가지 물고기 이야기』 집필을 끝내고 미련이 남았다. 이 책은 청어잡이와 대구잡이 등 세계 어업 역사에서 굵직한 사건을 주제로 삼았다. 안타깝게도 어업 전반을 심도 있게 다루지는 못했다. 한두 가지 예를 들자면 '키퍼(Kipper)'와 '피시 앤드 칩스(Fish and chips)'에 대해서는 본문에서 언급조차 하지 못했다. 이 점에 아쉬움이 남는다. 나의 지식과 지면의 한계 탓도 있겠으나 좀 더 파고들어가 보면 그 자체로 물고기를 둘러싼 역사의 한 페이지를 장식하기에는 조금 무리가 있다는 생각도 든다.

참고로 '키퍼'는 소금에 절여 레드헤링보다 가볍게 훈제한 청어를 말한다. 이는 19세기 중반에 탄생한 식품인데 오늘날 영국인의 아침 식탁에 자주 오르는 메뉴다. 19세기에 들어서면서 유럽인은 예전처럼 청어를 장기 보존식품으로 가공하기 위해 애쓸 필요가 없어졌다. 산업혁명과 맞물려 곳곳에 철도 레일이 깔리고 교통망이 획기적으로 개선되었기 때문이었다. 그 결과 보존성보다 '맛'을 더 우선하는 방향으로 어업의 방향이 바뀌었다.

'피시 앤드 칩스'는 오늘날 영국을 대표하는 요리로 자리 잡은 메뉴다. 이 메뉴가 탄생한 시기도 19세기 중반이다. 피시 앤드 칩스는 튀김 요리다. 튀김 요리는 어떻게 탄생했을까? 소형 생선의 활용 가치와 상품성을 끌어올리기 위한 목적에서였다. 여기에는 19세기에 이루어진 새로운 낚시도구 도입이라는 조금 사소해 보이는 상황이 배경으로 깔려 있다. '주낙(긴 낚싯줄에 여러 개의 낚시를 달아 물속에 늘어뜨려 고기를 잡는 낚시 도구 — 옮긴이)'의 도입이 그것이다. 좀 더 구체적으로 그때까지 상품성이 낮아 외면당해왔던 소형 어종도 주낙으로 손쉽게 대량으로 낚아 올릴 수 있게 되었다. 이런 맥락에서 튀김 요리의 일종인 피시 앤드 칩스는 이미 확보한 소형 어종의 상품성을 새롭게 창출하기 위해 개발한 요리라고 할 수 있다.

찰스 디킨스(Charles Dickens, 1812~1870). 그는 셰익스피어와 함께 영국이 낳은 가장 위대한 작가 중 한 사람으로 인정받는 거장이다. 그의 대표작 가운데 하나인 『올리버 트위스트(Oliver Twist)』에 '튀긴 생선가게(Fried fish warehouse)'가 등장한다. 디킨스는 1837년에 이 작품을 책으로 출간했다. 그 점으로 미루어 19세기 전반기에 이미 소설에 생선튀김을 파는 가게가 등장할 정도로 어느 정도 인기를 끌고 있었음을 짐작해볼 수 있다. 이후 생선튀김은 더욱 인기가 높아져서 튀긴 생선에 튀긴 감자, 즉 프라이드 포테이토를 곁들여 먹는 방식의 식사가 일반화되었다. 이는 1860년대의 상황이었다. 그런데도 이 책에서 나는 피시 앤드 칩스를 자세히 다룰 수가 없었다. 피시 앤드 칩스가 유행한 덕분에 비주류이던 영국의 대구 소비가 단기간에 크게 늘기는 했으나 역사적 사건으로까지 이어지지는 못했기 때문이다.

피시 앤드 칩스에 개인적인 추억이 스며 있다. 고등학생 시절 호주에서 1년 남짓 지낸 적이 있다. 아버지가 호주에서 근무하게 된 덕분이었다. 여름방학 때는 아버지와 함께 자동차를 타고 호주 전국을 누비고 다녔다. 아버지는 식성이 까다로운 분이 아니었다. 무슨 음식이든 배만 차면 그만이라는 식이었다. 우리는 자동차 여행을 하는 동안 거의 날마다 저렴한 피시 앤드 칩스를 먹으며 끼니를 해결했다.

피시 앤드 칩스를 사 오는 일은 언제나 내 몫이었다. 영어회화 실력을 좀 더 빨리 키워보겠다는 목적도 겸해서였다. 한번은 서툰 영어로 무슨 생선을 튀겼느냐고 물은 적이 있었다. 그때 직원이 '상어(Shark)'라고 대답한 기억이 난다.

그렇다. 피시 앤드 칩스는 대구로만 만들지는 않는다. 대구 이외에도 주낙으로 잡은 저류성 생선을 재료로 쓴다. 지금도 영국에서 피시 앤드 칩스 전문점에 가면 대구보다 작은 생선인 해덕(Haddock)이나 유럽 가자미(Plaice), 홍어(Skate), 록피시(Rockfish)라는 이름으로 불리는 볼락이나 우럭 등도 주문해서 튀겨 먹을 수 있다. 록피시가 호주에서 먹은 '상어'와 비슷한 맛이 나지 않을까 기대하며 주문했는데 기억 속 맛과는 딴판이었다.

키퍼나 피시 앤드 칩스는 기술 발전이 음식에 영향을 준 실제 사례다. 이 책은 청어나 대구 등의 음식 재료가 중요한 교역품으로 자리매김하며 신항로 개척시대 등의 거대한 시대 흐름과 맞물려 인류 역사에 미친 커다란 영향에 초점을 맞추었다.

이 책을 쓰며 선배 작가와 학자 및 연구자들의 저작을 다수 참고했다. 내가 참고한 목록은 이 책 마지막에 실어두었다. 특히 이 책에서 몇 번씩 언급한 해럴드 이니스의 『대구잡이』는 각각의 주제와 정보뿐 아니라 자유를 추구한 대구 어부들이 펼친 투쟁의 역사라는 이 책 제4장의 주제를 오롯이 담고 있다.

마지막으로 이 책을 쓰며 많은 분의 도움을 받았다. 대학 동료 교수인 아이하라 나오미(相原直美) 씨는 책의 착상 단계에서 훌륭한 의논 상대가 되어주었다. 테네시 윌리엄스의 『유리 동물원』에서 가톨릭 신자가 금요일에 생선을 먹는 이야기가 나온다고 귀띔해준 사람도 그녀였다. 또 역시 대학 동료인 이코타 마사루(伊古田理) 교수. 그는 라틴어에 관한 나의 엉뚱한 질문에 언제나 성심성의껏 대답해주었다. 이어서 헤이본샤 신서 편집부의 호시나시 다카오(保科孝夫) 편집자. 그는 내가 『국화와 칼(The Chrysanthemum and the Sword)』을 번역해서 출간할 때 책임 편집자로 도와주었으며 이 책에서도 아낌없는 도움을 주었다. 세 분에게 이 자리를 빌려 감사 인사를 전한다.

— 오치 도시유키

참고문헌

영문 문헌

A committee of the house, *A history of the emblem of the codfish in the hall of the House of representatives*, Boston, 1985.

Adam Smith, *The Wealth of Nations Book* Ⅰ-Ⅲ, Ed. Andrew Skinner, London, 1986.

Alexander Young, *Chronicles of the Pilgrims Fathers of the Colony of Plymouth from 1602 to 1625*, Boston, 1841.

Arthur Michael Samuel, *The Herring; its Effect on the History of Britain*, London, 1918.

Bede, *Ecclesiastical History of the English People*, Ed., B. Bertram Colgrave and R. A. B. Mynors, Oxford, 1969.

Brian M. Fagan, *Fish On Friday*, New York, 2006.

C. Anne Wilson, *Food and Drink in Britain*, Chicago, 1973.

C. E. Carrington, *The British Overseas: exploits of a nation of shopkeepers*, London, 1968.

Charles L. Cutting, *Fish Saving: A History of Fish Processing from Ancient to Modern Times, New York*, 1956.

Christopher Dyer, *Everyday Life in Medieval England*, London, 1994.

Daniel Woodley Prowse, *A History Of Newfoundland: from the English, colonial, and foreign records*, London, 1896.

David Quinn and Alison M. Quinn ed., *The English New England voyages, 1602-1608*, London, 1983.

Edmund Gibson, *Camden's Britannia, newly translated into English*, London, 1965.

Egil's Saga, Trans. Bernard Scudder, ed. Svanhildur Oskarsdottir, New York, 2002.

Erwin Ramsdell Goodenough, *Jewish Symbols in the Greco-Roman Period*, Vol. 5, New York, 1956.

Franz Cumont, *The oriental religions in Roman paganism*, London, 1911.

Frederick J. Simoons, *Eat Not This Flesh Food Avoidances from Prehistory to the Present*, Madison, 1999.

Geoffrey Bullough, ed., *Narrative and Dramatic Sources of Shakespeare*, Volume 8, London, 1975.
Geoffrey Chaucer, *The Riverside Chaucer*, 3rd edition, ED. Larry D. Benson, Oxford, 1987.
George Sarton, *Introduction to the History of Science*, Vol. 3, Malabar, 1947.
Gervase Markham, *The English Housewife: containing the Inward and Outward Vertues which ought to be in a Compleate Woman; as her skill in physick, surgery, cookery, extractions of oyles, banquetting stuffe, ordering of great feasts, preserving of all sorts of wines, conceited secrets, distillations, perfumes, ordering of wool, hemp, flax, making cloth and dying, the knowledge of dayries, office of malting, of oats, their excellent uses in a family, of brewing, baking, and all other things belonging to an household*, Kingston and Montreal, 1986.
Harold Adams Innis, *The cod fisheries: the history of an international economy*, University of Toronto Press, 1954.
Henry Harrisse, *Cabot, John, the Discoverer of North America, and Sebastian*, His Son. London, 1896.
Hilary Spurling, *Elinor Fettiplace's Receipt Book: Elizabethan Country House Cooking*, London, 1984.
Hugh Magennis, *Anglo-Saxon Appetites: Food and Drink and Their Consumption in Old English and Related Literature*, Portland, 1999.
Imogene Wolcott, *The Yankee Cookbook*, Lexington, 1985.
John Adams Library, *Argument of John Quincy Adams, Before the supreme Court of the United States: in the Case of the United States, Appellants, vs. Cinque, and Others, Africans, Captured in the schooner Amistad, by Lieut. Gedney, delivered on the 24th of February and 1st of March*, 1841, New York, 1841.
John Collins, *Salt and fishery*, London, 1682.
John Holroyd, *Observations on the Commerce of the American States*, London, 1784.
John M. Thompson, *The journals of Captain John Smith. Washington*, D. C., 2007.
John Rawson Elder, *The Royal Fishery Companies of the Seventeenth Century*, Glasgow, 1912.
John Smith, *The Complete Works of Captain John Smith, 1580-1631*, Vol. 1-3, Ed. Philip L. Barbour, Chapel Hill and London, 1986.
J. R. R. Tolkien, and E. V. Gordon, ed. *Sir Gawain and the Green Knight*, Oxford, 1967.
Lars Berggren, Nils Hybel and Annette Landen, ed., *Cogs, Cargoes, and Commerce: Maritime Bulk Trade in Northern Europe, 1150-1400*, Toronto, 2002.
Lucian, *The Syrian Goddess, trans*. Herbert A. Strong and John Garstang, London, 1913.
Madge Lorwin, *Dining with William Shakespeare*, New York, 1976.
Mark Kurlansky, *Cod: A Biography of the Fish that Changed the World*, London, 1997.
Maxime De La Falaise, *Seven Centuries of English Cooking*, New York, 1973.
Nelson William, *A fifteenth century school book*, Oxford, 1956.
Philippe Dollinger, *The German Hansa*, Trans. and ed. D. S. Ault and S. H. Steinberg, London, 1970.
Raymond McFarland, McFarland, *A History of the New England Fisheries, with Maps*, New York, 1911.
R. C. Latham, and W. Matthews, ed. *The Diary of Samuel Pepys*, Vol. 2, London, 1970.
R. C. Latham, and W. Matthews, ed. *The Diary of Samuel Pepys*, Vol. 5. London, 1970.

Richard Hakluyt, *The Principal Navigations, Voyages, Traffiques and Discoveries of the English Nation*, Vol. 8, ed. Edmund Goldsmid, BiblioBazaar, 2007.
S. M. Toyne, *The Scandinavians in History*, London, 1948.
S. M. Toyne, "The Herring and History," History Today, Vol. 2, 1952.
Stephen Mennell, *All Manners of Food: Eating and Taste in England and France from the Middle Ages to the Present*, Urbana, 1996.
Tennessee Williams, *The Glass Menagerie*, New York, 1999.
Teresa M. Shaw, *The Burden of the Flesh: Fasting and Sexuality in Early Christianity*, Minneapolis, 1998.
Thomas Elyot, *The Castle of Health*(1541), New York, 1937.
Thomas Nashe, *The Unfortunate Traveller and Other Works*, Ed. J. B. Steane, London, 1972.
Thomas Wemyss Fulton, *The Sovereignty of the Sea: An Historical Account of the Claims of England to the Dominion of the British Seas, and of the Evolution of the Territorial Waters: With Special Reference to the Rights of Fishing and the Naval Salut*, Edinburgh and London, 1911.
Tobias Gentleman, *Englands Way to Win Wealth, and to employ Ships and Marriners*(1614). New York, 1992.
Van Buren, E. Douglas, "Fish-Offerings in Ancient Mesopotamia," Iraq, X. 1948, pp. 101-121.
William Camden, *Annales or, The history of the most renowned and victorious Princess Elizabeth, late queen of England: containing all the most important and remarkable passages of state, both at home and abroad, during her long and prosperous reign*, Trans. R. N. Gent, London, 1635.
William Rabisha, *The Whole Body of Cookery Dissected: Taught and Fully Manifested, Methodically, Artificially, and According to the Best Tradition of the English, French, Italian, Dutch, &c., Or, A Sympathy of All Varieties in Natural Compounds in that Mystery*, 1682.
William Shakespeare, *The Riverside Shakespeare*, Ed. Blakemore Evans, Boston, 1972.

일본어 번역 참고문헌

가토 신로(加藤信朗), 『중세 사상 원전집 4 초기 라틴 교부(中世思想原典集4 初期ラテン教父)』, 平凡社, 1999.
Apicius APICIUS, 千石玲子 번역, 『고대 로마의 조리 노트(古代ローマの調理ノート)』, 小学館, 1997.
Aulus Persius Flaccus, Decimus Junius Juvenalis, 国原吉之助 번역, 『로마 풍자 시집(ローマ諷刺詩集)』, 岩波書店, 2012.
Immanuel Wallerstein, 川北稔 번역, 『근대 세계 시스템 II 중상주의와 '유럽 세계 경제'(近代世界システムII 重商主義と「ヨーロッパ世界経済」の凝集 1600-1750)』, 名古屋大学出版会, 2013.
菅原邦城·早野勝巳·清水育男, 『아이슬란드 사가(アイスランドのサガ)』, 東海大学出版会, 2001.

옮긴이 서수지

대학에서 철학을 전공했지만 직장생활에서 접한 일본어에 빠져들어 회사를 그만두고 본격적으로 일본어를 공부해 출판 번역의 길로 들어섰다. '나는 읽는다. 고로 존재한다!'가 삶의 모토로 더 많은 책을 읽고 알리기 위해 오늘도 열심히 책을 읽고 옮긴다. 옮긴 책으로 『세계사를 바꾼 13가지 식물』『세계사를 바꾼 10가지 약』『천하무적 세계사』『세상에서 가장 재미있는 63가지 심리실험 — 뇌과학편』『세상에서 가장 재미있는 61가지 심리실험 — 인간관계편』『400년 전, 그 법정에서는 무슨 일이 있었나?』『소수는 어떻게 사람을 매혹하는가?』『당신이 잔혹한 100명 마을에 산다면?』『유럽 사상사 산책』『백곰 심리학』(2010년 문화관광부 추천 우수교양도서) 『처음 시작하는 그리스 신화』『도쿄의 작은 공간』『세상 끝의 아이들』『어쩌다 너랑 가족』『천국 마일리지』 등이 있다.